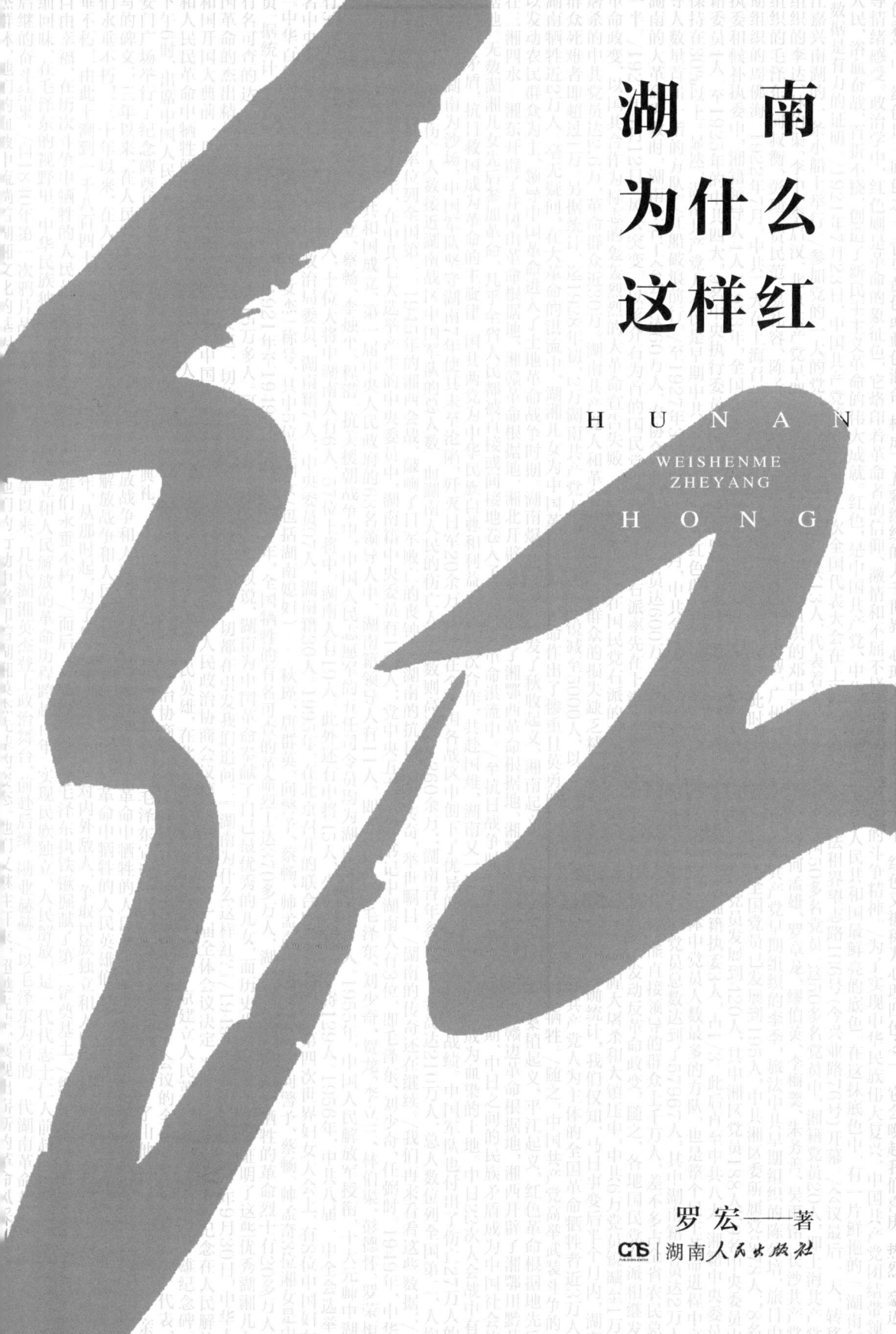

湖南为什么这样红

HUNAN
WEISHENME
ZHEYANG
HONG

罗宏——著

湖南人民出版社

本作品中文简体版权由湖南人民出版社所有。
未经许可，不得翻印。

图书在版编目（CIP）数据

湖南为什么这样红 / 罗宏著. — 长沙：湖南人民出版社，2025.2
ISBN 978-7-5561-3404-5

Ⅰ.①湖⋯ Ⅱ.①罗⋯ Ⅲ.①中国共产党-地方组织-党史-湖南 Ⅳ.①D235.64

中国国家版本馆CIP数据核字（2024）第112162号

HUNAN WEISHENME ZHEYANG HONG

湖南为什么这样红

著　　者	罗　宏
出 版 人	张勤繁
责任编辑	吴向红
装帧设计	谢　颖
责任校对	唐水兰

出版发行	湖南人民出版社 [http://www.hnppp.com]
地　　址	长沙市营盘东路3号
邮　　编	410005
印　　刷	长沙超峰印刷有限公司
版　　次	2025年2月第1版
印　　次	2025年2月第1次印刷
开　　本	710 mm × 1000 mm　1/16
印　　张	24.25
字　　数	272千字
书　　号	ISBN 978-7-5561-3404-5
定　　价	78.00元

营销电话：0731-82221529　（如发现印装质量问题请与出版社调换）

谨以此书，
致敬湖南这片红色热土。

目录

开 篇　湖南为什么这样红 / 001

第一章　湖湘水土育湘人

四塞之国看湖湘 / 002

理学的湖湘进入 / 007

湖湘学派的形成 / 012

江西填湖南 / 018

走近王夫之 / 023

英杰摇篮岳麓书院 / 033

第二章　中国向何处去

帝国中衰与经世派登场 / 044

咸同血火中的中国命运 / 053

曾国藩们的兴国方案 / 058

湖南的维新运动 / 068

革命党人的出场 / 076

第三章　湘江之畔的"建党先声"

韶山出了个毛泽东 / 090

湖南省立第一师范 / 101

叩问大本大源 / 108

新民学会 / 119

从湘江小火轮到南湖红船 / 131

第四章　毛泽东与中国革命道路（上）

从工运到农运 / 146

霹雳一声暴动 / 158

党指挥枪 / 168

第五章　毛泽东与中国革命道路（下）

南方苏区岁月 / 190

长征与遵义 / 203

统一战线与民族革命 / 216

在延安走向成熟 / 227

第六章　一寸湖湘一寸血

红旗卷起农奴戟 / 244

寸土千滴红军血 / 255

冒着敌人的炮火前进 / 266

拥抱和平 / 280

第七章　芙蓉国里遍英杰

中共决策层中的湖南人 / 294

革命将帅群体 / 308

革命女杰群体 / 328

革命文化名流群体 / 341

革命人永远是年轻 / 351

尾　篇　**待到山花烂漫时** / 360

后　记 / 372

开 篇

湖南为什么这样红

色彩学中，红色是三原色之一，它与黄色或蓝色混合，构成了五彩缤纷的大千世界。心理学中，红色又被称为心理四色之一，它会唤起我们喜庆、热烈、豪迈、奋进等情绪感受。政治学中，红色则是革命的象征色，它烙印着革命者的信仰、激情和不屈不挠的斗争精神。

为了实现中华民族伟大复兴，中国共产党团结带领中国人民，浴血奋战，百折不挠，创造了新民主主义革命的伟大成就。红色，是中国共产党、中华人民共和国最鲜亮的底色。在这抹底色中，有一片鲜艳的"湖南红"。

数据是有力的证明。

1921年7月23日，中国共产党第一次全国代表大会在上海法租界望志路106号（今兴业路76号）开幕。

会议最后一天，转移到浙江嘉兴南湖的一条小船上举行。

参加党的一大的党员共13人，代表着全国50多名党员。这

50多名党员中，湘籍党员20人，即上海共产党早期组织的李达、林伯渠、李中、李启汉，北京共产党早期组织的邓中夏、何孟雄、罗章龙、缪伯英、李梅羹、朱务善、吴雨铭，长沙共产党早期组织的毛泽东、何叔衡、彭璜、贺民范、易礼容、陈子博，广州共产党早期组织的李季，旅法中共早期组织的陈公培，旅日中共早期组织的周佛海。1922年7月，中共二大在上海召开。此时，全国党员已发展到195人，中共湘区委所属党员78人；8名中央执委和候补执委中，湘籍领导人4人。1923年，全国党员发展到420人，其中湘区党员188人；9名中央委员中，湘籍委员4人。至1925年的中共四大，9名中央执行委员中，湘籍执委3人，占1/3。此后直至中共八大，湘籍中央委员一直保持在30%以上。显然，湖南共产党人不仅是早期中共红色群体中党员人数最多的方队，也是整个民主革命进程中高层领导人数量首屈一指的方队。

红船破浪前行。

至1927年3月，中共全国党员总数达到了57967人，其中湖南籍党员达2万人。至湖南的大革命失败时，湖南全省工会会员达60万人，农协会员达600万人，能直接领导的群众上千万人，差不多占全省农民总数的一半。

1927年4月12日，风云突变。

以蒋介石为首的国民党右派率先在上海发动反革命政变，随之，各地国民党右派相继发动反革命政变，以国共合作为标志的轰轰烈烈的大革命宣告失败。在国民党右派的血腥大屠杀和大镇压中，中共6万党员锐减至1万，惨遭屠杀的中共党员达2.6

万、革命群众近30万。湖南共产党人和革命群众的损失缺乏精确统计,我们仅知,马日事变后半个月内,湖南革命群众死难者即超过1万。另据统计,迄1928年初,2万湖南共产党人锐减至5000人,以共产党人为主体的全国革命牺牲者近3万人,其中湖南牺牲近2万人。毫无疑问,在大革命的洪流中,湖湘儿女为中国革命作出了惨重且英勇的牺牲。

随之,中国共产党高举武装斗争的旗帜,以发动农民群众为主,领导中国革命进入了土地革命战争时期。湖南爆发了秋收起义、湘南起义、桑植起义、平江起义,红色革命根据地先后出现在三湘四水——湘东开辟了井冈山革命根据地、湘赣革命根据地,湘北开辟了湘鄂西革命根据地、湘鄂赣边革命根据地,湘西开辟了湘鄂川黔革命根据地。无数湖湘儿女先后参加革命,几乎全省人民都被直接或间接地卷入了革命洪流中。

至抗日战争时期,中日之间的民族矛盾成为中国社会的主要矛盾,抗日救国成为革命的主旋律。国共两党为中华民族自尊和利益再次合作,共赴国难,湖南又一次成为血染的土地。中日22次大会战中有6次以湖南为沙场,中国军队坚守湖南7年使其未至沦陷,歼灭日军20余万,在全国各战区中创下了优异的战绩。中国军队也付出了伤亡27万人的代价,伤亡人数接近湖南战区中国军队的总人数。而湖南人民的伤亡人数则高达260余万;湖南青年参军者高达210万人,总人数位列全国第二,人均参军率位列全国第一。1945年的湘西会战,敲响了日军败亡的丧钟。湖南的抗日传奇,举世瞩目。

湖南的传奇还在继续。

我们再来看看这些数据：

1945年，在中共七大选举产生的中央委员中，湖南籍中央委员有14人；党中央五大书记中湖南人有3位，即毛泽东、刘少奇、任弼时。1949年，中华人民共和国成立，第一届中央人民政府的63名领导人中，湖南籍领导人有11人，即毛泽东、刘少奇、贺龙、李立三、林伯渠、彭德怀、罗荣桓、徐特立、蔡畅、李烛尘、程潜。抗美援朝战争中，中国人民志愿军的五任司令员均为湖南人。1955年，中国人民解放军授衔，十大元帅中湖南人有3人，十位大将中湖南人有6人，57位上将中湖南人有19人。此外还有中将45人，少将129人。1956年，中共八届一中全会选举出17名中央政治局委员，湖南籍7人；中央委员97人，湖南籍30人。1995年，在北京召开的联合国第四次世界妇女大会上，有8位中国妇女获得"中华百年女杰"称号，其中5位是湘女（包括湖南媳妇）——秋瑾、唐群英、向警予、蔡畅、帅孟奇，向警予、蔡畅、帅孟奇3位湘女是中共党员。据统计，1921年至1949年，全国牺牲的有名可查的革命烈士达370多万人，湖南牺牲的革命烈士有20多万人，其中有名可查的达15万多人。可以说，湖南为中国革命奉献了自己最优秀的儿女，而历史也证明了这些优秀湖湘儿女是中国革命的杰出精英。

这一切的一切都在引发我们的追问："湖南为什么这样红？"

1949年9月30日，中华人民共和国开国大典前一日，中国人民政治协商会议第一届全体会议决定，为纪念在人民解放战争和人民革命中牺牲的人民英雄，在北京建立人民英雄纪念碑。

当日下午6时，出席中国人民政治协商会议的全体代表，在天安门广场举行了纪念碑奠基典礼，毛泽东宣读了由他亲自撰写的碑文：

三年以来，在人民解放战争和人民革命中牺牲的人民英雄们永垂不朽！

三十年以来，在人民解放战争和人民革命中牺牲的人民英雄们永垂不朽！

由此上溯到一千八百四十年，从那时起，为了反对内外敌人，争取民族独立和人民自由幸福，在历次斗争中牺牲的人民英雄们永垂不朽！

而后，毛泽东执铁锹掘献了第一铲奠基土。

细细回味，在毛泽东的视野里，中华民族独立和人民解放的革命历程跨越百年。实现民族独立、人民解放，是一代代志士仁人前赴后继的奋斗结果。

自1840年第一次鸦片战争以来，几代湖湘英杰登上政治舞台，前赴后继，勋业赫赫。

以毛泽东为首的一代湖南革命英杰群体，他们的血液中流淌着湖湘文化的基因，他们的行动中烙印着湖湘英杰先辈的姿态。他们又继往开来，超越先辈，展现出崭新的革命风采，创建了前无古人的历史勋业。

灵感因此迸发。

一方水土养一方人。我们将追寻历史和文化的足迹，探索湖南革命英杰群体的形成；我们将根据独特的地域文化个性，探索该群体独特的历史和文化贡献；我们力图揭示湖南在现代革命进程中究竟"红"在哪里，又为什么这样"红"。

我们的寻觅启动了。

第一章

湖湘水土育湘人

一方水土养一方人。

这句中国俗语契合了爱尔维修的著名命题:"人是环境的产物。"马克思主义辩证地认为,社会存在决定人们的意识,人们的意识也对社会存在具有能动的反作用。

水土作为环境,既是地域时空,也是文化时空,它储存着人的行为密码。不了解湖湘这片水土的地域特质和文化特质,就难以理解"湖南为什么这样红"。

四塞之国看湖湘

1938年,抗战烽火连天。已是天命之年的江苏学人钱基博冒着战火来到湖南的湘中小镇蓝田,受聘为国立师范学院的国文系主任。五年后的冬天,他在常德保卫战的隆隆炮火声中完成了名著《近百年湖南学风》,此书成为解读湖湘文化的经典读本。

钱基博是从湖南地域特征入笔的:

湖南之为省,北阻大江,南薄五岭,西接黔蜀,群苗所萃,盖四塞之国。其地水少而山多,重山叠岭,滩河峻激,而舟车不易为交通。顽石赭土,地质刚坚,而民性多流于倔强,以故风气锢塞,常不为中原人文所沾被。[1]

钱氏强调了湖湘作为中国内陆省份之一的地域特质:山川阻隔,交通塞闭,民生艰辛,民性倔强,在相当长的一段历史时期内,与以儒学为代表的中原人文形成了明显落差。

我们的观察还可以更为精细。

其实仅就自然生存环境而言,湖南先民的自然生态环境并不算太恶劣。湖南东、南、西三面环山,腹地丘陵起伏、河谷纵横,湘、资、沅、澧四大水系北注洞庭湖后汇入长江,山林河湖为农耕提供了丰富的物产资源。早在新石器时代,湖南各地已普遍有人烟生息,道县的玉蟾岩遗址发掘出世界上最古老的陶片和最早的人工栽培稻谷标本,澧县城头山古城遗址发掘出距今6500年的水稻田。湖南先民在此开创了中华远古的农耕文明,关于中华神农炎帝的种种传说遍播湖南,"炎帝故里""炎帝陵""炎帝庙"等名胜纪念地赫然立于湖湘大地……

蹊跷的是，从商到周楚，湖南的经济水平一直明显落后于中原地区。

司马迁的《史记·货殖列传》这样概括包括湖南在内的江南经济、地理、生态："地广人希，饭稻羹鱼，或火耕而水耨，果隋嬴蛤，不待贾而足,地埶饶食,无饥馑之患……无冻饿之人,亦无千金之家。"可见，湖南人依据自然条件不难温饱，可以"无冻饿之人"，"不待贾而足"，但是"千金之家"亦无。不妨推测，宜于生存的地理环境在相当程度上抑制了湖南人的求富欲望——靠天吃饭，温饱即安。更进一步推测，求富并非湖南人的第一欲望，他们有更多心灵的憧憬。

这就涉及文化地理的观照了。

湖湘居民在战国中期以后全部归顺为楚民，文化户口亦属于楚文化谱系。楚文化重情感、重想象、充满浪漫，从而与儒学滋养的中原文化谱系大异其趣。孔子教育学生不语怪力乱神,关注的是人间、社会、政治问题，主张循规蹈矩地维护礼制与社会秩序。楚人却对天道、宇宙问题格外关注，以老子、庄子为首的道家，反对人被物役，憧憬个人身心的自由释放，这就导致从生命情趣到性格脾气，楚人的言行举止都区别于温文尔雅、循规守礼的儒家做派，显示出另一番文化气象。历代文献中有许多关于湘楚文化特色的描述：

南楚好辞，巧说少信。（《史记·货殖列传》卷一二九）

我蛮夷也，不与中国之号谥。（《史记·楚世家第十》卷四十）

荆楚僄勇轻悍，好作乱，乃自古故记之矣。（《史记·淮南衡山列传》卷一一八）

沅湘之间，其俗信鬼好祠。其祠，必作歌乐鼓舞以乐诸神。屈原放逐，窜伏其域，怀忧苦毒，愁思沸郁，出见俗人祭祀之礼，歌舞之

乐，其词鄙陋，因为作《九歌》之曲，上陈事神之敬，下见己之冤结，托之以风谏。（王逸《楚辞·章句序》）

多楚与荆。风慓以悍，气锐以刚。有道后服，无道先强。（扬雄《十二州箴》）

唐末五季，湖南偏僻，风化凌夷，习俗暴恶。（欧阳守道《赠了敬序》）

长沙故大郡，地广物众，统属邑十有二，其人劲悍决烈，尚勇而好争，非得疏通练达介特廉明之士不足以治之。（金幼孜《赠欧阳太守之长沙序》）

可见，楚文化是感性化、激情化，洋溢着剽悍血性和自由个性的文化形态，在这种文化形态滋养下，作为楚地居民之一的湖南人不太在意物质的富庶而更在意心灵的安顿。

也就不难理解，悠悠两千年来，为什么湖南人一直对楚国的大夫、浪漫主义大诗人屈原顶礼膜拜。不仅是屈原因正直遭到奸佞小人陷害，被贬于湖湘大地流放十余年，最后绝望地自沉汨罗江而亡，获取了湘人深切同情；也不仅是在流亡的日子里，孤独的屈原于湘沅山林秀水间写下了那些充满浪漫主义的想象神奇、瑰丽绚烂的诗篇，令人如醉如痴；更重要的原因是屈原对天下民生多艰的悲悯之心、对理想和真理的上下求索、对高洁品质的坚定持守以及对气节操守的生命殉献，深深震撼了湘人心扉，从而化作湖湘子民心中挥之不去的屈原情结。这种屈原情结经由王夫之的归纳成为豪杰精神，又经过毛泽东的诗化，凝聚成"为有牺牲多壮志"的大美诗句，成为湖湘英杰薪火相传的道德传统。

理解了这一点，也就能心领神会为什么湖南人在灵与肉的关系上，更痴迷于精神的充盈与人格的超越，从而把担当天下而非物质利禄置于人生价值谱系的顶端。再进一步联想"湖南为什么这样红"的追问,就会发现,那些搏击时代浪潮的湖湘儿女,他们的上下求索,他们的奋斗和坚守,他们大无畏的生命献祭,不正是烙印着屈原遗传的印记和风骨吗?

然而,瑰丽浪漫的楚文化并没有成为中华文化的主流。

这又和楚地子民的尴尬命运有关。

中华民族历史上,楚地又被称为"南蛮之地",居民基本是在中原逐鹿中败北的南迁群体以及在华夏部族的征服中被迫归顺的土著部落,这种边缘化的族群命运,也意味着文化话语权的式微。《湖南通史》云:"夏、商、西周三代,在湖南可称为先楚时代。此时,湖南虽属《禹贡》九州的荆州之域,中原王朝和华夏族势力也不断进入,但这一地区大体仍处于'蛮夷'所居的'荒服'之列。事实上,夏、商和西周王朝,都没有在湖南建立自己的统治。这就使湖南在先楚时代的历史发展,同中原地区产生了明显差异。在这一千多年间,一方面,湖南各民族先民创造了辉煌夺目的青铜文化,为中华民族古老文明的发展做出了重要贡献;另一方面,从各族先民的主体部分看,却始终处于原始氏族制度的缓慢解体阶段,并未真正跨进'文明'时代的门槛。"[2]

至战国,东周王室衰微,楚国崛起,征服了湖南并创造了璀璨的楚文化,却在与大秦帝国的争霸中沦亡。包括湘人在内的楚人只能悲壮地发誓,"楚虽三户,亡秦必楚",楚文化之花在中原文化的挤压下凋谢,丧失了主宰中华历史进程的机遇。随后大汉帝国建立,在董仲舒的主导下,"罢黜百家,独尊儒术",一个以儒术为核心的严密的帝国文化体系脱颖而出,楚文化更如黄花落日。以此观之,天马行空的楚文化虽更多浪漫,但在现实的土地上难免遭遇尴尬。

举个例子吧。秦惠文王十二年（前313），欲成霸业的秦王为破六国合纵抗秦的统一战线，派宰相张仪使楚，声称只要楚国与齐国解除同盟关系，秦王会以六百里土地加美女、珍宝回报。楚怀王果然动心应允。尽管屈原等大臣洞穿了张仪的阴谋诡计，苦苦劝谏，但楚怀王依然一意孤行，与齐国断交，还派使臣去齐国辱骂齐王，导致齐王大怒，反和秦国修好，合纵的同盟顿时瓦解。事后，张仪却装傻说自己只答应把自己名下的六里土地送给楚王。楚王恼羞成怒，遂冲动地兴兵伐秦，结果三战皆败，从此楚国一蹶不振。更可笑的是楚怀王还要和秦王讲道理，不顾自身安危去和秦王谈判，结果中计沦为秦人阶下囚，死于咸阳。楚怀王的行径充分表明，其行为是很意气用事的，决策近乎儿戏。从文化背景看，楚怀王的行为与楚文化的感性和率性特质密切相关。

以感性著称，率性而为、缺乏现实理性的楚文化确实很难和中原智慧博弈，尤其是难以和用现实理性精心编织出来以维护宗法制度为目的的儒学意识形态抗衡。楚文化虽然想象神奇，血气方刚，豪气冲天，但依然不敌理性积淀丰厚的儒学文化力量。

于是，胜利的中原文化包括中央政权也以不屑的眼光观照这片楚南败地，甚至很长时间不屑于经营这片土地，只是把罪臣贬官流放于此。赫赫王化，不过洞庭。从行政地理的角度说，湖湘长期被边缘化了。这也就决定了湘人的命运——他们在忧愤失落中苦苦等待着绽放时代的到来。

此时再咀嚼钱基博"四塞之国"的湖湘感悟，便突然意会，"四塞之国"的地理格局，的确构成了湘人的文化局限和封闭，这也在昭示着湘人崛起的突围之路——走出四塞之国的闭塞湖湘，和更主流化的文化接轨，让湘人的血性和抱负开花结果——湖南方言所谓"出湖"

之说即此之谓。于是，从清代湖湘经世派群体一直到以毛泽东为代表的红色革命群体，走出湖湘，拥抱本土之外更博大的文化，创建了赫赫功业。

理学的湖湘进入

公元1126年，北宋靖康元年，大宋朝历史上的国耻年。

该年正月，金国两路大军从已占据的燕地起兵，一路掠杀，南渡黄河，兵临大宋都城汴京（开封）城下，逼迫刚即位的宋钦宗赵桓屈辱求和，索要了500万两黄金、5000万两白银、牛马各1万头、绸缎100万匹，令赵桓割让太原、中山、河间三镇并尊称金帝为伯父。同年八月，贪得无厌的金军再度兴兵南下，漠北虎狼之师再围开封，逼迫懦弱的宋钦宗彻底投降，同意设立傀儡政权以代赵氏天下。金军不仅将开封城内的财富劫掠一空，还俘获了赵桓及其父，即前任皇帝赵佶，同时挟持了赵氏皇族、后宫嫔妃、贵卿、朝臣3000余人以及相关男女民众共计10万人北上归金。

汴京再无《清明上河图》的车水马龙，只剩断壁残垣，哭声干云。大宋第一女词人李清照云鬓不整、蓬头垢面地仓促南逃，于乌江之畔写下人生中最豪放悲壮的一首诗：

生当作人杰，死亦为鬼雄。
至今思项羽，不肯过江东！

北宋王朝就在李清照悲壮和凄凉交织的诗句中沦亡……

公元1127年，赵桓之弟，即康王赵构在臣民的拥戴下称帝，是为宋高宗。时年20岁的赵构推翻了父兄徽、钦二帝的投降承诺，倚靠半壁江南河山，建立了偏安江南的南宋王朝，赓续赵氏天下的统治，开始了南宋与金国150年的军事对峙和拉锯战。岳飞的《满江红》成了南宋的时代主旋律：

怒发冲冠，凭栏处、潇潇雨歇。抬望眼，仰天长啸，壮怀激烈。三十功名尘与土，八千里路云和月。莫等闲、白了少年头，空悲切。

靖康耻，犹未雪。臣子恨，何时灭？驾长车，踏破贺兰山缺。壮志饥餐胡虏肉，笑谈渴饮匈奴血。待从头、收拾旧山河，朝天阙！

然而，岳飞却在壮怀激烈中走向了风波亭，壮歌化成了悲歌。其间的悲壮和义愤，冤屈和阴谋，苦涩和无奈，不说也罢。令人有些意外的是，就在这样的历史背景下，湖湘社会发展迎来了转机。

《湖南通史》写道："由于南宋偏安和北方中原人口大量南逃，全国政治、经济、文化中心转移到江南。在南宋的150年间，包括湖南在内的江南地区，荒闲土地大量垦殖，水利事业继续发展，粮食产量增加，棉花、茶叶、甘蔗等经济作物更为普遍和发达；手工业和商业繁荣，特别是商业都市兴起。在文化方面，诸如理学的兴起和传播、书院教育的发达、诗词的成就等等，也都十分突出。"[3] 由此可见，湖南的区位和经济发展在南宋有了超常的提升。

打开南宋疆域版图可见，昔日北方中原灰飞烟灭，僻远闭塞的湖南突然成为南宋的"中原"腹地和重要交通枢纽之地，"中原"奇迹般地走进了化外湖湘。

靖康之变，上千万中原难民仓皇南渡。湖南作为重要的移民接收地，很快扭转了因为北宋战乱人口锐减的困局，"绍兴末至宁宗嘉定十六年（1223年）的户年平均增长率达4.5‰，居南宋各区域第一位。嘉定十六年有户145万余，比北宋崇宁元年增加9.7%，人口密度为每平方公里6.6户，两者均居南宋各区域第五位……据此可见，南宋中后期也是湖南历史上人口发展较快的时期之一"[4]。

人口既是经济发展的结果也是经济发展的生产力。南宋时期，湖南成为全国重要的粮食产区，粮食大量外调，湖南成为同金国对峙的重要物资供应基地。[5]当时，主政湖南的大宋名臣李纲写过这样一首诗——《自长沙至醴陵田皆垦辟，有筑寨而居者》：

年来盗贼如冰销，
襁负归民满四郊。
烟雨一犁初破土，
江村环堵且诛茅。[6]

此诗见证了湖南人走出战乱、踊跃恢复生产的喜悦景象。

随着经济的发展，潭州（长沙）也成为南宋排名前五的繁华都会，三湘四水"万户之县"大量涌现。及至元明，湖湘的经济地位更加突显，"湖广熟，天下足"的民谚家喻户晓，贫瘠闭塞的湖南面貌大为改观。尽管我们依然不能高估湖南的经济地位和能量，但是湖南人的生命活力却由此可见一斑。

南宋给湖南带来的最大转机还是文化。

潮水般涌来的中原移民带来了中原文化，这等于把代表中华主流文化的中原植入了湖湘。在同中原移民的交往中，湘人潜移默化地拥抱了中原文化。随着政治、经济、文化中心的南移，官方也自觉地开始了对湖湘的文化经营。

本来，大宋国策就是"抑武修文"，高度的中央集权制，而中央集权又突出地体现在精神文化的专制上。统治者希望用文化思想来征服国民以支撑王朝的长治久安。于是北宋年间，作为中原文化代表的思想形态，亦即儒学意识形态，其体系中又滋长出更为精密的理学话语体系。该体系整合了佛、道思想资源，从周敦颐到程颢、程颐兄弟，再至朱熹等几代学人前赴后继，于南宋时完成了程朱理学的建构并取得了官方认同。不言而喻，那些主政湖湘的官僚以及流寓湖湘的文人也就责无旁贷地承担了播扬理学的使命。

宋代，特别是南宋，一大批具有官员与学者双重身份，或有着官宦背景的大儒在湖南涌现。就行政主官而言，南宋就先后有李纲、岳飞、张孝祥、辛弃疾、周必大、朱熹、真德秀、文天祥、李芾等名臣，此外还有周敦颐、杨时、胡安国、胡宏、张栻、魏了翁等大儒。如此阵容的名臣大儒聚集湖湘，可谓史无前例，构成了一道极其绚丽的文化风景线，湖湘文运大变大昌。

这些名臣大儒与此前以流放身份来湘、带着满腹牢骚和过客心态的文化先驱不同，很大程度上他们是来湘一展政治抱负和学养抱负的。建校兴学、研经传道是他们的执着追求，不少人从此扎根湖南，成为湖湘文化家族和文化教育的开拓耕耘者。例如，胡安国和胡宏父子主动迁湘兴办书院，授徒传道："明体达用，济人利物。"胡门高足张栻踌躇满志地执掌岳麓书院，以求开辟一番"传道济民"大业。这种流寓文人进入湖湘，还意味着以理学为内涵、具有精英文化属性的中原文化形态和以民俗形态存在的本土湘楚文化的历史性碰撞。结果是，中原文化实现了对湖湘本土文化的招安和改造。

随着理学进入湖湘,湖湘教育也走上了发展的"快车道"。

宋代湖南县学的普及率为92%,而当时全国的普及率是44%。宋代湖南教育,书院繁荣是一大亮点,湖南书院数量仅次于江西、浙江,为全国第三位,其中岳麓书院、石鼓书院居于全国四大书院之列。细分一下,北宋时期,湖南书院12所;至南宋,新建书院44所,摆脱了北宋时仅仅局限于几个点的状况,书院在全省开花,遍布湖湘30余县。教育的大发展带来了人才辈出的局面。仅从科举成绩看,唐代300年,湖南进士仅25人,文化名人仅欧阳询、欧阳通父子,怀素三位书法家,以及几位二三流的诗人,更谈不上学术建树了。宋代也是300多年,湖南进士达到908人,其中北宋316人、南宋592人,南宋进士人数是北宋的近两倍。《宋元学案》收录了宋元时期988位著名学者,其中湖南学者141人。[7] 教育发展为湖南培养出了不少人才,就担当天下而言,没有人才,一切都是空谈。

宋代,特别是南宋的理学湖湘进入,是湖湘历史上非常重要的嬗变。

其意义就在于,边缘化、地域化的湖湘进入了中华文明的主流进程。可以说,接受中原文化的理学招安和教化,是湖南人进入中华主流文明的门票。没有这种进入,或许后来的湖南人就很难有机会担任拯救中华的主角。湖南人从此在学理层面有了信仰体系和行动规范,可以将自己的思想和行动与中华文明的主流接轨。更简单地说,从此,湘人有了文化家园,有了自觉而浓厚的大中华意识,可以将自己优秀的文化个性,比如豪放刚烈的血性、大无畏的献祭精神、不屈不挠的斗争胆魄等灌注于中华文明的主流进程中,进而推动其发展。

从此,湘人的天赋开始聚焦,湖湘的每一次脉动,都关乎中华兴衰。

湖湘学派的形成

山不在高，有仙则名。

湖南湘潭有座隐山，最高海拔437米，山色风光虽不能说特别出类拔萃，却也清幽秀美，唐以来多有佛门寺庙坐落于此，遂为一方胜地。尤其是南宋初年，南渡避难的大儒胡安国携家人从湖北荆州迁居湘潭，在隐山下的碧泉——一个山泉形成的溪流小潭畔开办了书堂，书堂后发展为碧泉书院，更使此山名气大振。如今，学界大都认为，隐山下的碧泉书院是湘学的摇篮之地。尽管还有学者认为，北宋周敦颐是湘学始祖，但更稳健的说法还是将碧泉书院视为湘学摇篮，而且湘学最早的湖湘学派亦自此诞生，构成了湖湘文化的学理心脏。我们研判南宋以来湘人的所思所为，都不能忽略碧泉书院这个地标。

胡安国（1074—1138），字康侯，号青山，建宁崇安（今福建武夷山市）人。后入太学，拜程颐之友朱长文和靳裁之为师，还结识了程门高足杨时等人，多有受教，学脉上可谓师承二程理学。绍圣四年（1097）廷试第三名，授太学博士衔，曾提举湖南路学事。胡安国生性耿介，不畏强权，犯颜敢谏，为权臣奸佞不容，屡遭排挤。他也无意仕途，多次辞官不就，出仕40年，真正在任不足六载。他人生最大的兴趣还是治学。南宋初年，他为避战乱，携儿子胡寅、胡宁、胡宏及其他家眷，开启了其人生最后也最有价值的一段湖湘之旅。

胡安国的湖湘岁月也是颠沛流离的。学者何歌劲考证，胡安国在建炎三年（1129）冬入湘，在两个湖南门生安置下落脚碧泉，不久回老家福建探亲。一年多后湖南又遭战乱，全家人又走上流亡之路，这期间他还曾应召进京。绍兴三年（1133），胡安国又回碧泉，正式启动碧泉书堂的修建，却没有完工，后来是他儿子胡宏续建为碧泉书院。

绍兴七年（1137）又移居衡山，次年再回碧泉，完成了心血之作《春秋传》，誊正上报朝廷，深得嘉奖。同年去世，被葬于隐山。从其学的门人包括其儿子在内大约30人。

胡安国终身研读《春秋》。他把阐发《春秋》义理同两宋时期的民族文化复兴运动结合起来，将国家危亡上升到文明危亡的高度，特别强调封建纲常为"国政"和"人伦"之大本，同时又突出尊王攘夷之旨意，体现了对封建道统的强烈维护。"在办学中，胡安国始终坚持将道德修养放在首位，认为教育的目的在于修身。他主张以心性修养为根本，强调经世致用，体现了儒家'内圣外王'的传统思想。他认为，只有通过'修身''养性'的途径，方能达到成道求仁、治国安邦的功利目的。"[8]

胡安国颠沛一生，虽有重大学理建树，但是其哲学体系并不健全。学界认为，真正构建了完备的哲学体系、奠定湖湘学派理论基础的是其子胡宏。

胡宏（1106—1162）是胡安国第三子，湖湘学派的理论奠基者。20岁进京师，入太学。师从程门高徒杨时和侯仲良。25岁随父迁湘，在南岳衡山游学讲道20余年。他完成了湖湘学派代表性的理论著述《知言》六卷、《皇王大纪》八十卷，并培养出一大批有名的理学家，如张栻、彪居正、吴翌、赵师孟、赵棠、方畴等。胡宏在理论上提出了"性为大体"的性本论，这和理学中的理本论、心本论、气本论、宇宙自然观是有区别的。此外，胡宏还提出"性为物本，性物不离""理欲同体，善恶一性""心知天地，学而识之""变法改良，仁为政本"等理论命题，[9]显示出其富有独特性的理论见解。尤其值得关注的是，在理与欲的关系上，他更强调二者的融合，所提出的命题反对离开人欲奢谈天理，与"存天理，灭人欲"的正宗理学命题大相径庭，因而更具有现实性。

胡安国父子的学术耕耘,使感性化、经验化的湖湘文化第一次有了理论话语体系。湘学因此掀开了发展的序幕,第一个篇章便是湖湘学派的建构。这也是湘人思维水平的一次重大提升,表明湖南人不仅在理性上完全接受了以理学为代表的中原儒学意识形态,还初显了湘学的湖湘个性,那就是后世学者公认的经世致用理论特质。

再往下说就是张栻的故事了。

张栻(1133—1180),字敬夫,后避讳改钦夫,号南轩。汉州绵竹(今属四川)人,南宋宰相张浚之子,自幼受父庭训,打下深厚的儒学根基。1137年,张浚被贬官永州,他随父来到湖南,从此与湖南结下不解之缘。在湖南,他拜胡宏为师,成为胡门第一高足,学脉师承二程。后来成为南宋理学大师,与朱熹、吕祖谦并称为"东南三贤"。史料记载,其理论著述有《南轩易说》《癸巳孟子说》《经世纪年》《洙泗言仁》《南轩先生问答》等,遗憾的是大部分没有流传下来。加之张栻英年早逝,其学术思想没能充分展开,全祖望叹道:"向使南轩得永其年,所造更不知如何也。"[10]

还值得一说的是张栻和理学巨匠朱熹的交集。张栻是在父亲张浚入朝当宰相的那年(1163)与朱熹相识的,张栻是"高干子弟",以荫补官大约是个文秘参赞。朱熹19岁中进士,曾任泉州同安主簿,但此时34岁的朱熹已离职居家潜心做学问,应召前来朝廷奏事献策。二人学脉都师承二程,话语投机,一见如故。次年,张栻父亲病故于江西余干,张栻扶柩回湖南安葬。朱熹闻之,赶到南昌登舟哭送,一路送到丰城,在舟中与张栻相处三日,不仅结下深厚友谊,还进一步见识了张栻的学养。此后,两人书信往来切磋学问,相知更深。于是,便有了乾道三年（1167）朱熹专程从福建老家赶到长沙，与张栻切磋学问的佳话。此时张栻已主讲岳麓书院，生徒甚众，名闻遐迩。这次相会史称"朱张会讲"，长达两个多月，是理学发展史上的一件大事，开创了中国学界不同思想流派间思想交流的新形式，对朱熹的思想启发也十分重要。朱熹感慨地说："钦夫之学所以超脱自在，见得分明，不为言句所桎梏，只为合下入处亲切。今日说话虽未能绝无渗漏，终是本领。是当非吾辈能及。"[11]

后世学人将张栻之学归纳为四个要点：一、"太极即性，性外无物"的宇宙自然观；二、"性善情恶"的人性论；三、"知先行随，知行互发"的认识论；四、义利之辨的伦理观。这些观点，既与朱熹正学有分歧，也和其师胡宏有差异，体现了张栻并不盲从权威的独立个性，也暗示了湖湘派学人脚踏实地、不尚空谈的学风。譬如张栻将太极、性、理、心这些最高本体范畴融为一体，而不是斤斤计较彼此之间的先后差异。对于理学和心学，他也是采取调和态度，既强调对客观之理的遵循，又主张发挥心的主体能动性，从而体现了一种圆融和现实的姿态，不在无谓的争辩中耗费精力。再如在义利之辨上，他也不是机械地区分义利，一味地认为谋私利就是不义，而主张出于天性使然的私利，应该属于"义"的范畴，无可指责。在知行关系上，他也是持辩证立场，主张知与行的相互作用。诸此种种，都体现了张栻治学不是极端理想主义地去进行理论想象，而是更有人间烟火气息，更多考虑到理论实现的现实可能性。其实这也正是经世致用之学必备的理论态度。

张栻的出现，将胡安国父子开创的湖湘学派推到了鼎盛。如真德秀说："窃惟方今学术源流之盛，未有出湖湘之右者。"黄宗羲也认为："湖南一派，当时为最盛。"至于湖湘学派的最大特点，就是经世致用。[12]

强调湖湘学派的特质在于经世致用大有深意。

理学发展经历了漫长而曲折的历程，从北宋周敦颐和二程滥觞，经南宋朱熹集大成的建构，至明代阳明心学的兴起才告完成，所以理学的完整称呼是宋明理学，其间遭遇种种曲折和论争。朱熹生前，理学还屡遭官方排斥，在朱熹死后九年宋理宗才下诏，承认其为官方思想形态，至于理学内部的门派纷争一直没有停歇过。其实理学庞大学理体系中最具实效性的命题，就是道德本体论。亦即走内圣外王之路，通过道德圣人的建构，实现修身、齐家、治国、平天下的社会理想。就这个终极社会理想而言，理学各派都是高度一致的。元代著名理学家郑玉曾比较朱熹和陆九渊的异同，说："陆子之质高明，故好简易；朱子之质笃实，故好邃密。盖各因其质之所近而为学，故所入之途有不同尔。及其至也，三纲五常，仁义道德岂有不同者哉！……同尊周孔，同排释老……大本达道无有不同者乎。"[13] 因此，对于理学各派，关键是把握其大走势，把握其终极目的，而不是卷入其细节纠葛，当一个辨析琐细差异和纷争的裁判。

了解这种背景，就能感受到湖湘学派经世致用特质的魅力了。

湖湘学派很少卷入纷繁琐碎的理学论争，湖南学人明白，学问是用来经世致用的，而不是为学问而学问，对学问的检验标准就是实践，没有必要在思辨中消耗智慧争论高下。马克思有句名言："哲学家们只是用不同的方式解释世界，而问题在于改变世界。"[14] 湖湘学派暗合马克思的观点，他们的理论思维紧扣改造世界亦即经世致用而展开。这又形成湖湘学派在学理建构方面不够博大精深的现象，所以在学术思想史的著述中，湖湘学派大都被忽略。就湖湘学派自身的成长而言，张栻之后也确乎后继乏人。

著名学者张立文将宋明理学分为三大主流学派——程朱学派、陆王学派、张（载）王（夫之）学派，并解释说："湖湘学统追求内圣成德与外王事功的合一，但没有在这方面做出突出的理论贡献，没有建构两者合一的独特的理论体系。"此外，张立文还指出，由于湖湘学派弟子注重经世致用，主要精力没有放在学问上，湖湘学派在南宋之后走向了消亡。他是这样说的："湖湘弟子继承注重经世致用之传统'多留心经济之学'而逐渐疏离学术领域，特别他们目睹南宋严重的政治危机，积极投身于经世济民的政治和抗金活动，为此做出了重大牺牲和贡献。"[15]

不过这又启发我们反向思维。张栻培养出来的湖湘学派优秀弟子，如彭龟年、游九言、游九功、吴儆、吴猎、赵方、陈琦等，都在国难当头纷纷投身仕途，建立了显赫的抗金勋业，包括张栻本人，一旦有为国效力之机，就走出学斋建功立业，在学问和功业之间，张栻更倾向于政治建树。可以断言，学问对湖湘学派而言，只是手段而不是目的。进一步观察还可发现，湖湘学派学人的经世致用，是偏向于政治的。也就是说，在经世致用的各种途径中，比如经济、科技、政治等，湖湘学派更关注政治的经世作用，这就意味着，湖湘学派是一个政治理论学派，他们关心的是如何以政治来治理天下。

湖湘学派的特点又注入更大范畴的湖湘文化中，便构成了南宋以后湖湘文化的突出特点，湘人潜移默化出一种人生信念：以政治的经世致用来报效天下，实现自我。于是我们便看到后代湖湘政治英杰辈出的景象，特别是近代以来格外突出。通俗地说，湘人有极高的政治热情。明白这个道理就会恍然大悟，一旦革命风潮起，湘籍革命者群体就会闻风而动，兵强马壮，浩浩荡荡——这与湖湘文化经世致用的理念密切相关。

江西填湖南

洪武初年，江西通往湖南的条条山路上，漫漫人流。北望长江，首尾相接的舟楫，溯流直抵洞庭湖或汉口。

这是一次改变湖南历史的最大规模移民迁徙——史称"江西填湖广"。

放开眼界，还可看见波及大半个中国的背井离乡景象。

元明之交长达数十年的战乱，狼烟遍地，天灾连年，田园荒芜，百姓流离，十室九空。明太祖朱元璋在一片血火中定天下，立即公布了"招徕流亡，鼓励垦荒"的国策。从明代洪武三年（1370）至永乐十五年（1417），在不到50年的时间里，明政府先后18次从山西平阳、潞州、泽州、汾州等地，经洪洞县大槐树处办理手续，领取"凭照川资"，强制性地向全国广大地区迁徙，迁入地涉及18省500余县，主要为地广人稀的中原地区。移民比例是：四口之家留一，六口之家留二，八口之家留三。以洪洞为迁徙出发地的移民达百万，覆盖880余姓，移民后裔过亿人。这次大移民世界罕见，政治、经济、文化意义深远，洪洞大槐树成为许多移居后裔魂牵梦萦的祖居地符号，也成为明代大移民的民族集体记忆。

一首民谣流传至今：

问我祖先在何处，
山西洪洞大槐树。
祖先故居叫什么，
大槐树下老鹳窝。

其实，洪洞大槐树的集体记忆并不能精确勾勒明初大移民全貌。据《简明中国移民史》提供的数据，明初移民有遣送、军屯、商屯、民屯等多种方式，长江流域的移民规模700万，华北地区移民规模490万，西北、东北和西南边疆也有150万，合计1340万，约占当时全国总人口的20%。显然，只有在这样宏大的历史叙事中透视江西移民的湖广进入，才能更深刻地意会其史诗品质。

湖广，是指当时的行政区划湖广省，包括今天的湖南、湖北两省。按照专家统计和估算，在江西填湖广的移民大潮中，湖北人口中有80%来自江西，湖南人口中有70%来自江西。总之，江西填湖广极大地改变了湖南和湖北的人口成分，使江西人成为两省人口的主体或称民系共同体。进入近代中国，这三省成为革命浪潮最汹涌澎湃的区域，为中国革命的重要策源之地、摇篮之地或主要根据地。不由使人联想到，这个民系共同体似乎与革命有着某种亲缘。

宋代以来，随着中国政治、经济、文化重心的南移，江西的经济、文化地位跃居全国领先地位，人口更是第一大省。元至元二十七年（1290），江西人口达到1400万以上，约占全国人口的1/4，超过当时湖北、湖南、四川、贵州、云南五省总和。同期湖南人口约570万，约为江西省的1/3，但就土地面积而言，湖南比江西还多5000平方公里，更显两地人口密度差距。直至明洪武二十六年（1393），江西填湖广的大移民政策已经推行20余年，江西人口密度为每平方公里49人，而湖南每平方公里仅10.6人，江西的人口密度是湖南的4.6倍。且不说政府着眼于全国政治、经济战略布局推行大移民，仅从毗邻的江西与湖南的人口落差，也可以感受到江西填湖广的移民动力。

土地，大片肥沃而荒芜的土地，带来了新的生机和背井离乡的勇气，召唤着漫漫人流寻梦湖湘。史料显示，明代移民湖湘的家族达

3010支，为历史上迁入湖南移民家族的一半以上，尤以明初为移民高峰，达1518支，其中江西移民达1202支，约占80%。《湖南通史》认为："在明代的湖南居民中，土著已是少数，而外来的，特别是江西移民成了主要组成部分。"[16]

所以今日之湖南人，大都可以像山西洪洞走出的移民后裔，东望江西，唱着乡愁绵绵的歌谣，缅怀自己的"大槐树"。

最早关注江西填湖广现象的大概是谭其骧。

他在学生时代写下了著名论文《湖南人由来考》，得出了明代以后湖南人大都来自江西的结论。有学者考证，江西填湖广的移民近60万，亦有移民百万之说。我们不禁联想，洪洞移民百万，分布中国18个省份，而60万或百万江西移民，全部落籍湖广，该是怎样的社会裂变？再如，江西填湖广是东西路向，改变了历代移民的南北路向，这又意味着什么？就湖湘而言，在明代可说发生了人口族系性的断裂。它意味着，崛起于宋代、辉煌于宋明，文化巨匠星汉灿烂，且为理学巨擘的赣文化，与同样开化于宋代、以理学为旗帜的湘文化，发生了一次历史性大融会。

和湖南一样，江西在宋代以前，没有多少本土的文化大家，晋代虽出了陶渊明，可他生前默默无闻。按余秋雨的说法，是宋代苏东坡的大力推崇，陶渊明才赫然为世人所知。江西享誉中华的文化辉煌在宋代掀开扉页，而湖湘的文化大开化也是起于宋代理学的湖湘进入。提及理学的湖湘进入，江西和湖南文化间就构成了某种师承关系。

理学是中国儒学的集大成形态，是中国主流的哲学思想体系。作为官方意识形态最为精致、完备的理论成果，它支配着对人的思维和行动。而江西，则是理学思想家们的云集之地。翻阅《哲学大辞典》

可见，收入辞典的宋明时期江西籍哲学家竟达50人之多，占同期中国哲学家的1/6。因而，称江西为理学创构和完成的摇篮之地应不为过。周敦颐、朱熹、陆九渊、王守仁四大宗师，以及吴澄、吴与弼、胡居仁、娄谅、罗伦、罗钦顺、罗洪先等理学大儒构成了薪火相传、各有建树、蔚然壮观的理学家群体。他们大都为江西学人或宦游江西，在此悟道讲学，著书立说，开宗立派，从而使理学思想大厦与江西水土相互依存，以至于许多学者认为，理学即江西理学。所以，对理学的建构是江西学人最骄傲的文化勋业，毗邻的湖湘对理学接纳很大程度上应归于江西的学理播扬与辐射。

崛起于宋代的赣文化的另一个奇迹是教育，突出的表现又是以书院为特色的教育，这又与湖湘文化大开化以教育为先导且以书院兴盛的特点相契合。江西和湖南的书院均领先于全国，但二者比较，江西更胜一筹。资料显示，北宋全国书院73所，江西有23所，而第二名的湖南才9所（一说12所）；南宋全国书院442所，江西147所，约占33%，第二名浙江82所，第三名湖南约70所；明代江西书院238所，湖南书院124所。这意味着湖南的教育对江西的教育有相当的跟随性。与教育兴盛密切相关的是科举业绩，两者比较起来，落差更明显。资料显示，唐代科举进士总数7448人，湖南中进士者25人，占比为0.34%；宋代进士总数32000人以上，湖南中进士者达908人，跃居全国中游水平，占比约为2.8%。这是很大的进步，但和江西比就汗颜了。宋代江西出了5142名进士，占比为16%。到明代，进士总数为24595人，江西中进士高达3418人，占比为14%；湖南进士556人，占比约为2.3%，湖南科举业绩明显下滑。就科举的魁科进士而言，江西更显优势，明代江西魁科进士达85人之多，排名全国第一，其中官至宰辅的达22人之多，仅次于浙江的26人，为全国第二，故明代有"朝士半江西"

之说。江西教育的领先地位，在相当程度上反映出江西人口文化素质普遍高于湖南，因而江西移民进入湖湘，肯定会拉动湖南人口文化素质的提升，这种提升又会拉动思维与行为方式的嬗变。

再看文史科技大家的风景，江西更是令人大开眼界。王安石、晏殊、晏几道、欧阳修、李觏、曾巩、黄庭坚、杨万里、姜夔、周必大、文天祥、汤显祖、马端临、刘恕、刘攽、汪大渊、朱思本、张潜、宋应星等在文学、史学、科学等领域均为领袖级巨匠，以至于在江右地区形成了中华文化的新高地，仰望江西成为时代风尚。总之，江西填湖广的意义绝不局限于土地的开垦，而应理解为一次重大的文化植入。诚如湖湘学者唐浩明言："明初，湖南人的组合发生过一次大变动。那便是数以百万的江西人西移三湘。赣人入湘，不仅因为血统较远的联姻改善了湘人的体质，还因为北宋以来两赣文风盛于湖南，从而将一种人文优势带进湖南。"[17]

2006年，湖南官方启动了湖南文史典籍《湖湘文库》的编撰，对湖湘文化世家专门进行了总结，梳理出45家湖湘文化望族世家。它们有两大特点：第一，绝大部分世家显望于清代；第二，几乎全是移民家族，且江西籍最多。有学者对此现象作出了阐释：

移民群体有一个最大的特点，就是不甘现状，敢于冒险，富有开拓精神。这个群体的湖湘进入，一方面带来了外部世界的视野和信息，极大地丰富了本土居民的见识，也把开拓精神植入湖湘，他们来湖湘就是来开拓创业的，和湖湘本土民性中的霸蛮血性相融汇，使湖湘文化中的进取性更加富有生机。我们重点讨论的近代湖湘政治精英群体，绝大多数都是移民之后。周敦颐、王夫之、李东阳、陶澍、贺长龄、魏源、罗典、何凌汉、胡林翼、曾国藩、左宗棠、彭玉麟、郭嵩焘、罗泽南、李续宾、刘长佑、王闿运、王先谦、王壮公等等均是。这也是湖南人为什么会成为乱世英雄,扭乾转坤的时代英杰的重要奥秘所在。[18]

我们在解析"湖南为什么这样红"的奥秘时,也有针对性地查阅了部分湘籍著名革命家的族谱,惊讶地发现,毛泽东、刘少奇、任弼时、彭德怀、罗荣桓、李立三、李维汉、罗章龙、罗亦农、罗学瓒、胡耀邦等湘籍高级革命领导人居然都是江西移民后裔。深入研究江西填湖广的意义,肯定会有许多极富启迪的社会学新论。

走近王夫之

这个话题要从邓显鹤说起。

邓显鹤(1777—1851),湖南新化人,出身世代书香之家。字子立,号湘皋。27岁中举,此后屡试不售,他也不很在意,在科场中以文会友,结识了陶澍、贺长龄、贺熙龄、左宗棠、曾国藩等一大批后来声名显赫的朋友或晚辈,自己热心收集整理乡土先贤的事迹遗著。这个兴趣与他强烈的乡土自尊有关,总觉得湖南历史上名人寥落,很丢脸面。此心结也是长期被边缘化的湘人普遍心病,尽管南宋以来湘人融入了主流文化,还诞生了名扬一时的湖湘学派,怎奈延至邓显鹤所在的时代,湖南人总无大显之机,也就缺乏成就感。理解这种心结也就会对湘人的激进和奋斗更多意会——没有成就感的湘人心中苦啊!

于是便有了邓显鹤校勘重印《楚宝》之举。

《楚宝》是一部史地著述,明代湘潭人周圣楷编撰,搜罗了楚地从战国到明初的地方名人事迹,流传至邓显鹤的时代已罕见。邓显鹤寻访到此书欣喜若狂,便进行了校勘重印。在校勘时又关注到书中记载的最后一个湖南名人是王夫之。当时王夫之有少量著述在很小的学人圈流传,评价不低,但大量著作埋没不显,名声很是有限。邓显鹤坚定地认为,此人定是被埋没了的湖湘巨儒,便全力寻找王夫之传世遗作,还在重新刊刻的《楚宝》中打广告:"安得士夫家有珍藏全部善本,重为审校开雕,嘉惠后学,使湖湘之士共知宗仰!"

王夫之(1619—1692),湖南衡阳人。字而农,号姜斋,曾就读岳麓书院,明崇祯十五年(1642)中举人,时年23岁。两年后,李闯王农民军杀入京城,崇祯帝自尽,再后清兵入关,大明亡。王夫之以大明遗民自居,参加了民间的抗清斗争,还投奔南明王朝担任过一段官职。见大明复国无望,隐居家乡的石船山下著书立说,凡40年,世人又尊称为"船山先生"。由于著述中多有反清言论,他临终前嘱咐后人,自己的著述要埋藏两百年才能曝光。他死后依然有部分著述传出,被朝廷收集,定为禁书。然而还有一些官僚学者得见,称道不已。

邓显鹤收集王夫之遗著时,已经过去100多年,人世沧桑,要寻找确实不易。直到1839年,邓显鹤已经62岁,心愿才有了意外的大突破。

一日,湘潭举人欧阳兆熊带着他的湘潭友人、王夫之的族孙王世全来长沙拜访邓显鹤,称王夫之嫡传六世孙王承铨收藏了先祖的全部遗书,经劝说愿意全部献出付印。邓显鹤闻之大喜,真是踏破铁鞋无觅处,得来全不费工夫!他立即组建了精干的编辑班子,开始认真地编辑整理，对著述中涉及反清的政治忌讳，尤为认真。但由于王夫之著述中的反清言论实在太多，结果这一次刊印，虽然使许多王夫之著述得见天日，但依然是部分付印。

3年后的1842年，王夫之的《船山遗书》问世，共18部150卷。事实证明，邓显鹤的判断没错，王夫之确实给后人留下了一份宝贵的思想遗产，其思想也被诸多学人认为是中国古代思想学说的顶峰。

邓显鹤为此做足了准备。早在4年前，他就预见性地请当时湖南人中官位最高的两江总督陶澍为王夫之的出场背书，写下了匾文"衡岳仰止"，还有对联："天下士非一乡之士，人伦师亦百世之师。"《船山遗书》一推出，唐鉴、贺长龄等湘籍名宦都为之发声，很是隆重。这时湖南人已经在清代政治舞台上初露锋芒，他们迫切需要在精神上树立一面具有湖湘骄傲的旗帜。

遗憾的是，《船山遗书》问世时，陶澍已去世3年。更遗憾的是，《船山遗书》问世10年后，太平军高擎拜上帝会的旗号杀奔湖南而来，将发现的《船山遗书》雕版付之一炬。王夫之传世之作再遭焚毁厄运。此时，邓显鹤也已离世。

接下来的故事就和湘军群体有关了。

湘军诸多领袖级人物，如曾国藩、左宗棠、郭嵩焘等都是邓显鹤友人，《船山遗书》最初刊印他们也或多或少参与，左宗棠还直接参与了编辑，对王夫之的认可自不必说。《船山遗书》雕版被毁，他们策划重新出版也就不奇怪了。

最高主事者就是曾国藩。他的动作更大，索性全集出版，还将新收集到的著述也一并收入。为此他精读了王夫之的全集，还亲自作序，累计花了半年时间，对王夫之的重视实在是非同一般。

这部新刊刻的《船山遗书》共56部288卷。本来想在安庆开印，后来湘军攻下南京，曾国藩即指示其弟曾国荃在南京最好的书坊开印，于1867年问世。船山之学在湘军的大力推广下，大放光芒。

学者章太炎认为，曾国藩刊刻《船山遗书》是受王夫之的"华夷之辨"影响，对自己维护清王朝、剿灭汉族同胞的太平军心有内疚所致。亦有学者推测，曾国藩是看中王夫之学说中对帝王权术、清流议政的攻击，想借王夫之之口来解除清帝王和朝中清流对自己的提防及诽谤。而曾国藩本人的表白大约有两点。其一，因为船山之学继承了孔孟真传："昔仲尼好语求仁，而雅言执礼；孟氏亦仁礼并称……横渠张氏乃作《正蒙》，以讨论为仁之方。船山先生注《正蒙》数万言，注《礼记》数十万言，幽以究民物之同原，显以纲维万事，弭世乱于未形。其于古昔明体达用，盈科后进之旨，往往近之。"[19]既如此，作为孔孟之道的忠实信徒，曾国藩当然有义务推广船山之学。其二，曾国藩敬仰王夫之刚正而富有担当的人格，他认为王夫之"秉刚直之性，寸衷之所执，万夫非之而不可动，三光晦，五岳震而不可夺"。联系曾国藩自己的人格行状以及湖湘精英的普遍人格行状，其表白大体是可信的。

紧随曾国藩之后，郭嵩焘也对船山学的推广立有殊功。他认为船山之学"发明先圣微旨，多诸儒所不逮"，"先生之学非元明以后诸儒所能及也"[20]。他还高度赞扬王夫之的人格："先生生明之季，下逮国朝，抗节不仕。躬涉乱离，易简以知险阻，通德达情，既诚以明，而其学一出于刚严，闳深肃括，纪纲秩然。"[21]郭嵩焘推崇王夫之最独到的贡献还在于他创办思贤讲舍，内设船山祠，专门研习船山之学，并多次上奏朝廷请求将王夫之祀于文庙。有学者认为，王夫之当年冒着反清的政治风险，孤独而坚定地求索民族复兴之路，与郭嵩焘主张效法西方政治制度改革中国政治，并因此受到保守派强烈攻击那既孤独亦坚定的境遇极为相似，所以郭嵩焘感同身受，格外推崇王夫之。如果再联系曾国藩的表白，确乎可以感受到，湘军群体推崇王夫之，很大程度是在豪雄的人格气度以及在对中华民族复兴的使命担当上有着强烈共鸣。

随着西方列强的不断侵犯，中国向危亡走去。面对危局，康有为、梁启超等发动了维新变法，孙中山领导了辛亥革命，湖湘成为风起云涌之地。富有意味的是，王夫之依然是各派湘人高擎的大旗，而且越举越高。

谭嗣同斩钉截铁地断言："五百年来学者，真通天人之故者，船山一人而已。"[22]美国学者裴士锋认为："谭嗣同对王夫之的回应，一如郭嵩焘对王夫之的回应，皆汲取自王夫之的生平和学问：王夫之的放逐生活提供了抵抗、坚忍精神的典范，他的著作则为改革提供了正当理由。"[23]从谭嗣同在戊戌变法中激烈的人生行为看，他是在王夫之的激励下大义凛然地走向刑场的。

此外，黄兴、宋教仁、蔡锷、陈天华、杨毓麟、杨度等湖湘志士也无不深受王夫之的影响。我们越来越清晰地看到，王夫之对于湖南人而言，是一种道德精神的支撑，也是变革现实、救亡图强、建功立业的精神支撑。我们还看到，湖南人并不满足于自己在精神上对王夫之的皈依，并进而希望这种精神皈依得到官方承认，成为一种全社会认同且秉持的价值观。

于是，从郭嵩焘起，又出现了湖南人请求中央王权承认王夫之正统思想家地位的请愿行动。在郭嵩焘最初请愿失败的17年之后，湘籍御史赵启霖终于完成了这个使命。1908年9月，大清礼部正式接受了赵启霖的奏请,同意将王夫之作为中国的文化圣人祀入孔庙。裴士锋意味深长地写道:"章太炎首开先河地将王夫之称作汉人民族主义之父,因而在听到赵启霖的奏请已得到朝廷赞同时惊骇不已。"惊呼:"然则尊祀衡阳,默无非议者,其亦满人悔过之举耶?"[24]章太炎认为,这是大清统治者有愧于对汉民族的数百年统治,想放权退位的信号。果然,三年后,宣统逊位,大清寿终正寝。

从邓显鹤重印《楚宝》征集王夫之遗著算起,至王夫之祀入孔庙,湘人前赴后继整整80年。不仅是有清一代的湖南志士仁人对王夫之顶礼膜拜,进入近现代后,王夫之依然在湖南人心中具有精神导师的地位。杨昌济等知识精英不必说了,他的高足,后来成为中国革命领袖人物的毛泽东,也在老师的影响下对王夫之满怀崇敬,而且将这种崇敬保持终生。我们研究毛泽东走上革命道路的思想根源,忽略王夫之的影响,一定会出现重大缺憾。富有意味的是,在湖南人的革命历程中,无论是中国共产党人还是国民党人,都共同推崇着王夫之。比如毛泽东与何键,两人的书房里都赫然陈列着王夫之的著述。诸此种种,都推动着我们进一步探寻——王夫之的湖湘意义究竟何在?

学界普遍认为,王夫之是中国传统思想的集大成者、百科全书式的思想家。对于王夫之博大精深的思想体系,学界有全面研究,而我们更偏重王夫之思想对湖南人的实际影响。

王夫之对湘人最大也最普遍的影响就是极其强烈的民族情怀。这种民族情怀又被表述为爱国主义。这必然涉及王夫之不无偏执的"夷夏之辨"思想或者说民族观。众所周知,王夫之出于血缘根脉对华夏民族(主要是汉民族)有着深入骨髓的挚爱,在"夷夏之辨"思想中,便表现出对华夏民族的高度推崇以及对非华夏民族即所谓"蛮夷"族群的轻视甚至侮辱，在认知上存在非理性的偏执之处，其反清政治立场很大程度上就是满族政权是"夷"族主政的缘故。但王夫之也并非一味地感情用事，对于夷夏（汉）之分以及为何夷不如夏（汉），他还是有冷静的辨析。有学者将王夫之的民族观梳理为四大要点，扼要转述如下：

王夫之的民族观其一是"华夷同祖论"，即认为华夏族和蛮夷族在远古同源，都由"禽兽"进化而来。由于进化的主客观条件差异，特别是地理条件的差异，导致了华夷的区分，便有了文明与野蛮之别。这符合进化论和民族演变的一般观点，并非歧视蛮夷。其二，是"华夷平等论"，他主张华夏族和蛮夷族应该平等相处，互不侵犯，和平相交。如王夫之言："王者不治夷狄……各生其所生，养其所养，君长其君长，部落其部落，彼无我侵，我无彼虞，各安其纪而不相渎耳。""华夏之于夷狄，骸窍均也，聚析均也，而不能绝乎夷狄。"其三，是"固其族论"，通俗地说就是生为华夏人就要热爱华夏，维护华夏的最高利益。"仁以自爱其类，义以自制其伦……今族类之不能自固，而何他仁义之云云也哉？"他还认为，在本族内，谁当皇帝都无所谓，就是不能由异族来统治。即"可禅、可继、可革，而不可使夷类间之"。可见，他对不同民族之间能跨越文化和文明隔阂实现融合与统一是不看好的，所以他格外警惕民族沦亡，认为是最大的灾难。其四，是"民族复兴论"。一是国家民族面临沦亡时，族群要团结一心，共赴国难；二是励精图治，使民族国家走向富强："是故中国财足自亿也，兵足自强也，智足自名也。不以一人疑天下，不以天下私一人，休养厉精、士佻粟积，取威万方，濯秦愚，刷宋耻，此以保延千祀，博衣弁带、仁育义植之士旺，足以固其族而无忧矣。"[25]

细细分析，王夫之的民族论不是以血缘种族分尊卑，而是以文明和文化分优劣。他主张要坚定保卫中华民族文化不遭沦亡,还要奋力复兴中华民族文化,是其民族观的精华。

还有学者对王夫之的民族观做了这样的总结:"船山的民族观,就是汉族自强自卫的民族观。其内容包括:1.民族利益至上。为着保卫民族利益,决不让异族入主中原,为此必要时可以置阶级利益、君权原则于不顾。2.坚决反对民族压迫、反对侵侮。3.朦胧地认识到当时国内各民族的差别,主要是由于社会发展阶段的差别,并在此基础上,接触到了民族同化等问题。4.有一定的大汉族主义和种族主义的偏激情绪。"[26]

可见,王夫之的民族观,在中华民族面临沦亡危险的时代格外鼓舞人心。其民族主义情怀和思想,深深地激励包括湘人在内的志士仁人为拯救中华民族危亡而浴血奋斗。章太炎说:"船山学说为民族光复之源,近代倡义诸公,皆闻风而起者,水源木本,瑞在于斯。"[27]再看毛泽东这一代中国共产党人,也无不是为拯救中华民族危亡挺身而出,可以说,是拯救中华的民族主义情怀激励他们走向革命。至于接受马克思主义,是在拯救中华的民族主义情怀和初心被激发之后的事了。

王夫之的哲学思想尤其博大精深,以下诸点对后来的湖湘英杰群体的影响也值得我们特别关注。

第一,气物本体观。王夫之认为物质性的"气"是宇宙本体,抽象的事物规律即"道"或"理"是存在于"气"之中的,又表现为更具体的万事万物即所谓"器"之中,通俗地说,就是本质存在于现象之中,只有通过现象才能知晓本质。从气物本体观出发,必然会导致思想和行动的务实性,必然会在实际的事物中去求索规律的存在和体现，而不是脱离实际事物去空谈抽象的"理"或"道"。这种态度正是湖湘文化经世致用传统的内蕴意识。

第二，动变斗争观。王夫之认为，"天地之气恒生于动而不生于静"[28]，"静者静动，非不动也"[29]，亦即运动是事物的根本属性，包括静止，也是一种特殊的运动。他还认为，事物发展是以阴阳的矛盾斗争为推动的，"争有不可两存之势"[30]，"是以君子善其交而不畏其争"[31]。王夫之的哲学强调运动变化的绝对性，静止的相对性，因此斗争也是绝对的，和解只是相对的，是永恒运动（斗争）的一个阶段。这种思想就给变革现实的革命斗争提供了理论支撑，近代以来湖湘政治精英普遍持这种运动观并且以斗争态度来解决社会问题，这和王夫之的影响密切相关。

第三，理欲义利观。王夫之认为，人性中包含着"欲"与"理"两大要素，二者有机结合就是人性。他将理欲统一起来，承认了人的欲望的必然性与合理性。"饮食男女，皆性也，理皆行乎其中也。""私欲之中，天理所寓。"但是，王夫之并不是无条件地认可一切欲望，又推出了"公欲"的概念。"天下之公欲，即理也，人人之独得，即公也。"[32]可见，王夫之是在基本人欲的基础上进一步进行道德超越，让个别的私欲上升为集体的私欲——也就是公欲了。他认为公欲是满足私欲的更高形态，因此我们应该为之付出，也就是舍生取义。可见，王夫之是在极大限度地承认功利人欲合理性的前提下才提出舍生取义的，这和一般儒学包括程朱理学有着很大的区别。此外，在实践中，还存在一个面对具体情况来判断何为义的问题，比如王夫之并不认为一味忠君就是义，尤其是对于昏庸君主，王夫之并不主张愚忠。总之，王夫之不是采取剿灭或者压抑人欲功利而是采取不断提升人欲功利的方法来解决理欲义利的冲突问题。这也就张扬了人的道德主体性和人的尊严性。

第四，救世豪杰观。这是对一种担当天下的理想人格阐释。即"豪杰"人格："能兴即谓之豪杰"，"圣人以《诗》教以荡涤其浊心，震其暮气，纳之于豪杰而后期之以圣贤，此救人道于乱世之大权也。"[33]王夫之称道的豪杰，不仅和随波逐流、无所用心、安于日常生活的平民百姓无关，也与循规蹈矩、明哲保身、无所作为的陋儒庸吏无关。豪杰乃是大智大勇、挺身而出"救人道于乱世"的中兴之士，是拯救天下的救星，是比帝王君主更高尚的人格。因为君王平天下是为了占有天下，豪杰是救天下而不占有天下的人。王夫之还对君王的神圣作了猛烈抨击。他认为，天下乃天下人的天下，君王专制是"一姓之兴亡，私也，而生民之生死，公也"，如果将天下生民之公以徇一姓王朝之私，也是缺乏正当性的。还如，将君臣关系等同于父子关系，具有很大的欺骗性。因为父子关系是一种天性之爱，不管父亲有何过错，都不可抛弃，而君臣关系却建立在志同道合的基础之上，"道合则从，不合则去，美则将顺，恶则匡救。君之是不是，丝毫也不可带过"。制度却把君臣关系等同于父子关系，要求臣子以事父的孝道无条件地效忠君王，这就是欺骗。这样，"豪杰"就超越君王成为最高人格。王夫之的这一思想对湖湘英杰的影响是非常大的。担当天下，舍身取义，成为湖南革命群体用鲜血和头颅印证的集体品质，其精神根源，都可以追溯到王夫之的影响。

第五，力行致用观。宋明理学中，知行关系成为讨论的焦点之一。程朱学派主张"知先行后"，陆王学派主张"知行合一"，王夫之则主张"行可兼知"，确立了"行"在知行关系中的统摄地位。首先是倡导知为行而立。他说："离行以为知，其卑者，则训诂之末流，无异于词章之玩物而加陋焉。"[34]其次，行是知之源，是知的必要手段。王夫之说："行而后知有道。道犹路也。"[35]也就是说，行动中会获得知。再次，行是检验知的标准。他说："知者非真知也，力行而后知之真。"[36]也就是说，知必须转化为行而得以确定，才完成了知。这就和我们今天所说"实践是检验真理的唯一标准"非常吻合了。由此可见，"行"在知行关系中是贯穿性的。这种对行动和实践的强调，近代湖湘政治精英深受影响。行动能力强，是湖湘精英的突出特点，延至毛泽东这一代湘籍革命群体，更是发扬光大，个个都是行动能力极强的革命实践者。毛泽东还写下了《实践论》，成为毛泽东思想的经典文本，也是共产党人的行动指南之一。写《实践论》时，他还请在长沙的徐特立收集王夫之著作寄往延安作参考，可见王夫之对毛泽东的影响实在是大。

英杰摇篮岳麓书院

岳麓书院是我党实事求是思想路线的一个发源地和有重要影响的地方。它已不仅是湖南教育的亮丽名片，还是湖湘文化的亮丽名片。

岳麓书院创建于北宋开宝九年（976），距今悠悠千年。在南宋张栻的时代，它有过一段黄金岁月，成为理学的湖湘基地、湖湘学派诸儒的云集之地，并奠定了经世致用的岳麓学风，跃为中国四大书院之首。怎奈时运并不总是垂青湘人，元明两朝，岳麓书院经历了几百年的沉寂期，岳麓师生坚守书斋，弘扬岳麓操守，不乏可歌可泣的故事，但历史的回应则是等待。直至清代，岳麓书院才又慢慢苏醒，开启了第二个黄金岁月，而最辉煌的阶段则是罗典师徒主持书院的六十余年，我们称之为罗典的书院时代。

罗典（1718—1808），湘潭（今为株洲）人，字徽五，号慎斋，先后就读长沙府学和岳麓书院，师从湖南学使阮裴园和汉学大儒王文清。乾隆十二年（1747）乡试中解元，4年后中进士，官至鸿胪寺少卿。告老回乡后他的辉煌人生才开始——63岁受聘岳麓书院山长，5次被延聘，主持岳麓书院长达27年，至90岁高龄以"考终命"之福无疾而终于任上。史料记载：罗典培养的学子3倍于朝廷定额，其间提奏4次、经吏部记录8次、两赴鹿鸣宴，身后朝廷敕命祀于乡贤，这在清代教育家和学人中是罕见的荣耀。统计显示，罗典直系弟子达数千人，载入史志通显者达数百人。乾嘉年间，朝廷分配给湖南每届乡试中举名额只有45人，这意味着罗典执教27年间，湖南中举名额总数只有400余人。而罗典培养的举人187人，会试成进士者36人，选拔及举优行贡成均者112人。即罗典执教期间，湖南举人近50%、进士约60%出自罗门。无怪乎罗典高足严如熤感慨万千地写道："三十年来，大湖以南，人才辈出，登甲第，内外蒙擢用暨孝廉明经，以品行才猷文学著名者数百人，门墙之盛为从来所未有！"[37]

罗典去世后，他的两位高足袁名曜和欧阳厚均先后继任山长，袁名曜掌书院6年，欧阳厚均掌书院与罗典同样长达27年。这两位山长萧规曹随，薪火相传，便形成了罗门师徒执掌岳麓60年的罗典书院时代。以袁名曜论，其主持岳麓书院6年，培养学生过千人，通显者过百，并重修文庙、文昌阁、御书楼等，更加完善了岳麓书院的建设。以欧阳厚均论，同样主持岳麓书院27年，重修爱晚亭、抱黄阁、东亭、讲堂，改六君子堂为岳神庙等，使书院建设达到了一个新的阶段。其育人效果更是斐然，弟子著录3000人，发名成业者数百，获准记录8次，得旨议叙3次，成为和罗典齐名的杰出山长。如此一来，罗典亲传弟子和再传弟子阵容极为壮观。初步估算，此时期岳麓书院弟子至少有7000人，史志记载通显弟子近千人。就人才培育而言，是岳麓书院千年历史上最为辉煌的时代，在中国教育史上亦可谓奇观。初步梳理，以罗典为师祖，罗典书院时代知名弟子名录可见下表。

表1.1 罗典英杰弟子群表

罗典亲传英杰弟子群	彭浚		嘉庆十年状元进士。道光皇帝之师。内阁大学士，太仆寺少卿。
	赵慎畛		嘉庆元年进士。官至两江总督、云贵总督。
	石承藻		嘉庆十三年探花进士。翰林院编修，迁御史。（石为罗典门生，从罗汝怀说）
	胡达源		嘉庆二十四年探花进士。翰林院编修，少詹事。胡林翼之父。
	贺长龄		嘉庆十二年乡试第一名，次年中进士。主编经世派经典《皇朝经世文编》，官至云贵总督。
	陶澍		嘉庆七年进士。官至两江总督。为湖湘经世派领袖人物。少年随父陶必铨就读岳麓书院，陶父师从罗典。世人多认同陶澍亦为罗典门生。
	贺熙龄，嘉庆十九年进士，贺长龄之弟，历任湖北学政等职，退休后主持城南书院8年。	罗典再传英杰弟子群	
		左宗棠	举人出身。湘军主帅，晚清重臣，与曾国藩齐名。近代湖湘第二代政治精英群体领袖人物。任闽浙总督、陕甘总督、总理衙门大臣等。
		罗泽南	著名学者、理学家。湘军重要统帅。授按察使衔。
		罗汝怀	拔贡出身。著名文史学家。曾国藩、左宗棠密友。因子罗萱封通议大夫内阁中书衔。
		邹汉勋	咸丰元年举人。中国近代舆地学奠基人。
		丁取忠	长沙数学学派领袖。
	周树槐		嘉庆十四年进士。官江西吉水知县。知名学者。

续表

罗典亲传英杰弟子群	袁名曜，嘉庆六年进士，任翰林院编修，回湘后继罗典主持岳麓书院6年。	罗典再传英杰弟子群	魏　源	道光二十五年进士。官高邮知州。清代著名思想家、政治家。
			罗绕典	道光九年进士。任云贵总督等职。传闻他本名罗兰阶，因慕罗典之名改名罗绕典。
			陈本钦	道光十二年进士。湘中名士，主讲过城南书院。
			郑敦亮	道光三年进士。翰林编修。
			黄本骥	道光元年举人。著名学者。
			严正基	严如煜子。副贡生。官郑州知州等。
			张中阶	
	欧阳厚均，嘉庆四年进士，任浙江道监察御史等职，回湘后继罗典、袁名曜之后主持岳麓书院27年。	罗典再传英杰弟子群	曾国藩	道光十八年进士。湘军创立者和统帅，晚清四大名臣之一，近代湖湘政治精英群体第二代领袖人物。官至两江总督、直隶总督等。
			郭嵩焘	道光二十七年进士。湘军创建者之一，外交家。曾任广东巡抚。
			李元度	举人出身。湘军重要主帅。任贵州布政使等职。
			江忠源	举人出身。湘军重要主帅。官至安徽巡抚，追赠总督。
			刘长佑	拔贡出身。湘军著名统帅。任直隶总督等。
			唐训方	举人出身。湘军名将。授安徽巡抚。
			周玉麒	进士出身。著名教育家。督理浙江学政。岳麓书院山长。
	欧阳厚均，嘉庆四年进士，任浙江道监察御史等职，回湘后继罗典、袁名曜之后主持岳麓书院27年。	罗典再传英杰弟子群	胡林翼	道光十六年进士。湘军主帅。晚清中兴名臣。任湖北巡抚等职。
			刘　蓉	晚清著名学者，湘军重要幕僚。授陕西巡抚。
			萧锦忠	道光二十五年状元进士。翰林。
			刘　典	湘军名将，官陕西巡抚。
			李象溥	
			李星沅	道光十二年进士。官两江总督。
			劳崇光	道光十二年进士。官两广总督。
	周　锷			乾隆五十二年进士。官贵州学政、苏州知府等。
	魏辅邦			魏源的伯父，也是魏源的启蒙之师。后拜罗典为师，交情极厚。
	唐　鉴			嘉庆十四年进士。理学大师。曾任江宁布政使等职。（从罗正纬说）
	汤　鹏			道光二年进士。著名理学家。曾任山东监察御史。（从罗正纬说）
	向曾贤			乾隆六十年进士。国子监学录，嘉庆帝师。杨昌济高外公。
	罗麓西			嘉庆元年进士。为陶澍属下，官镇江太守。

续表

罗典亲传英杰弟子群	秦敬衡	经魁。礼部京官，宜昌知府。
	李白桥	嘉庆十六年进士。内阁中书。书法家。
	伍先准	进士。翰林编修。
	邓显鹤	文献学家。编撰刻印王夫之著述等湖湘文献名世，被梁启超誉为"湘学复兴导师"。（邓为罗典门生，从罗正纬说）
	罗修源	乾隆三十七年进士。职任少詹事，《四库全书》提调。罗典后人。
	李象鹍	嘉庆十六年进士。授编修，任贵州按察使、江宁布政使。
	郑敦允	嘉庆十九年进士。襄阳知府。
	聂镐敏	嘉庆六年进士。官兵部郎中，严州知府。
	周有声	乾隆六十年进士。官苏州知府。
	曹德赞	嘉庆十四年进士。翰林。教育家。
	李象鹄	嘉庆四年进士。翰林编修。

熟悉中国近代史的人都知道，上表所列的岳麓弟子大多是中国近代政治舞台的风云人物，在担当天下、安邦定国方面勋业赫赫。这些湖湘英杰的成长，与罗典的教育思想以及两位高足对罗典教育思想的一脉相承密切相关。罗典师徒将经世致用的传统岳麓学风发扬光大，演绎出了"实事求是"新意蕴，这是最令人关注的亮点。不妨列举几个表现：

罗典师徒都主张"不徒区区为文之末"，以"坚定德行"为弟子的品格要求，以"明习时务""有体有用""士先器识"为知识支撑。归结到教育理想就是培养"地接衡湘，大泽深山龙虎气；学宗邹鲁，礼门义路圣贤心"的国家栋梁。也就是说，罗典师徒有意识地根据安邦定国的时代要求在量身定制地教书育人。这既是岳麓书院经世致用传统学风的延续，也是罗典师徒基于时代的需要，实事求是做出的教育新定位。

罗典师徒在学问上无意于开宗立派，亦不指望弟子们成为老师的衣钵传人，而是希望学生尽情地绽放自我。这不仅是胸怀大度，还是一种教育理念——让学生成为特立独行的自己。罗典"晨起讲经义，暇则率生徒看山花、听田歌，徜徉亭台池坞之间，隐鸟皮几，生徒藉草茵花，先生随所触为指示"，"务令学者陶泳其天趣"。欧阳厚均也鼓励学生"各抒所长，或以理胜，或以气胜，或以才胜，平奇浓淡，不拘一格"。罗典门下还有一批湘西弟子，严如煜、戴尚文、藤家圭等等，并不热衷科举和经文，而是痴迷地理、气象、军事、农艺等实用知识，罗典鼓励他们自行其是。乾嘉苗民起义时，罗典推荐这些湘西弟子平乱，果然建立奇功。诸此种种，都是培养书呆子的教育理念不可想象的，也是实事求是、因材施教的教育理念体现。

罗典师徒一方面"不徒区区为文之末"，另一方面也不拒绝教授学生"制艺之道"和考试门路，非常超脱灵变。这也显示罗典师徒绝不迂腐——只是把科举看成施展抱负、走上政治舞台的一张门票。从上列弟子表看，罗门著名弟子基本都是举人以上出身，岳麓弟子科举业绩上在湖南各类学校中首屈一指，岳麓书院是科场英雄的摇篮，且岳麓弟子既高分又高能，作为显赫者甚多。这也是实事求是的智慧结晶，他们懂得目的和手段的辩证法，他们懂得理想不是用来憧憬而是用来实现的，总是立足现实来选择道路，绝不教条主义地逞一时之气、一时之勇、一时之名而断送真正的理想。于是自清以后，"实事求是"成了岳麓书院的校训。

时光流转，20世纪初期青年毛泽东的到来，开启了岳麓书院新的历史篇章。1916年暑假期间，毛泽东通过老师杨昌济的介绍，寄居于书院半学斋。以后又数次寓居，主编《湘江评论》《新湖南》，进行各种革命宣传活动。寓居期间，毛泽东对书院的"实事求是"匾额进行了认真研究，这对他的思想形成产生了重大影响。在毛泽东的眼中，只有朱老夫子留下的"实事求是"这四个字，才是岳麓书院的精华，才是湖湘经世致用的根本所在。

毛泽东不仅对实事求是进行了深入思考，在后期的革命实践中，还丰富发展了实事求是的内涵。1941年，毛泽东在《改造我们的学习》一文中指出，"实事"是客观存在着的一切事物；"是"是客观事物的内部联系，即规律性；"求"就是我们去研究。随后，"实事求是"被确定为中央党校校训，也成为中国共产党思想路线的核心所在。

从岳麓书院校训到湖湘文化的精神内核，再到中央党校校训和党的思想路线核心，简简单单四个大字，承载着一条生生不息的中国文化传承发展之脉。2020年9月，习近平总书记到岳麓书院考察，作出了"岳麓书院是党的实事求是思想路线的一个策源地和有重要影响的地方"的重要论断，为党的思想路线明确了文化之根，也把岳麓书院的历史地位提升到了一个新的高度。

悠悠千年，湖湘水土和这方水土上发生的诸多事件就这样演绎着湖湘的历史生活，形成了一片独特的水土和文化风姿。湖南为什么这样红的音符就潜藏散布其中，只待历史机遇降临，便会组合成波澜壮阔的革命乐章。

这为回答"湖南为什么这样红"提供了坚实的历史文化支撑。中国革命的思想资源不仅有来自西方的马列主义，还有中华文化的优秀传统。

引文注释

[1] 钱基博：《近百年湖南学风》，岳麓书社2009年版，第1页。

[2] [3] [5] [16] 伍新福主编：《湖南通史·古代卷》，湖南出版社1994年版，第55、365、421、555页。

[4] 葛剑雄主编：《中国人口史·辽宋金元时期》第3卷，复旦大学出版社2005年版，第513页。

[6] 李纲：《梁溪集》卷29，见葛剑雄主编：《中国人口史·辽宋金元时期》第3卷，复旦大学出版社2005年版，第512页。

[7] 参见黄宗羲《宋元学案》，清道光刻本。

[8] 周柳燕、易惠霞：《湘学》，湖南科学技术出版社2009年版，第23页。

[9] 张楚廷、张传燧主编：《湖南教育史·远古—1840》第1卷，岳麓书社2002年版，第237—243页。

[10]《朱熹集》卷四十，郭齐、尹波点校，四川教育出版社1996年版，第1865页。

[11] 王阳明原著，马昊宸主编：《王阳明全集》，线装书局2016年版，第345页。

[12] 陈代湘、刘晓霞主编：《湘学》第7辑，湘潭大学出版社2017年版，第57页。

[13] 周良霄：《元史》，上海人民出版社2019年版，第783页。

[14]《马克思恩格斯选集（第一卷）》，人民出版社1995年版，第61页。

[15] 周敏之、许顺富、梁小进：《近代湖湘文化与近代湘籍人才群体》，岳麓书社2017年版，第361—362页。

[17] 廖静仁主编：《天问湖南——历史之旅卷》，湖南地图出版社2005年版，第35页。

[18] 罗宏、许顺富：《湖南人底精神：湖湘精英与近代中国》，新星出版社2017年版，第47页。

[19] [20] [21] [25] [28] [29] [32] [33] [34] [35] [36] 王夫之：《船山全书》第16册，岳麓书社1996年版，第418、584—585、598、519、1074、411、362、191、479、314、402、575页。

[22] 谭嗣同：《仁学》卷上，见《谭嗣同全集》，生活·读书·新知三联书

店1954年版，第390—391页。

［23］［24］（美）裴士锋：《湖南人与现代中国》，黄中宪译，社会科学文献出版社2015年版，第73、148页。

［26］谭承耕：《论船山晚年的民族观》，见周发源等主编：《船山学刊·百年文选·船山卷（史学）》，第99页。

［27］王洪江：《先哲纵览》，群言出版社2012年版，第230页。

［30］见王夫之：《周易内传》卷四上。

［31］见王夫之：《周易外传》卷四。

［37］严如煜：《清故鸿胪寺少卿罗慎斋先生传》，见《凝园读易管见》附页，岳麓书社2013年版。

第二章

中国向何处去

马克思认为,当旧的社会形态已经腐朽没落,"变成生产力的桎梏,那时社会革命的时代就到来了"。因此,解读湖南为什么这样红,就必须追问,中国是何时走到危亡地步的?为挽救中国危亡,近代志士仁人作了怎样的努力?以毛泽东为代表的湘籍革命群体是在什么样的历史条件下和全国革命群体共同奋起,以革命拯救中华?

碰巧,也许是必然,回答这些追问正好又涉及几代湖湘英杰救中国的心路历程——他们的心路历程非常集中地代表了中国志士仁人求索"中国向何处去"的道路轨迹。

帝国中衰与经世派登场

一般认为,"中国向何处去"的天问是1840年的鸦片战争后开始浮现于世的。其实,端倪还可以追溯到嘉庆初年处死和珅事件。

和珅贪腐不必多言,嘉庆查抄的银两据说高达11亿之多,相当于大清政府15年的财政收入,"和珅跌倒、嘉庆吃饱"的民谚流传至今。更严重的是和珅把持了清朝的官僚系统,大清上下都是和珅集团的官吏,尤其是满族官僚几乎全被和珅控制,盘根错节,劣币驱逐良币,既导致国家的财政危机也导致了吏治危机。本来乾隆后期,帝国盛世就已过去,乾隆六十年至嘉庆二年,湘黔交界的边地又爆发了声势浩大的苗民起义,清廷调集七省兵力18万人,耗银2000万两,主帅云贵总督福康安和四川总督和琳均战死,此外还战死都司以上军官200余人,才勉强把起义镇压下去。此战大清元气大伤,被称为帝国的中衰之战。接着又整治和珅集团,大清要是再不进行改革,江山不保绝非耸人听闻。

嘉庆确实想推行改革,而改革必须从吏治入手,进行官僚体系的大换血。可他又实在没这个胆气,故只能局部地调整,先起用一些汉族官僚以观成效。费正清主编的《剑桥中国晚清史》言:"嘉庆时代开始了汉族官员在清朝省一级政务中占支配地位的局面。"[1]正是在此背景下,清代湖湘英杰第一代的代表人物陶澍、贺长龄等被重用。历史也在考验,在挽救中国于衰败甚至危亡的命题下,湖南人能够有多大作为?

陶澍(1779—1839),湖南安化人,字子霖,号云汀,25岁中进士,官至两江总督。贺长龄(1785—1848),湖南善化人,字耦庚,号西涯、耐庵,23岁中进士,官至云贵总督。陶贺二人都是岳麓书院弟子,同出罗典之门，中进士后成为同僚，又是"消寒诗社"的诗友，外放后又一度主政江南并结为亲家，两人可谓同声共气。这样的亲密关系，让两人在江南联手取得了漂亮的政绩：绕过和珅系统延续下来的污吏和地头蛇控制的大运河，以海路运漕粮至京师，随之推行一系列漕务和盐政改革，使富庶江南和中央政府的经济大动脉得以畅通。陶贺因此得了能臣干吏之名，一时皇帝信赖、朝野敬重。

更值得重视的是，两人不仅实干，还是战略家，有着自己的治国主张，即经世派主张。简单说，就是注重国计民生的实务经营，不空谈道德心性之道。也就是提倡实学，反对虚学。这和当时的乾嘉学风，即逃避实际政治、钻在故纸堆里、训诂考据的所谓实证之学大有区别。乾嘉学派重考据，看似学风严谨、求真务实，实则回避社会实际问题，虚得很。陶贺则在改善变革社会的具体途径上下功夫，形成了经世派的理论和实践。

于是，在陶贺合作的蜜月期，由贺长龄策划主编、其幕僚魏源具体编撰的《皇朝经世文编》问世。该书精选清初至道光三年间的官方文书、论著、奏疏、书信、笔记文章2236篇，作者654人，按学术、治体、吏政、户政、礼政、兵政、刑政、工政等八大门类，辑为120卷，共计300余万字，于道光七年（1827）第一次刊行，给国家的各方面治理提供了宝贵的经验总结和路径参照。这是嘉道年间经世思潮形成的标志，也是经世派的"圣经"。

对于贺长龄在主编《皇朝经世文编》中的贡献，俞樾说："自贺耦庚先生用前明陈卧子之例辑《皇朝经世文编》，数十年来风行海内。凡讲求经济者，无不奉此书为矩镬，几于家有其书。"[2] 盛康认为："道光初，善化贺耦庚中丞因华亭陈氏有《明经文》一篇，复踵陆氏《切问斋文钞》之例，辑开国以来诸家奏议文集，成《皇朝经世文编》

百二十卷。巨典宏规，于斯焉萃，言经济者宗之。"[3] 张之洞说："善化贺氏，武进盛氏《文编》，于经济、掌故、交涉、政要，最称明备。"[4] 孟森也认为："嘉、道以后，留心时政之士大夫，以湖南为最盛，政治学说亦倡导于湖南。所谓首倡《经世文编》之贺长龄，亦善化人。"[5] 这些名家都不约而同地承认贺长龄在编撰《皇朝经世文编》中的主导作用。许多学者认为，《皇朝经世文编》是魏源的代表作，《魏源全集》也将《皇朝经世文编》收入其中，这一看法是很值得商榷的。编撰《皇朝经世文编》的原初发起，经世思想与实际经验的成熟度，还有对相关资料的熟悉和拥有，包括出版的资金等方面，贺长龄都是主导者。作为幕僚，魏源应该是深刻领会并执行了时任江苏布政使的上司贺长龄之命，出色地完成了该书的编撰。要是署名，贺长龄该是第一编撰者。

由于《皇朝经世文编》的贡献，湖南人贺长龄也成为经世派的领袖人物之一。

从嘉庆后期至道光年间，是经世派官僚群体逐渐兴起壮大时期。王民和邱勇强撰有《道光朝经世派群体考略》[6]，总结当时经世派群体为四个类别、90余人。我们归纳整理为三大类，择要罗列如下：

1. 襄赞经世的大小朝官

王鼎（陕西人，进士，军机大臣、大学士）

潘世恩（江苏人，进士，军机大臣、大学士）

英和（满人，进士，户部尚书、大学士）

汤金钊（浙江人，进士，工部尚书）

梅曾亮（江苏人，进士，户部郎中）

程恩泽（安徽人，进士，户部侍郎）

黄爵滋（江西人，进士，鸿胪寺卿）

唐鉴（湖南人，进士，太常寺卿）

曾国藩（湖南人，进士，内阁学士、礼部侍郎）

何绍基（湖南人，进士，翰林院编修）

汤鹏（湖南人，进士，户部员外郎、御史）

2. 究心时务的地方督抚

蒋攸铦（辽宁人，进士，两江总督）

朱为弼（浙江人，进士，漕运总督）

周天爵（山东人，进士，湖广总督）

邓廷桢（江苏人，进士，安徽巡抚、两广总督、闽浙总督）

梁章钜（福建人，进士，江苏巡抚兼署两江总督）

陶澍（湖南人，进士，安徽、江苏巡抚，两江总督）

贺长龄（湖南人，进士，云贵总督）

林则徐（福建人，进士，湖广总督、两广总督）

陆建瀛（湖北人，进士，云南、江苏巡抚，两江总督）

吴文镕（江苏人，进士，福建、江西、浙江巡抚，湖广总督）

骆秉章（广东人，进士，四川总督）

徐继畬（山西人，进士，福建巡抚兼署闽浙总督）

姚莹（安徽人，进士，台湾兵备道，加按察使衔）

钱宝琛（江苏人，进士，湖南、江西巡抚）

张亮基（江苏人，举人，云南巡抚兼署云贵总督）

3. 普通官吏和时未大显的人士

黄冕（湖南人，两淮盐大使、镇江知府）

胡林翼（湖南人，进士，贵州镇远知府）

魏源（湖南人，进士，先后任贺长龄、陶澍等幕僚）

吴敏树（湖南人，举人，曾任教谕，后辞归）

左宗棠（湖南人，举人，时未仕）

罗泽南（湖南人，贡生，时未仕）

江忠源（湖南人，举人，时未仕）

龚自珍（浙江人，进士，曾任礼部主事，后辞归）

包世臣（安徽人，举人，曾任知县，后辞归）

这个群体汇聚了当时的能臣名士，阵营可谓豪华。还要补充两点：第一，这个群体大都属于陶贺的师友圈，与湖南经世派人士关系非常密切。虽然他们中一些人职位和权力都在陶贺之上，属于师尊辈，但这个圈子的中心人物还是陶贺。第二，还有许多湖南籍的经世派人物，包括督抚级别的要员没有算进去，如严如煜、贺熙龄、邓显鹤、袁名曜、欧阳厚均、劳崇光、李星沅、罗汝怀、郭嵩焘、刘蓉、欧阳兆雄等。加上上述湖南人，可以认为，经世派的骨干群体是湖南官僚群体。

嘉庆后期至道光年间，以湖南人为主体的经世派群体，是大清政治舞台的一道亮丽风景线。经世派的出现，既是嘉庆帝尤其是道光帝进行社会变革、力图挽救国家颓败的需要，也是湖南人抓住政治机遇、展示自我、以政治才华赢得政治地位的证明。这也说明湖南人坚守的经世致用传统，终于得到了时代的青睐。

尽管经世派显现了出色的政治才华，付出了种种努力，大清社会也因之不无起色，但总体而言，大清国运还是在一路下滑。许多学人归结为主政的道光皇帝智商平庸，性格懦弱，偏听偏信，过于循规蹈矩，除了勤俭，几无是处。一言以蔽之，就是缺乏雄主之气。这个观点并不新鲜——中国的传统思维就是将国运寄托于救世雄主。

于是道光时代就出现了这样的局面：整个官场患上了"一遇事全无识见，一举念只想要钱"的通病。道光帝即位初，面对堆集如山的奏章、题本烦恼不已，又怕不看受臣下欺蒙，就向他的心腹大臣曹振镛询问处置之方。曹振镛建议说："皇上太忙了，何不抽出其中几本，进行批改，发现有字词错误的地方就用红笔勾出，然后发交给臣下。群臣们就会知道皇上看东西很细致，自然就不敢怠忽从事了。"道光很厌烦言官多管闲事，曹振镛又进言："现在天下早已太平，有些人总喜欢故作危言，如果加罪于他们，就会蒙受拒绝纳谏的不好名声，只有找出其中的小错误和荒谬之处，交部严加议处，那么大臣们就会震惊于皇上的圣明，办事的细致，而不敢放肆进言了。"道光帝采纳了他的建议，于是，朝中大小官员再也不敢指陈朝政得失。道光皇帝宠信的大臣曹振镛、穆彰阿等，虽做事小心谨慎，也爱惜人才，不是很贪，但都"雅性巧佞，以欺罔蒙蔽为务"。曹振镛历事三朝，门生故吏遍天下。大家都很羡慕他，向其请教做官的诀窍，他竟答道："没有别的窍门，只是多磕头、少说话而已。"清朝统治者闭目塞听，对外面的世界一无所知。正直的文人心灰意冷，厌倦现实政治，开始忙于考据、训诂，在学问中寻求精神寄托⋯⋯

想想看，这样的大势下，经世派官僚如何回天？

将国运衰落归结为道光皇帝的无能显然是简单化的，根源还是帝国制度的全面衰朽以及农耕文明的历史退场。此时，工业文明已成为新的世界潮流，跨国界的商贸交易是工业文明的必然结果。英国人的舰炮里射出的是工业文明的炮弹——摧枯拉朽、宣告落后且封闭的文明必然崩溃。

所以马克思如是说：

半野蛮人坚持道德原则，而文明人却以自私自利的原则与之对抗。一个人口几乎占人类三分之一的大帝国，不顾时势，安于现状，人为地隔绝于世并因此竭力以天朝尽善尽美的幻想自欺。这样一个帝国注定最后要在一场殊死的决斗中被打垮；在这场决斗中，陈腐世界的代表是基于道义，而最现代的社会的代表却是为了获得贱买贵卖的特权——这真是任何诗人想也不敢想的一种奇异的对联式悲歌。[7]

马克思承认，在中英鸦片战争中，中国人占据了道德的制高点，英国人是自私自利的。但这又如何呢？满怀道德正义去虎门销烟的钦差大臣正是经世派的杰出代表林则徐，与他密切配合的也是经世派的杰出代表、两广总督邓廷桢，与此同时，远在贵州的经世派主将、贵州巡抚贺长龄也在全面扫荡鸦片，经世派的鸿胪寺卿黄爵滋甚至提出了对鸦片吸食贩卖者杀无赦的主张。可以说，经世派群体全都投入围剿鸦片的搏杀中去了。结果却显示，道德不是万能的，在农耕文明和工业文明、宗法制度和契约制度、封闭和开放的博弈中，道德不堪一击。这是中国人从未领教过的历史逻辑，由于不懂得这个逻辑，更不会运用这个逻辑，大清国只能在秋风萧瑟的金陵签下了耻辱的《南京条约》。

这个时候，马克思的话格外警醒：

什么东西你们认为是公道的和公平的，这与问题毫无关系。问题在于在一定的生产制度下什么东西是必要的和不可避免的。[8]

马克思是在强调，历史的逻辑不可抗拒，尤其是和先进文明结合在一起的历史逻辑不可抗拒。也许这个先进文明是缺乏道德的,也许这个先进文明是另一套道德体系,比如说契约伦理。总之,它是"必要的和不可避免的"。

在中英鸦片战争中,英方是劳师袭远,漂洋过海万里征战,最初军队仅4000人,最高时也仅有2万余人;中国则是本土作战,号称动员了80万军队,结局却是既意外又耻辱。此后,1840年便化成全民族的悲情年份,刻骨铭心。

对于鸦片战争的失败,有种种反思,比如中国统治阶级极度腐败、巧取豪夺,比如官员庶民的坐井观天、盲目自大,比如战时的贪功诿过、谎报军情,比如官兵的贪生怕死、各怀鬼胎,比如汉奸小人的见利忘义、吃里扒外,比如官方根本不懂外交,包括抗英军人愚昧地挥舞着女人的月经带去冲锋陷阵,等等,不一而足。

这些都是原因,但归结到一起就会出现一个最重要的原因——世界变了,中国没有变。中国人还全方位地死守着传统的观念和制度,不明白即使能自给自足,也要与时俱进,换一套新的规则。这就是经世派们当时无法越过的一道坎。闭关锁国使他们只知道要实干兴邦,万万没想到,实干兴邦也要跟上世界的潮流,原来不是中国决定世界,而是世界决定中国。

经世派群体没能拯救中国,林则徐遭贬,被流放去了遥远的伊犁。即使另一位经世派大学士王鼎服毒自杀,要挟道光收回成命,也没能阻止林则徐西去的脚步。1842年夏,57岁的林则徐告别家人,踏上西戍之途,写下诗句:

力微任重久神疲,再竭衰庸定不支。
苟利国家生死以,岂因祸福避趋之?

谪居正是君恩厚，养拙刚于戍卒宜。

戏与山妻谈故事，试吟断送老头皮。[9]

此诗悲凉中含有淡定，大有乾坤。

原来，西行前林则徐在扬州巧遇魏源，想必他当时回想起了当年魏源协助贺长龄编撰《皇朝经世文编》的往事。他深知魏源其人，虽然原创思想能力不足，但是在领会原创思想并发扬光大、锦上添花方面则是一流高手。于是他喜出望外，把在广州禁烟期间苦心搜集的国外资料，还有自己主持编译的《四国志》都交给了魏源，托付魏源再拓展资料，编写一本介绍西洋各国情况的书。林则徐的殷殷期盼集中为一句话：让中国人好好睁眼看看世界。魏源果然不负重托，次年完成了名著《海国图志》，后来又不断增加资料修订，使之成为中国人睁眼看世界的经典文本。魏源也因编撰《皇朝经世文编》和《海国图志》，奠定了其一代革新思想家的历史地位。

细细品味，《皇朝经世文编》与《海国图志》其实是经世派留给后人的两大思想遗产：一是"实干兴邦"，二是"睁眼看世界"。这两句话的背后，则渗透着经世派群体对中华民族走向富强的深深憧憬，激励着后人接着经世派的足迹继续前行，一直走到了百年之后，毛泽东这一代湘湘儿女的跋涉之中……

也许正是因为这种接续，毛泽东在给人民英雄纪念碑题词时，便满怀崇敬："由此上溯到一千八百四十年，从那时起，为了反对内外敌人，争取民族独立和人民自由幸福，在历次斗争中牺牲的人民英雄们永垂不朽！"这也包含着对经世派救国先驱们的最高致敬。

咸同血火中的中国命运

1843年6月，耻辱的《南京条约》墨迹未干，拜上帝会在广州悄然问世。当月，中原腹地的河南骤降暴雨，黄河决堤百余丈。

拜上帝会是一个以宗教为其表的秘密政治结社。创立者是广东花县的一位屡试落榜的落魄书生，叫洪秀全。有学者认为，屡试落榜的打击使洪秀全迁怒于社会，不仅斩断了继续科举之念，还要推翻大清，便从一本不伦不类的传教小册子《劝世良言》中吸取灵感，创立了拜上帝会，聚众作乱。此说过于注重洪氏个人品行，其实还要看到社会大背景也在为洪秀全的起义注脚：

社会严重的不公正，帝国和地方行政当局的衰败以及官僚政治道德的沦丧，所有这些都是历次王朝危机共有的问题。而人口剧增和人口大量内部迁移，则是清代特有的问题。从18世纪以后出现的社会混乱和国内民族间的相互冲突中已经可见到这些问题的后果。此外，与外国接触本身还提供了一种新的历史催化剂，那就是强烈地冲击着中国现存的社会结构和价值观念的外来宗教。统治阶层应付这种冲击的方式决定了中国近代史上的政治社会环境。[10]

看来，这个社会真需要动"大手术"了。

洪秀全身边很快聚合了一群志同道合者，冯云山、杨秀清、萧朝贵、韦昌辉、石达开等。1851年1月11日，他们在广西金田村发动了太平天国起义。两年后，太平军挥师北伐，纵横广西、湖南、湖北、江西、安徽、江苏、浙江等18省，定都天京（南京），占据了最富庶的大半个南中国，俨然有取代大清之势。

太平天国起义正值大清咸同年间，血火烽烟蔓延了14年，是中国近代史上规模最大的农民起义，被诸多史家认为是旧式农民革命的最高峰，具有不可磨灭的革命意义和历史功绩，亦有史家不以为然，因此构成了至今纠缠不休的争论。

马克思对太平天国的态度变化有助于我们的认知。一开始，马克思对太平天国起义满怀期待："中国的连绵不断的起义已经延续了约十年之久，现在汇合成了一场惊心动魄的革命。"恩格斯则满怀期待地预言："过不了多少年，我们就会亲眼看到世界上最古老的帝国的垂死挣扎，看到整个亚洲新纪元的曙光。"他们两人甚至还期盼太平天国会带来一个"中华共和国，自由、平等、博爱"。但是到了太平天国后期，马克思却失望至极地说："在这次中国革命中奇异的只是它的体现者。除了改朝换代以外，他们不知道自己负有什么使命。他们没有任何口号。他们对民众说来比对老统治者们说来还要可怕。他们的使命，好像仅仅是用丑恶万状、毫无建设性的破坏来与停滞腐朽对立。"[11]马克思在失望中也揭示了太平天国失败的根本原因。说到底，太平天国本质上还是延续着千百年以来农民起义的意识形态——王侯将相宁有种乎？皇帝轮流做，今日到我家。总之，又是一次改朝换代的社会动乱而已，历史的结论是，太平天国的道路不足以救中国。

与太平天国起义平行交织的是另一个政治群体救之行动。

这就是以曾国藩和左宗棠为代表的湘军群体。以经世派的概念来观照，他们也可说是第二代经世派传人。早在陶澍、贺长龄叱咤政坛的时候，他们就作为学生辈崭露头角，而且得到了陶澍、贺长龄二人的教诲和提携，区别在于，随着时光推移，他们担当了救中国的官方主角，勋业更加显赫。与太平军的区别是，他们是以保守主义的态度救中国，成为太平军的死敌。

首先是在政治立场上，湘军群体与帝国政权在阶级利益上吻合；其次是在政治哲学上，他们都是保守主义者，反对以激进暴烈的方式而主张以渐进温和的方式变革社会；但更重要的是在文化价值观上，湘军群体是儒学道统的忠实追随者，但太平天国的文化旗帜是拜上帝教，这是洪秀全囫囵吞枣的产物，既不符合基督教教义，也没有自己的真知灼见，对于拜上帝教的思想信仰，他根本说不出个所以然来。况且以洪秀全为首的太平军还对儒学文化传统进行了极其粗暴的围剿，这就等于挖了士大夫们的"精神祖坟"。于是太平军杀向湖南之际，一大批湖南士大夫拍案而起，投笔从戎，组建起"书生领山农"的民兵组织，后来演变为湘军，与太平军拼死搏杀。不妨看看曾国藩的《讨粤匪檄》是怎么说的吧：

逆贼洪秀全、杨秀清称乱以来，于今五年矣。荼毒生灵数百余万，蹂躏州县五千余里。所过之境，船只无论大小，人民无论贫富，一概抢掠罄尽，寸草不留。其掳入贼中者，剥取衣服，搜刮银钱。银满五两而不献贼者，即行斩首。男子日给米一合，驱之临阵向前，驱之筑城浚壕。妇人日给米一合，驱之登陴守夜，驱之运米挑煤；妇女而不肯解脚者，则立斩其足以示众妇。船户而阴谋逃归者，则倒抬其尸，以示众船。粤匪自处于安富尊荣，而视我两湖三江被胁之人，曾犬豕牛马之不若。此其残忍惨酷，凡有血气者，未有闻之而不痛憾者也！

自唐虞三代以来，历世圣人，扶持名教，敦叙人伦，君臣父子，上下尊卑，秩然如冠履之不可倒置。粤匪窃外夷之绪，崇天主之教，自其伪君伪相，下逮兵卒贱役，皆以兄弟称之。谓惟天可称父。此外，凡民之父，皆兄弟也，凡民之母，皆姊妹也。农不能自耕以纳赋，而谓田皆天王之田；商不能自贾以取息，而谓货皆天王之货；士不能诵孔子之经，而别有所谓耶稣之说，《新约》之书。举中国数千年礼义、人伦、诗书、典则，一旦扫地荡尽。此岂独我大清之变，乃开辟以来名教之奇变。我孔子、孟子之所痛哭于九原，凡读书识字者，又乌可袖手安坐，不思一为之所也？

自古生有功德，没则为神。王道治明，神道治幽。虽乱臣贼子穷凶极丑，亦往往敬畏神祇。李自成至曲阜，不犯圣庙；张献忠至梓潼，亦祭文昌。粤匪焚郴州之学宫，毁宣圣之木主，十哲两庑，狼藉满地。嗣是所过郡县，先毁庙宇。即忠臣义士，如关帝岳王之凛凛，亦皆污其宫室，残其身首。以至佛寺、道院、城隍、社坛，无庙不焚，无像不灭。斯又鬼神所共愤怒，欲一雪此憾于冥冥之中者也。

本部堂奉天子命，统师二万，水陆并进。誓将卧薪尝胆，殄此凶逆，救我被掳之船只，拔出被胁之民人。不特纾君父宵旰之勤劳，而且慰孔孟人伦之隐痛；不特为百万生灵报杠杀之仇，而且为上下神祇雪被辱之憾。

是用传檄远近，咸使闻知：
............[12]

请注意，这篇义愤填膺的檄文，列举起兵征讨理由，只字不提太平军要灭大清王朝的关键"罪行"，这实在是令人意外。这是一个政治家不可原谅的疏忽吗？但是我们有理由相信，这是曾国藩的真实心声。曾国藩认为，与太平天国之战，已经超越了保卫王朝的意义，实际是保卫中华民族的生活方式和文化根脉之战。所以他才强调，历代以来推翻王朝的农民起义，如李自成、张献忠都知道尊重传统文化——太平天国起义已经发生了质变。所以他才强调："岂独我大清之变，乃开辟以来，名教之奇变。我孔子、孟子之所痛哭于九原。"[13]

对曾国藩在檄文中只字不提为保大清而战，章太炎也注意到了，认为曾国藩对满人有异志，但缺乏胆魄和实力造反，又不愿意和洪秀全同流合污，所以就从保卫中华文化立论。尽管这只是章氏猜测，但是曾国藩包括湖南士子，对大清王朝的忠心并不像我们想象的那么虔诚，倒并不是胡猜乱言。湖湘士大夫群体真正皈依的是以儒学为核心的中华道统文化。说他们是儒学道统的坚定卫道士不错，说他们是大清王朝的坚定卫道士未必精准。他们之所以保卫大清，一是他们的政治哲学是保守主义，不相信激烈的革命可以救中国；二是大清王朝绑架了儒学道统，曾国藩等人是因为保卫儒学道统"顺带"地保卫了大清王朝。

说一个例子吧。据说太平军打到长沙时，左宗棠曾面见太平军高层（一说是洪秀全），劝说太平军放弃拜上帝教，改弦更张尊重儒学文化。还答应说，如果采纳他的建议，他可以参加太平军。可是此建议不被采纳，左宗棠非常失望，这才走向了太平军的对立面。这个故事被许多著名史家如范文澜、简又文、肖一山等采信写入史著中，但也遭到许多史家质疑和否定。他们认为，第一，从履历看左宗棠没有时间接触太平军，传言不可信；第二，左宗棠是伟大的爱国主义者，这是抹黑左宗棠。但结合左宗棠的性格和其他表现看，他和大清王朝的关系确实是待价而沽，只有大清王朝给了他足够的施展平台，他才会"士为知己者死"，出山对抗太平军。这个例子就算是不确凿的传言，也表明左宗棠更爱的是儒学文化而不是大清。再说一个关于曾国藩的例子。曾国藩灭掉太平天国后，据说许多同僚也包括左宗棠在内怂恿他取代大清当皇帝。曾国藩犹豫再三拒绝了，可是他也没有处罚那些劝谏者。要是他真的那么忠于大清，就绝不会犹豫，更不会这么纵容有叛逆之心的同僚。可见,他对大清王朝的感情并不深厚,拒绝当皇帝,主要是受王夫之影响,要当一个打天下不坐天下的圣贤豪杰——这比当皇帝更崇高。

这又涉及王夫之对湖南士人的思想影响了。王夫之认为,在汉民族内部,谁当皇帝并不重要,改朝换代也不值得大惊小怪,就是不能由非汉族当皇帝,就是不能断送中华文化的根脉。

必须承认,大清王朝的腐朽已经到了寿终正寝的地步,相应的文化传统也有大清理的必要,太平天国要推翻大清政权和冲击传统文化,客观上是有合理性的。问题在于,对传统文化非理性地连根拔除,是严重的文化虚无主义表现。洪秀全的失败,除了阶级局限,还有文化局限。

事实证明,全面颠覆中华传统文化,革命是不可能成功的。太平天国起义之后中国的社会革命,尽管也对儒学文化发起过激烈冲击,但是中华文化的根脉一直未丢,民族主义的情怀始终是革命的重要属性,尤其是以毛泽东为首的革命者群体,更是把中华民族的独立和解放置于革命的优先诉求,甚至不惜克制阶级的利益,成全中华民族独立解放的大局。其中的深意,令人沉思……

曾国藩们的兴国方案

击败太平军挽救大清危亡的主力是湘军集团。

湘军赖之遥远的楚文化底蕴养成了湘人坚毅刚猛的血性,赖之湖湘文化经世致用、热衷政治的传统培植了敏于政治的能力,赖之王夫之的思想滋养奠定了较为厚实的学理积淀,也赖之岳麓书院的成功教育开辟了英才辈出的局面。这些条件可谓得天独厚，也造就了湘军的辉煌时代。意味深长的是，由于湘军崛起，本该退场的大清王朝又苟延残喘了半个世纪。

资料显示，仅1861年至1864年间，清廷先后任命的湘军体系督抚就有：毛鸿宾（两广总督）、刘长佑（直隶总督）、左宗棠（闽浙总督）、杨岳斌（陕甘总督）、郭嵩焘（广东巡抚）、李鸿章（江苏巡抚）、唐训方（安徽巡抚）、刘蓉（陕西巡抚）、阎敬铭（山东巡抚）、曾国荃（浙江巡抚）、恽世临（湖南巡抚）。此外，在咸丰末年任命的湘系督抚还有胡林翼、骆秉章、曾国藩、罗遵殿、严树森、李续宜、沈葆桢、彭玉麟、田兴恕、江忠义等人。四年多的时间里，21位湘军将帅出任督抚，湖南人就占了13位，即曾国藩、胡林翼、彭玉麟、李续宜、田兴恕、江忠义、刘长佑、左宗棠、杨岳斌、郭嵩焘、唐训方、刘蓉、曾国荃。时人惊叹，"湖南兵威之盛未有过此者"，"三分天下，湘人已据其二矣"。仅据光绪十一年刊《湖南通志》所列名单，全省以军功保举武职游击以上的人员即达6319人之多，其中提督478人、总兵1077人、副将1534人、参将1464人、游击1766人，这在全国各省都是绝无仅有的，完全改变了此前湖南人"碌碌无所轻重于天下"的局面，从而营造了"天下不可一日无湖南"的神话。

曾国藩在神话中有些飘然，他想以自己的方案平治天下。

回顾湘军壮大的历史，文化建军是他的法宝之一。湘军骨干都是有文化觉悟的儒家理想的信徒，绝大部分是书生乃至大儒。湘军还吸取宗法制的文化灵感，以乡缘、亲缘、学缘等将军队捆绑成一个亲友师生集团，同仇敌忾，共同显赫。湘军还推行儒学教育，"朝出鏖兵，暮归讲道"成为部队的独特风姿。湘军所向披靡，主要原因就在于它是一支有文化的军队。湘军鼎盛期达55万之众，计算后勤服务之类准军力,号称百万雄兵,要是把阵亡伤残、退伍的兵员算上,有湘军履历者的数量更为可观。其时湖南人口两千万,说湖湘户户有湘勇不算夸张。这意味着湖南人经历了全民性的儒学教化,教化的效果成就了"天下不可一日无湖南"的神话。那么,为何不可推而广之呢?

曾国藩们的儒学兴国方案与实践就这样展开了。

同治三年(1864)六月,湘军破天京的消息传来,曾国藩第一时间启动了刊刻《船山遗书》的行动。在与太平军鏖战的烽烟中,他通读了王夫之全集,喜出望外地发现,"王氏之说尤为深美,可以提尽后有万年之纲",俨然是一部新的国家意识形态经典,至少也是湖南士大夫群体的圣经。随之,设立忠义局或节义局,编书颂扬忠义文化,表彰为大清誓死效命的烈士和英雄,"以慰忠魄而维风化"。与此同时,全面恢复重建被太平军毁坏的学宫、庙宇、祠堂,新建纪念湘军阵亡将士专祠、专庙。朱孔彰《中兴将帅别传》里被标榜的160多位将帅,几乎每人都有专祠,有的湘军将领甚至在其家乡或战斗过的地方均有专祠。一时间,湖南祠庙林立,香火鼎盛,"忠义之风大昌"。这还只是表面的热闹,曾国藩还大修地方志,将湘军的历史业绩记载下来,其中对儒学文化观念的播扬,不言而喻。据统计,同治一朝的15年中,湘省共有武陵、宁乡、长沙、衡阳、湘阴、巴陵、浏阳、醴陵、桂阳、新化、保靖、桃源、新宁等50多个州县厅编纂了新的地方志。湘军的许多将领和有名望的地方绅士都成了各州县志的主要主持人和编纂者。

更值得一提的是,湖南又掀起了重修、扩建学校与书院的热潮。太平天国起义时期,湖南的学校、书院大量被毁,战争平息后,湖南官绅想方设法地进行学校、书院的重建活动。咸丰末年与同治年间,湖南重建和修整的县学有长沙、宁乡、茶陵、耒阳、祁阳、邵阳、益阳、湘乡、安化、衡阳、常德、江华、武冈等20多处，占湖南全部县份的一半。这些学校的规模比重建前都有扩大，文武学额也因湘军的功绩而增加了近千名，为全国之首。与此同时，长沙岳麓书院、城南书院，浏阳狮山、洞溪书院，湘潭昭潭书院，宁乡玉潭书院焕发新生机。曾国藩相信，教育是百年大计，古老的儒学传统将世世代代地传承下去……

成功剿灭太平军的功业，使湘军群体有了前所未有的自信和幻觉，相信自己的胜利是保守主义的胜利，也是儒学文化传统的胜利，加之上述种种文化的重塑，湖南人更加坚信儒学可以在他们手里复兴，从而人心大定，天下太平，百业俱兴。不言而喻，以洋教为代表的西方文化，自然也就应该遭到驱逐和围剿。

于是，各种声讨洋教的活动也在湖湘大地如火如荼地开展。从19世纪60年代开始，直到20世纪初，历时50多年，湖南发生大小教案50多起，参与的人数从几百人到几千人，最多时有二三十万人。其间种种愚昧荒唐之说和极端的暴力行为屡见不鲜。史料显示，1900年以前，没有任何传教士能在长沙立足。当时一位叫亚历山大的天主教士到长沙城内售书，晚上还只能退回到北门外的小船中休息。1890年，广东已有近50座新教总堂，湖南却没有一座；全国已有教会学校1000多所，学生16000多人，湖南也还没有一所。英国传教士马歇尔·布朗荷说："湖南之对于中国，正如拉萨之对于西藏一样。多年以来，它是大陆腹地中一座紧闭的城堡，因而也是一个无与匹敌的，特别引人注意的省份。中国的保守主义，以及对于所有外国事务的反感，都在这儿集中起来了。因此，这里不仅产生了中国最好的官吏和军队，也出现了对基督教的最激烈的攻击。不管别的省份采取什么态度，湖南仍然毫不容情。所以，在中国各省向传教士和商人开放很久以后，湖南人继续吹嘘没有一个外国人胆敢进入他们的省境。"[14]

公道地说,在湖南发生的全面复古仇洋排外局面主要是曾国藩退伍回湘的部下发动的,例如周汉,曾国藩本人倒没有偏执到那种地步。

曾国藩们不是没有看到世界潮流的变化,不是没有领教工业文明的威力。两次鸦片战争,列强操持洋枪洋炮所向披靡,打得大清数十万大军跪地求和,还直抵京城,火烧了圆明园。胡林翼在江西作战,看见外国轮船驰骋于长江,来往如飞,瞠目结舌,吐血倒地。他被中外科技上的巨大差距深深震撼,意识到中国若不急起直追西方,亡国只是时间问题。围剿太平军时,湘军也聘请洋枪队助战,战果斐然,更切身地感受到西方科技的强大。也意识到,要剿灭强大的西方势力没有可能,并存共处,借鉴自强,才是智举。于是,"洋务运动"或称"自强运动"就出场了,其基本理念就是"师夷长技以制夷","中学为体,西学为用"。朝廷上有恭亲王和慈禧太后的支持,曾国藩、左宗棠还有曾国藩的高足李鸿章都成为洋务运动的主要倡导者和推行者,此外还有张之洞、沈葆桢、张謇等洋务派主将。

1861年,曾国藩创办了中国第一个军事企业——安庆内军械所,随后还与李鸿章一起创办了江南制造总局和金陵机器局;左宗棠创办了福州船政局、兰州织呢局等。中国的近代工业开始发展,铁路、轮船、电报、纺织、邮政等新业态出现在神州大地。此外还兴办培养外语人才的同文馆,还派遣幼徒赴美留学,洋务派还翻译了各种西方技术类书籍和少量政治文化类书籍,西风东渐成为一道时代风景。洋务运动确实给中国带来了一些复兴的新气象,曾国藩们幻想的"咸同中兴"似乎出现了。但是,检验洋务运动最终成效的还是1894年的中日甲午战争,作为洋务运动标志性成果,号称亚洲最强、世界第九强的北洋水师全军覆灭，宣告了洋务运动破产。

洋务运动也没能救中国，原因之一是文化理念出了问题。

洋务运动有两大理念："师夷长技以制夷"和"中学为体，西学为用"。前者是魏源在《海国图志》中提出的，代表了林则徐、魏源等经世派的认知高度：把防范西洋人当成最高目的，意味着他们还局限于封闭性的中国发展。后者最早提出者是林则徐的高足、李鸿章的幕僚冯桂芬，他在《校邠庐抗议》中说："以中国之伦常名教为原本，辅以诸国富强之术。"[15] 后来沈寿康在其《匡时策》中更明确地说："夫中西学问，本自互有得失，为华人计，宜以中学为体，西学为用。"[16] 简言之，学习西方的大前提是，中国传统的政治、伦理文化框架不能动，如李鸿章所说，中国的文物教化制度远在西人之上，只是科学技术不如人。因此曾国藩等洋务派领袖一致认为，只需学习西方的技术文化，便可图强复兴。这已经有开放意识了，且不再敌视西方，只求并存发展——这代表了洋务派的最高认识。可是他们还是错了，先进的科学技术是和先进的文明理念不可分割的，不可能将二者切割开来进行学习。此外，中国落后的根源恰恰在于腐朽的政治体制、文化传统中大量的糟粕，不改变腐朽的政治体制，不清除落后的文化糟粕，富强兴国依然是空谈。

洋务派中不是没有看破者，代表人之一就是郭嵩焘。

郭嵩焘（1818—1891），湖南湘阴人，字佰琛，号筠仙，进士出身，湘军创建者之一，曾任广东巡抚。他虽受过理学文化长期熏陶，却不像曾国藩、左宗棠等人那般执着。他喜好文学，思维想象的空间非常广远，不太受传统文化禁锢。从他劝曾国藩出山平乱、创办水师、征收厘金等举措可看出他不拘泥于成规的品行，于事有益是他的文化选择原则。

1877年1月,他作为"马嘉理案"的专使,忍辱含愤地抵达英国伦敦"谢罪",意外地开始了他作为中国第一位驻外使节的生涯,也大大改变了他对西方文化的封闭认知。在英法两年多,他以公使身份深入英法社会,广泛地了解西方先进的科技和文化,参观了约300家企事业单位,拜访了70多位西方各界知名人士,购阅30余种报纸,接触保存70余种西学图书。还多次聆听著名科学家和留学生讲课,在英国上、下议院旁听过两党辩论,了解议会政治、民主政治的运作方式。由此他深受启发,不断将自己使西旅途中的见闻、心得以日记的形式向朝廷汇报,形成了他后来轰动一时也诽谤满天下的《使西纪程》。1879年回国时,他已形成了对中西文化的全新认识,远远超越了一般中国知识分子的世界观。

第一,他判定西方文化在总体上比中国文化先进,代表了当时历史发展趋向。他在日记中写道:"三代以前,独中国有教化耳,故有要服、荒服之名,一皆远之于中国而名曰夷狄。自汉以来,中国教化日益微灭,而政教风俗,欧洲各国乃独擅其胜,其视中国,亦犹三代盛时之视夷狄也,中国士大夫知此义者尚无其人,伤哉!"[17]他抛弃了"华夏文化中心论"的传统观念,相信文化的先进和落后是可以相互转换的。

第二,他认为西洋文化有"本"有"末",不可割裂,应该全面学习。他还主张取法西方的政治制度,改变专制政体,对于中国的"德治"和西方的"法治",他也有独到之见,认为"法治"比"德治"优越,因为圣人"一身之圣德不能常也","德有盛衰,天下随之以治乱"。[18]相反,法律却可以修改完善,从而使统治稳定巩固,因此,中国应该以法律治国。

第三,他认为西方文化重实用,中国文化务虚文。他说:"其民人周旋,一从其实,不为谦退辞让之虚文。国家设立科条,尤务禁欺去伪。自幼受学,即以此立之程,使践履一归诚实。而又严为刑禁,语言文字一有诈伪,皆以法治之,虽贵不贷。"反之,中国人"事至而不暇深求其理,物来而不及逆制其萌","以例文相涂饰",只求一知半解,不求实际。最终"事皆内溃"。在政事上,也"只是议论繁多,不求实际,在事诸公亦为议论劫持"。[19] 至于自然科学知识,郭认为,中国文化是农耕文化,满足于"男耕女织"的田园生活,没有竞争,也就没有更新技术的迫切要求,科学不被重视,技艺被视为低贱,皇帝只关心龙椅是否坐得稳,群臣只注意乌纱帽是否戴得牢,终日揣摩的是皇帝的欢心、上司爱听的辞藻,民瘼实务漫不经心,教育无非是培养安分守己的奴仆。因此,郭嵩焘极力主张学习西方,逐步以"实学"取代"虚文"。

可见,郭嵩焘的文化反思已经直指中华传统文化的制度弊端、思维弊端、道德弊端、价值弊端。这意味着,中华儒学文化传统必须经过脱胎换骨的改造和建构,才能适应和支撑民族富强的追求。这大大逾越了当时中国人的普遍认知水准,不用说昏庸的大清统治者,连雄才大略的曾国藩、左宗棠之类洋务派领袖都难以接受,恐怕只有李鸿章还对郭嵩焘抱有不敢明目张胆的同情。

郭嵩焘的思想给自己带来了"谤毁遍天下"的严重后果。出国时,他就带着"汉奸"的恶名上路,出使期间受到同僚的监视。因同僚不断向朝廷告状,郭嵩焘任期未满,就被朝廷撤回国内,黯然归湘。家乡的码头阻止他上岸,街道上到处张贴"沟通洋人大汉奸"的标语,乡人对他冷眼相待,各种辱骂恐吓绵绵不绝,据说还遭遇宅邸被烧。他对中西文化思考的著述《使西纪程》,也迭招毁版厄运。直到他死后,还有人要掘坟鞭尸。可是郭嵩焘一直没有屈服，在家乡办了思贤讲舍，重启停办的湘水校经堂，后又组建了禁烟公社，宣传王夫之的学说，把借鉴西学、推动改革的思想贯穿其中。当然也有人敬佩郭嵩焘的风骨，默默给他支撑，其中便包括湖南巡抚陈宝箴。人们说，郭嵩焘的人生很像屈原和王夫之。

很遗憾，郭嵩焘也没能救中国。

但临终前，他给我们留下了这样两句诗：

流传百代千龄后，
定识人间有此人。[20]

后来的历史果然显示，更多的仁人志士沿着郭嵩焘的思路往前走了。比如毛泽东对中国"思想与道德"就曾经有"伪而不真、虚而不实"的判断，与郭嵩焘的观点高度一致。走向共和的革命，也是学习西方先进制度文化的结果。

还是要说回曾国藩。

认真分析不难发现，曾国藩之所以全面信赖儒学的救国振兴之路，源自他对道德的极度痴迷和笃信，他的救国之路也可说是道德救世论。而道德救世正是中华儒学传统的核心理念。甚至可以说，对道德的态度构成了鉴别中西文化的试金石。这是中西方思维差别所致，深究起来是一个哲学大话题。

马克斯·韦伯认为，以"仁"为内涵的美德"最迟在汉代已经成为士大夫们坚定不渝的信仰"。[21]李泽厚亦认为，宋明理学的核心追求就是建立"道德本体论"。其实，不必引经据典，仅凭经验就会相信，这个世界上最推崇道德、言必称道德的就是中华民族。"缺德"，是中国人对一切邪恶的普遍概括。

美德之人大概有两种表现：一种是独善其身，洁身自好；一种是兼济天下，兴国济民。曾国藩对道德的要求是两者兼具，即"始于修身，终于治世"，也就是儒家推崇的内圣外王。儒家信念认定，人是有道德感的生命形态，人的存在意义，就是成为道德完人，"朝闻道，夕死可矣"。对于天下治理而言，有了道德完人，也就能水到渠成地"王天下"。儒学的社会理想是天下大同，而大同世界正是道德完美的天下。

必须承认，曾国藩在自我道德修炼上是下了真功夫的，也达到了相当高的道德境界。也因此，后人对曾国藩道德境界的推崇远远超过对他经世功业的推崇。一副对联这样总结曾国藩："立德立功立言三不朽，为师为将为相一完人。"一生与曾国藩长期失和的左宗棠也这样评价他："谋国之忠，知人之明，自愧不如元辅；同心若金，攻错若石，相期无负平生。"曾国藩的道德完美得到了相当广泛的认同，亦说明道德完美不无现实可能性。

从振兴中国的角度看，曾国藩方案的本质就是用美德圣人来担当天下、教化天下、治理天下，使社会"皆有以善其身，而无憾于伦纪"，从而实现一个美德世界。正如《剑桥中国晚清史》言："他对经世致用的态度主要是依赖'人治'而不是'法治'。"曾国藩"认为只靠几个视国家利益为自己利益的人的领导和榜样，也能够改造整个一代人的风气和习俗"。不过《剑桥中国晚清史》的作者显然不信赖曾国藩的道德救世论，不无讥讽地写道："但到了1856年，他发现大部分湘军军官'皆不免稍肥私囊'。他所能做的就是但求身不苟取。"而且曾国藩越来越意识到："像罗泽南和李续宾那样非凡的儒将'皆邂逅遇之，非求而得之也'。即使他的最优秀的将领，也只有在让他们看到建议擢升其绿营军阶的奏折时,或者在他们预期掠夺战利品的前景特别有利时,才肯卖命。"曾国藩对此只好"学老僧不见不闻"。也就是说,曾国藩的道德救世论破产了。[22]

曾国藩的历史功过,至今众说纷纭。但曾国藩们的救国兴国方案与实践,给后代救国者提供的经验和教训实在是太多太多,一直影响到毛泽东这一代革命群体,从正面借鉴或者从反面警醒都是有益的。因此,曾国藩以及湘军群体也就成为探究"湖南为什么这样红"的一个不可忽略的关注点。

湖南的维新运动

中日甲午战争最后一战是湘军打的,即营口、牛庄、田台庄之战。

湘军宿将、两江总督刘坤一是总指挥,调度兵力6万余人,先锋是湘军猛将魏光焘和湖南巡抚吴大澂,这支人马的主力也是最后的湘军。整个中华民族都在翘首以盼,期盼中国军队中最强的虎狼之师创造奇迹,绝地反击,扭转北洋水师全军覆灭后的大败局,一雪国耻,起死回生,挽救大清危亡。然而,在东北的冰天雪地里血战五昼夜后,湘军全军覆灭。随之,便是屈辱的《马关条约》,中国不仅赔偿了2亿两白银,还割让了辽东半岛、台湾全岛等大片土地,丧权辱国,前所未有……

湘军全军覆灭的消息传到湖南,湘人先是惊愕,继而痛哭失声。

痛哭并不奇怪,奇怪的是痛哭中湘人竟然捶胸顿足地自责:"湘军败了,我们湖南人有罪!我们湖南人害了国家呀!"

这就是湖南人——对民族和国家自觉负责的湖南人。无怪乎杨度说:"若要中华国果亡,除非湖南人尽死!"

1895年是一个转折点,湖南一改仇洋排外的风气,打开了"铁门之城",启动了维新运动。湖南不仅是走在全国前列的省份,而且是中国维新运动中最富有实绩的省份。一场牛庄之败,将保守封闭、仇洋排外之风最盛的湖南,一夜之间转变为领中国风气之先的维新重镇,这实在匪夷所思。湖南人这是怎么啦?

细思并不奇怪。

湖湘文化经世致用的传统决定了湖南人根本上是务实的,是实事求是的。当西方文明彻底地打败湖南人,一根筋的湖南人开始转变。湖南人的一根筋并非是人们想象中的愚顽不化,只是要扭转湖南人的一根筋要有足够的说服力,牛庄兵败就具有足够的说服力。如谭嗣同言,牛庄败后的湖南人"经此创巨痛深,乃始屏弃一切,专精致思","不敢专己而非人,不敢讳短而疾长,不敢徇一孔之见而封于旧说,不敢不舍己从人取于人以为善"。[23]此外,有楚文化底蕴的湖南人太骄傲,骄傲到认为"天下不可一日无湖南"的地步。因此,湖南人也自认为对民族和国家有无限的责任和担当,这又决定了,当中华民族危难之际,湖南人是绝不可能袖手旁观,眼睁睁看着中国危亡的。相反,湖南人会像越王勾践那样,放下身段,卧薪尝胆,励精图治。湖南人的务实、血性文化性格又会形成一种坚强果敢的行动风范。既然要改革、要维新,那就真抓实干,使美景变为现实。湖南人本来就行动能力强,思想一转弯,更加热火朝天:

在巡抚倡导下,长沙有了电灯,建成了碎石马路。在省署设立了采矿局,一条连接长沙和汉口的电报线路也得以建立……1895年后期,两位绅士领袖王先谦和张祖同在巡抚鼓励下建立了一个火柴厂。1896年，王先谦、熊希龄和省内其他绅士在本地普遍支持下，募资开辟一条旨在联系湖南湖北的轮船航线。在同一年冬天，王、熊二人从政府得到一笔贷款开设宝善成公司。他们甚至向巡抚申请建造一条经过湖南将汉口和广州联结起来的铁路。[24]

此外，还有保卫局的设立，这标志着新式警察制度的建立。教育方面的革新，则体现为时务学堂、校经书院等的出现。新式社团南社的成立、《湘学报》的创立等，也都是社会改良新风的风景线。湖南维新运动不仅生气勃勃，某种意义上还代表了维新运动的稳健方向。有着经世致用文化传统的湖南人，成了维新运动的"拓荒牛"。

湖湘维新派精英群体主要由以下五部分人组成：

一是一批有改革思想的地方主官。湖南巡抚陈宝箴（1831—1900）、学政江标（1860—1899）、继任学政徐仁铸（1863—1900）、湖南按察使黄遵宪（1848—1905）等都是维新运动的首倡者。中国长期是一个"官本位"思想极深厚的国家，尤其湖南这个以保守封闭而闻名的内陆省份，这种"长官导之于先"的统领与表率作用，就更是运动初起时所必需的。广东是维新运动精神领袖康有为、梁启超的故乡，江浙也是人文荟萃之地，得世界风气之先，接受新思想均比湖南要早，但在戊戌维新运动中两地却无声无息，一个重要的原因就是地方官员的思想保守。湖南维新运动之所以能够独步一时，就在于省府大吏在推动湖南维新运动蓬勃兴起中起了主导性作用。

二是激进的维新派绅士，如谭嗣同、唐才常、熊希龄、樊锥、易鼐等，他们是维新变法的中坚力量。这些人是湖南的青年才俊，有强烈的忧患意识和远大的政治抱负，有改造落后社会的宏图大志。他们大多功名不显，官位不高，没有什么过硬的社会资历，是一群初出茅庐的热血书生。激进维新派的共同特点就是痛恨封建专制，对封建的三纲五常进行全面的批判，这说明封建专制制度已在先进的中国知识分子的心目中失去了神圣的光彩，君国一体的观念已经动摇。正是谭、唐等人的激进维新思想，使得湖南的维新运动高潮迭起。

三是温和渐进派绅士。这一派以皮锡瑞、欧阳中鹄、刘善涵等为代表。他们赞成学习西方的器物文化，创办实业，并以温和渐进的方式推进中国的政治改革。他们与谭、唐有着极为特殊的师友关系，并对前期谭、唐的维新运动起过重大的促进作用。他们赞成维新，但反对"尽变西法"，主张变法，但不赞成谭、唐的民权、平等思想。他们虽然在思想上同谭、唐有很大分歧，但始终同谭、唐等人保持着深厚友谊。

四是变器不变制的洋务派绅士。这一派绅士以王先谦、叶德辉、张祖同、黄自元等为代表，他们资深望重，大多拥有进士功名，并任过较高的官职，是社会上的既得利益集团。在甲午战争的强大刺激下，他们成了湖南实业建设的积极推动者和参与者，对湖南实业建设的贡献巨大。但是，他们的改革仅停留在"中学为体、西学为用"的洋务旧路之中，坚决反对学习西政、西教，不愿推进社会意识形态的重建，对激进维新派的"民主""平等"学说极为反感，攻之不遗余力。后来在他们的极力反对和扼杀下，湖南的维新运动归于失败。

五是外来改革派，如梁启超、李维格、韩文举、叶觉迈等康门人物。梁启超被聘为湖南时务学堂的总教习，不仅是时务学堂的精神灵魂，而且还是后期湖南维新运动的设计师，南学会、《湘报》、保卫局之设，都是围绕着他的方案展开。他不仅提出了"开民智、开绅智、开官智"等三项基本措施，还提出设立"新政局"，来统筹全省的维新事业。他甚至主张湖南自治，独立于大清政治体制之外，尤其是梁启超们还把排满的民族意识渗透到维新举措中，这就意味着对大清政权的根本性颠覆。也正是这些激进的主张，引起了洋务派绅士的日益恐慌。在王先谦们的极力排挤下，梁启超、李维格、韩文举、叶觉迈等人先后离开了湖南，湖南的维新运动由此走向衰落。

仅从湖南维新群体的结构看，就不难想象，湖南维新必然在越来越激烈的思想交锋中行进。在最初的经济改革中，湖南出现了各派的统一战线，一旦进入政治改革，就出现了激进派与保守派的大分裂。作为官方的开明派和绅士中的温和派，竭力平衡却无济于事，而且激进派的改革诉求也冲击了官方派和温和派的利益底线和价值观底线，导致官方开明派与保守派的结盟。陈宝箴上奏朝廷，要求烧毁康有为的《孔子改制考》，并把康梁分子驱逐出湘。至于王先谦为代表的保守派绅士，本来就和大清帝国的政治利益相一致，自然得到了来自朝廷的支持。最后保守派的胜利，以及湖南维新的失败也就不言而喻。

湖南维新运动其实是中国维新运动的缩影。

众所周知，中国维新运动的最高阶段史称"戊戌变法"，也称"百日维新"。这是一场由光绪皇帝诏令天下的全国性维新运动，但是在慈禧后党的扼杀下宣告失败。史家通常认为，这标志着以维新变法救中国的道路也走不通。

不妨看看湖南维新，我们的感受会更具体。

湖南维新的失败从根本上说，就是强大而保守的政治力量感觉到激进的政治力量动摇了大清帝国的执政根基，全力镇压从而导致维新失败。其实这也是中国维新变法失败的根本原因：

这种激进的倾向不但与大多数政府官员的意识形态立场背道而驰，而且同几乎整个官场的既得利益发生冲突，修改考试制度之举使帝国广大文人有失去晋升机会的危险，废除许多衙门和改变官僚政治的现有管理惯例之举，威胁了许多在任官员的直接利益。军事改革会涉及裁汰许多现存的军队。指派年轻的维新派进入军机处和总理衙门等重要政府机关担任虽然低级但很关键的职务，再加上新条例规定士人和官员均可越过正规的官僚制度渠道而直接向皇帝上书，所有这些都趋向于破坏宫廷中高级官员的权力地位。变法方案的最厉害的一招莫过于蔑视皇太后的权威，直接威胁她的权力和她最宠信的太监的命运。最后，变法运动的惊人速度和它日益增长的激进倾向造成了普遍的忧虑和不安气氛，致使变法维新运动很容易被看成要无区别地摧毁一切现成秩序。这样，百日维新使朝廷分裂成势不两立的敌对双方，一方是皇帝和少数激进的少壮维新派，另一方是太后和整个官场。[25]

读到此就不难理解，维新变法动了太多权贵群体的"奶酪"，他们决不会拱手把"奶酪"交给他人分享，因此中国的大变革必然形成势不两立的敌对双方，暴力革命出场了。

湖南维新运动中，还产生了一位侠骨英雄——谭嗣同。

谭嗣同（1865—1898），湖南浏阳人，字复生，号壮飞。其父谭继洵曾任湖北巡抚，他是富贵公子出身，自小却受继母歧视虐待。他性格敏感倔强，对礼教纲常的压抑、恃强凌弱的欺压格外痛恨。受学后老师欧阳中鹄等均推崇王夫之，谭嗣同深受影响并对王学及王夫之的人格深为敬佩，视其为精神偶像。由此他内心也滋长了浓厚的民族主义情怀，对清朝的异族统治、因循守旧的体制、衰败的政局充满愤慨。他接受过系统的儒学教育，博学多才，却对科举厌恶，终身未有科名，喜游历且修武好侠，养成了仗剑走天涯的豪侠风采。在游历天下期间，正值洋务运动开展之时，他又广泛地接受了介绍西方文明的译述，大大开阔了视野。

甲午惨败，使谭嗣同的思想发生了巨大转变，他自述："三十以后，新学洒然一变，前后判若两人。三十之年，适在甲午，地球全势忽变，嗣同学术更大变。"[26] 在他的思想深处，已孕育着反封建专制、反封建纲常的民主思想。这是与他在甲午战争以前明显不同的地方。其《仁学》强烈抨击封建专制，"二千年来之政，秦政也，皆大盗也；二千年来之学，荀学也，皆乡愿也"，"二千年来君臣一伦，尤为黑暗否塞，无复人理，沿及今兹，方愈剧矣"。[27] 他进而抨击封建伦理："数千年来，三纲五伦之惨祸烈毒，由是酷焉矣。君以名桎臣，官以名轭民，父以名压子，夫以名困妻，兄弟朋友各挟一名以相抗拒，而仁尚有少存焉者得乎？"[28] 他大声疾呼要"冲决君主之网罗、伦常之网罗"[29]。梁启超称谭嗣同为晚清思想界的一颗"彗星"。李泽厚更进一步认为，谭嗣同的思想已经超过了康、梁二人："谭氏个人丰富的生活经历，在其思想中留下了深刻的痕迹，使其爱国主义精神具有了一个区别于其他改良主义者的极为重要的内容和特色，谭嗣同在理论上所达到的最高度超出了改良主义思想体系所能允许的范围，在一定程度上表现了对封建制度和清朝政权的强烈的憎恨情绪和革命要求。他客观上作了以后资产阶级民主革命派的思想先导。"[30]

谭嗣同的思想代表作就是《仁学》，也被称为维新派的哲学巨作，梁启超对其评价非常高，它后来对毛泽东也有很大的影响。谭嗣同的思想是他独立求索的结果，并且与康学有着相当程度的差异。这也就意味着，湖南的维新运动有着自己的思想轨迹和行动轨迹。有趣的是，后来一些学者发现，康有为和梁启超很希望谭嗣同是在康学的影响下成长起来的维新派思想家。学者汤志钧说："梁启超说谭嗣同和他在1895年即已定交,且说谭嗣同受到康有为学说的影响,自称'私淑弟子,自是学识更日益进'。此后，又多次提到，且越演越详，这不能不引起人们的怀疑。"汤志钧辨析道：

> 谭嗣同没有见到康有为，和梁启超相晤，也在1896年三四月间，为什么梁启超说成1895年即已相识，还"自称私淑弟子"呢？恐怕是有意把谭嗣同在湖南的变法活动说成受了康、梁的影响，把他说成是"公羊学派之哲学巨子"，从而倒填年月。其实，谭嗣同自己讲过，他"备闻"康有为学说，"竟与嗣同所冥想者，十同八九"，他的思想并非源于康学。与梁启超相晤后，听到康有为学说，"亦有不敢苟同者"……谭嗣同在甲午战争以后，"备闻"康有为学说之前，已经孕育了变法思想，并在湖南展开一些实际活动了。[31]

长期以来，许多学人对康有为的文品、人品颇有微词，认为康有为主张维新变法有政治投机成分，学风更不严谨，所以很注意辨析谭嗣同思想和康学的关系。我们不想纠缠其间的是非，但必须强调，谭嗣同的思想是独立探索的结果，作为湖湘学人的谭嗣同有这个学养，如果追溯师承，那也要追溯到王夫之，他和康学只是在主张维新变法的中国出路方面大体一致而已。

谭嗣同的思想激进且先进，在湖南维新运动中活跃异常，但他的思想也没有成为湖南维新运动的主导思想。第一是他在湖南维新运动期间介入的时间太短，全过程不到一年。第二是谭嗣同在维新运动期间，因为思想激进，和梁启超等人一起受到王先谦等维新派右翼士绅的猛烈攻击，处境颇被动，他的思想不可能成为湖南维新运动的主导思想。这恰恰又说明，湖南维新诸派都有思想主见，不会随波逐流，湖南维新运动带着湖湘独立的意志。

尽管谭嗣同的思想对湖南维新运动并没有产生主导性影响，但他却为中国维新运动献出了生命，享年33岁。

革命党人的出场

1905年9月24日，距谭嗣同就义7周年忌日仅差4天。

北京正阳门车站，车水马龙，人头攒动，军警密布，鼓乐喧天。清政府的五位大臣即将启程出国考察宪政。这是清末新政十年来的一件大事，意味着大清国准备效法西方，推行宪政。

谁都没想到，1900年八国联军血洗北京，逼迫大清签订了史上最耻辱的《辛丑条约》后，慈禧太后从西安回銮皇都竟然宣布了一系列改革政制的新政，改革力度比戊戌变法有过之而无不及——推行宪政即其中之一。一些史家认为，沿着慈禧新政之路，中华民族有望完成现代化的转型。然而历史的实际进程却表明，爱新觉罗王朝已失去了最后的机会。

风起云涌的革命大潮席卷而来。革命者已经对大清帝国完全绝望，在心理上已经陷入"塔西佗陷阱"，不再相信官方任何改革的举措。还有一点更重要，此时革命者充满民族主义的情绪，他们奉行的政治纲领是"驱逐鞑虏，恢复中华"，在此政治纲领下，清朝政权仅凭血统就失去了全部合法性。革命者决心以暴烈的革命方式缔造共和，由新一代的革命政治力量完成中国现代化的转型。

革命的时代就这样开始了。

也许，经院派的学人还要依据某种经典理论认真考究，大清王朝的政治腐朽是否已到极点？社会阶级矛盾冲突是否已经无法调和？广大民众是否已经处于水深火热之中忍无可忍？天下人心所向是否都拥戴革命？等等。总之要为革命寻求全面充分的合法性。这当然是必要的理性审视，但只能是时过境迁的历史回望。历史的实际演进不会按照教科书的规范展开，是历史成就了教科书，而不是教科书成就了历史。因此，与其学究气地探讨革命的应然性不如探讨革命的必然性。就清末以来革命时代的开启而言，担当天下的革命者只要认定，大清王朝足够腐朽和顽固，从而产生深深的绝望和仇恨，革命就足以且必然爆发。

五大臣的遭遇就是实证。

革命党人决定刺杀五大臣。理由很简单：不能让大清王朝再以宪政欺骗天下，苟延残喘了。于是，一位叫杨毓麟的湖南革命者就向我们走来。

杨毓麟（1872—1911），湖南长沙人，字笃生。湖南维新时是谭嗣同亲密战友，谭嗣同死后，他和唐才常组织"自立军"，反慈禧后党，失败后逃亡日本，留学早稻田大学修政法，日俄战争中卷入拒俄运动，参加了军国民教育会，后加入黄兴创建的"华兴会"，开始了推翻大清的革命生涯，主要革命工作就是从事暗杀。谋刺慈禧太后、广西巡抚王之春等未果，又组织北方暗杀团并任团长，以教员身份为掩护继续暗杀活动，瞄准了顽固派大臣铁良。这时五大臣出国考察宪政的消息传出，杨毓麟沮丧地说："清廷立宪之举对民众欺骗性太大，这一来，恐大汉的中国永无见天日的机会了。"暗杀团骨干吴樾灵机一动建议，何不改刺杀铁良为刺杀五大臣呢？杨毓麟两眼一亮，立即点头同意，并决定亲自出马以自己最擅长的炸弹爆破技术行刺，以求一网打尽。可是吴樾却坚决要求只身担任刺杀任务，劝杨毓麟继续在清廷内部卧底。吴樾一番慷慨陈词把杨毓麟说服了，杨毓麟接受了吴樾的建议。

9月24日这天，吴樾乔装成随从，怀揣炸弹混上五大臣的专列。不料列车机车与车厢挂钩时车身震动，引爆了炸弹。一声巨响，吴樾当场遇难，而五大臣中两人轻伤⋯⋯

这就是震惊中外的吴樾刺五大臣案。

清末新政十年，革命党有三大斗争手段——宣传、起义、暗杀，其中暗杀占了极大比重。据粗略统计，此期间革命党发动的暗杀达50余起，其中重大暗杀19起，以致于新政十年又被称为"暗杀时代"，到民国时依然暗杀成风。尽管暗杀并非政治斗争的正道，却是不奇怪的，此时的革命党是新生而脆弱的民族资产阶级代表，他们有强烈的民族主义情怀，却未必具有底层大众的哀乐，他们对民众是忽略甚至歧视的，和广大民众是严重脱离的，因而采取的是精英革命模式，起义力量都是党人和帮会势力，个人英雄主义的暗杀也就成为重要的革命手段。

可见，革命和特定的阶级背景以及特定的时代背景分不开，资产阶级民主革命时期（亦称旧民主主义革命时期），革命欠缺理性，理论单薄偏激，组织鱼龙混杂，手段简单幼稚，都在情理之中。革命，也要成长。

在旧民主主义革命中，革命党有三大力量。

以孙中山为会长的兴中会群体多为广东人，又以海外商人和会党分子为主,活跃于国外,国内根基并不扎实,会员中知识分子也较少。由于得海外风气之先,故走上革命道路最早。1894年,孙中山就在美国檀香山创建了兴中会并发动革命,成了革命资历最老也很有知名度的革命先行者。该群体主要是潜入两广、西南地区发动起义,但这种输入性的起义由于缺乏国内配合而全部失败。冯自由说:"庚子(1900年)秋惠州革命军之败挫,及广州史坚如谋炸抚署二役之后,党中健将……先后斫丧,元气实力为之大伤。故从庚子秋以至乙巳(1905年)夏之五年间,兴中会实无如何之军事动作可言。"[32]权威史著如是评论:"到了1903年后期,孙中山甚至未能组成一个像1900年举事时所拥有的那种软弱的组织。秘密会党、海外华侨和外国人合在一起只能结成脆弱的联盟,当然不足以构成一次革命的坚实基础。"[33]

以蔡元培为会长的光复会群体多为江浙人,成员大都是知识分子以及工商人士,在中国经济发达的江浙地区有比较广泛的社会基础。该群体成员个人英雄主义情结很重,大局意识和团结意识缺乏。革命党内部许多纠纷都和光复会有关。"它受无政府思想的影响很深,所以它组织不善,领导不力……光复会之所以获致声誉主要是因为它蛮干,它至少搞了两次轰动一时的暗杀计划和几次流产的起事。"[34]

以黄兴为会长的华兴会群体多为湖南人:

在日本呆了一年刚刚返回中国的湖南人黄兴建立了华兴会,它是试图冲破省界的第一个最重要的革命组织。华兴会的大多数会员虽然是湖南人……除湖南省以外,会员还来自至少其他八个省,而且华兴会还同五个省(广西、四川、湖北、江西及浙江)及两大市(上海与南京)的一些组织取得了联系。它最初的会员几乎全部是学生,但是经过紧张的努力,它也着手吸收驻扎在湖南及其邻省的一些士兵。[35]

可见，在革命党群体中，华兴会无论在文化素质上还是组织渗透力上都是最优秀的。它后来又促成了革命党各派的大联合，成立了同盟会。黄兴还力排众议，劝说各派革命党人拥戴孙中山为同盟会最高领袖，更显示出大度的胸怀和全局意识。

同盟会成立后，革命出现了新局面：

同盟会在组织成分上同兴中会相比，也有很大的变化。兴中会的社会基础比较窄，除孙中山、杨衢云、陈少白、郑士良等少数人外，青年知识分子参加的很少，而以华侨商人和国内的会党分子为多，而且绝大多数是广东人。同盟会就不同：主要生活在国内的人士所占的比重大大增加，青年学生的人数也大大增加。前一点，使它同国内社会的联系加强了；后一点，又增加了它的革命民主派的色彩。参加同盟会筹备会的人至少来自十个省。这年年底前参加同盟会的四百五十二人中，通常所称中国本部十八省中除甘肃外都有人参加，尤以湖南、广东、湖北三省为多（湖南八十七人、广东七十七人、湖北六十七人）。这就突破了原来那种地域性的限制，成为一个全国性的政党……也就是说三分之二以上是二十多岁的青年人。[36]

此后直到武昌起义的六年中，有五年半时间是湖南革命党人主持同盟会的会务工作。黄兴作为革命党人中军事素养最高的领袖，亲自领导了多次重大起义，成果显著。他参与推翻清王朝的武昌起义，指挥军民抗击袁世凯大军的反扑，为民国的建立赢得了宝贵时间。而发动武昌首义的总指挥也是湖南人，此人就是蒋翊武。武昌首义后，湖南又是首先响应的省份，不仅宣告湖南独立还派兵增援武汉。

湖湘人革命有一个突出现象——"敌万人"。

比如黄兴主持广州黄花岗起义，由于同盟会会员温生才擅自暗杀广州将军孚琦，惊动了当局，广州全面戒严，清军调兵遣将并开始搜捕党人。胡汉民、陈炯明等数支人马以风声走漏、各路人马联络中断为由，建议暂缓起义，可是黄兴只是将十路人马调整为四路，坚决发动了起义。结果三路人马均未响应，仅有黄兴一路人马的百余人孤军奋战。黄兴在战斗中被打断手指，依然带伤冲锋。黄花岗起义以七十二烈士的捐躯宣告失败，却留下了百余人敌万人的战史案例。再比如袁世凯称帝，蔡锷在云南成立护国军打响了北上讨袁第一枪，抱病亲率装备极其落后的3000多兵马突进四川，后扩兵至8000，在遇到北洋军号称10万人的四路精锐大军围剿时却毫不畏惧，以"为四万万国人争人格"的口号激励部队，与北洋军灵活周旋，各个击破，不仅没有败退，还引发了全国响应，迫使袁世凯宣告取消帝制，又创造了"敌万人"的胜利奇迹。

后来，孙中山感慨万千地说："革命军用一个人去打一百个人，像这样的战争是非常的战争，不可以理论。像这样不可以常理论的事，是湖南人做出来的。"[37]陈独秀也感慨万千："湖南人底精神是什么？'若道中华国果亡，除非湖南人尽死'……二百几十年前底王船山先生，是何等艰苦奋斗的学者！几十年前底曾国藩、罗泽南等一班人，是何等'扎硬寨''打死战'的书生！黄克强历尽艰难，带一旅湖南兵，在汉阳抵挡清军大队人马；蔡松坡带着病亲领子弹不足的两千云南兵，和十万袁军打死战；他们是何等坚忍不拔的军人！"[38]湖南人的这种做派也被称为"霸蛮"精神，这种"霸蛮"的背后，却是一种大无畏的英雄主义精神。

对于旧民主主义革命，民间有这样的总结：广东人出主意，江浙人出钞票，湖南人出脑袋。这未必准确，却启发我们去关注湖南人在革命中表现出来的牺牲精神。革命本来就是要抛头颅、洒热血，并不奇怪，可是湖南人抛头颅、洒热血，却格外令人震撼。从哲学上讲，湖南的革命人士对死亡表现出一种向死而生的精神，亦即湖南革命志士对崇高的献身有一种美学向往，有一种形而上的哲学憧憬，这大概是从屈原、王夫之直到谭嗣同贯穿形成的生死观。

谭嗣同飞蛾扑火般地走向刑场，高歌献祭，就是典型的向死而生。还有陈天华蹈海而亡俨然是屈原故事的再版，尤其他主动舍身求死之因令人深思。

对于陈天华的死因有各种探究，比较流行的说法是，他是以死抗议日本政府与清王朝沆瀣一气，打击革命的中国留学生的行径。这种说法很符合陈天华作为《猛回头》《警世钟》的作者形象，只是把陈天华的气局解读小了。还有一种更合情理的说法认为，陈天华放弃了激进的排满思想，主张满汉是"同等之国民"，应该共同为中华民族独立复兴奋斗。在此前提下，他对清王朝的新政改革也流露出了某种期待。于是触怒了激进的排满革命派，指责陈天华丧失革命气节，懦弱退缩，从而遭到日本报刊嘲笑，称中国学生是"乌合之众""放纵卑劣"的人种。陈天华深感被击中了痛处，既羞愧又难言，也不能对同胞发泄，便采取了自杀行动以唤醒同胞自省，希望同胞具有更大的胸怀，"坚韧奉公，力学爱国"，站在包括满人在内的大中华立场上团结救国。[39]

无论具体原因是什么，陈天华都把中华民族的独立复兴作为自己的理想，亦即他是为理想而死。想一想，一个人要对理想多么热爱才会舍身以殉！生命诚可贵，理想价更高，舍去了生命，却拥抱了理想，这是更伟大的新生——这就是陈天华们的生死观。这种境界，凡俗之人是难以理解的。在凡俗的理解看来，革命就是为利益而战，但陈天华们则是为理想而战。湘人革命群体中像陈天华这样的革命者特别多。陈天华自杀五个月后，其同盟会密友姚宏业也追随陈天华的脚步在黄浦江自杀。1911年8月，叱咤风云的革命家杨毓麟在英国利物浦海湾投海自杀。此外还有1921年蹈海自杀的新文化斗士易白沙。诸此种种似乎都喻示，湖南革命家对于革命特别在意心灵感受，把死亡看成最圆满的革命贡献和最大的心理满足，得出一个湖南革命志士有"贵死"心结的结论似不为过。

再说一个蒋翊武之死的故事。

蒋翊武（1885—1913），湖南澧县人，原名保襄，字伯夔。湖南西路师范学堂的高才生。在校时接触革命书籍，养成了革命思想，曾协助华兴会领袖宋教仁策划长沙起义，后起义泄密流产，他被开除学籍，却更深地卷入了革命，加入了同盟会，参加了新军。在新军内他组建了文学社，成员有数千人，掩护革命活动。1911年9月，文学社与另一革命社团共进会密谋发动起义，蒋翊武被选为起义军总指挥，共进会的头目孙武为参谋长。起义原定在10月9日夜，哪知当天孙武等在汉口俄租界装备炸弹出了意外引发爆炸，引来巡捕搜查，发现了起义的旗帜、弹药、名册等，立即拘捕了在场的革命党，蒋翊武亦在其列。他机警地说自己是因为听到爆炸来看热闹的，遂被释放。脱身后，他立即离开武汉并通知发动起义。另有版本说，他脱身后离开武汉去了监利避风头，之后在军警搜捕起义士兵时不甘束手就擒发动了起义。起义爆发两天后，蒋翊武赶回武汉任湖北军政府军事顾问兼联络使，组建义勇军，保卫武汉，应对北洋军反扑。这时黄兴等赶到武汉，主持了武汉的军事保卫。

后黄兴离去，蒋翊武担任了护理总司令，再后来武汉军政府和北洋军停战，他辞去了总司令一职，以招抚使名义驻汉口。

民国建立后，袁世凯窃取了胜利果实，担任了大总统，对蒋翊武极尽拉拢之能事，委任其为总统府高级军事顾问，授陆军中将加上将衔。不过蒋翊武却对袁世凯很警惕，他加入了同盟会演变而来的国民党，积极跟随宋教仁宣传宪政。1913年3月，宋教仁被袁世凯暗杀，国民党发动了二次革命，蒋翊武又坚决地加入了讨袁斗争，在湖南积极准备起兵北伐。怎奈北洋军迅速南下镇压，南方各省讨袁派实力不济，纷纷溃败。蒋翊武也受到通缉，四处逃亡，后在广西全州被捕。逮捕他的是旧友——桂军一师师长陈炳焜。随之他被重兵押解至桂林，蒋翊武知道自己的人生之路已到尽头，从容地接受了。

1913年9月9日，又是一个秋高气爽的日子，桂林城满是桂花飘香。蒋翊武一身整洁的纺绸衫裤，坐着大轿，两手戴着银手铐，在一片隆重的鼓乐声中，被轿夫抬到了铺着红地毯的刑场——这一切都是遵照蒋翊武的要求办的。他声明，"我不是刑事犯，是为政见大义献身，死得其所，不能以刑事犯规矩对待"。当局震慑于蒋翊武开国元勋的身份，一一照办。史料这样记载：

越四日，陈得袁世凯复电，着将公就地枪决。陈命刘家正持电示蒋，并谓明日执行。蒋公神色自若，向刘痛论讨袁之必要，谓之此獠不除，必为民国之害云。旋索纸笔作遗嘱付从者，并为其遗腹子命名。陈又命刘将蒋行囊面付其仆，蒋感其厚谊，向刘握手致谢。次日，天气酷热，蒋对刘家正曰："治斋（家正字），天气太热，可否改在傍晚执行，以免爆尸当午。"刘允之，蒋称谢，并嘱刘向陈师长致谢意。下午四时，刘家正备饭，佐以白兰地款蒋，蒋有醉意。饭罢，即押赴丽泽门外行刑……士兵环立，观者如堵。蒋在刑场，着纺绸衫裤，从容端坐于大红毡上，向观众演讲革命真谛，慷慨激昂，锐不可当，听众动容，有闻而痛哭失声者。执行兵凝神静听，迟迟不肯开枪。排长某见状惊惧，恐生他变，遂出手枪向公身后击之。呜呼！公遂与世长辞矣。[40]

在此要补充一下，据说蒋翊武原本和行刑手约定，要正面开枪，看着子弹穿胸，没想到行刑手反而乱了方寸。可见，蒋翊武对自己的死是满怀仪式感的。理解这种情愫，就更能理解列宁所说"革命是盛大的节日"，也就更能理解革命者为什么视死如归。

然而我们还是觉得遗憾，蒋翊武享年28岁，风华正茂，他的生命之花过早地凋谢了。更遗憾的是蒋翊武这一代革命者并没有实现救中国的心愿。全体旧民主主义革命者给我们留下了可歌可泣的故事，却没有留给我们一个复兴的中国。

蒋翊武去世的这年，毛泽东正好20岁，风华正茂的他考入了湖南省立第四师范预科，以工整的楷书全文抄录了屈原的《离骚》和《九歌》。一代湖湘新青年将继往开来……

从经世派算起，一代代湖湘英杰前辈都在求索中国向何处去，时间长达百年，留下的足迹辉煌而沉重，这样的历史风景，恐怕只有湖南才有。湖南为什么这样红，便具有了得天独厚的前史，以至于有人说，湖南人革命并不奇怪，要是湖南人不革命那才奇怪呢。

引文注释

[1][10][22]（美）费正清编：《剑桥中国晚清史（1800—1911年）》上卷，中国社会科学出版社1985年版，第110、257、406、409、410页。

[2]俞樾：《〈皇朝经世文续编〉序》，见葛士濬：《皇朝经世文续编》卷首，（台北）文海出版社。

[3]盛康：《〈皇朝经世文续编〉序》，见盛康辑：《皇朝经世文续编》卷首，（台北）文海出版社。

[4]张之洞：《〈皇朝经世文续编〉序》，见于宝轩：《皇朝蓄艾文编》卷首，光绪二十九年上海官书局本。

[5]孟森：《明清史讲义》，中华书局1981年版，第618页。

[6]王民、邱勇强：《道光朝经世派群体考略》，《东南学术》2001年第5期。

[7][11]马克思、恩格斯：《马克思恩格斯论中国》，人民出版社2018年版，第70—71、6、66、134、122页。

[8]中共中央马克思恩格斯列宁斯大林著作编译局编译：《马克思恩格斯全集》第十六卷，人民出版社1964年版，第146页。

[9]李少林主编：《明清诗词300篇》，山东电子音像出版社2008年版，第230页。

[12]周宇清编：《中国近代史重要文献导读》，四川大学出版社2019年版，第38、39页。

[13]李翰章编：《曾国藩文集》4，九州出版社1997年版，第330—331页。

[14]（美）周锡瑞：《改良与革命：辛亥革命在两湖》，中华书局1982年版，第39页。

[15]刘克辉、戴宁淑注：《校邠庐抗议》，河南大学出版社2017年版，第1页。

[16]石文玉：《儒学道统与晚清社会制度变革》，吉林大学出版社2011年版，第61页。

[17][18][19]郭嵩焘：《郭嵩焘日记》第3卷，湖南人民出版社1982年版，第439、548、627、393页。

[20]朱仲玉编著：《中国近代政治家》，上海文化出版社2003年版，第21页。

[21]罗宏、许顺富：《湖南人底精神：湖湘精英与近代中国》，新星出

社2017年版，第315页。

[23] 谭嗣同：《谭嗣同集》，岳麓书社2012年版，第187页。

[24][25][33][34][35]（美）费正清编：《剑桥中国晚清史（1800—1911年）》下卷，中国社会科学出版社1985年版，第299、321、464、470、468页。

[26][27][28][29] 蔡尚思、方行编：《谭嗣同全集》增订本，中华书局1981年版，第259、337、299、290页。

[30] 李泽厚：《中国思想史论三部曲（古代、近代、现代）》，天津社会科学院出版社2007年版，第208页。

[31] 汤志钧：《戊戌变法史》，上海社会科学院出版社2015年版，第354页。

[32] 刘泱泱主编：《湖南通史（近代卷）》，湖南出版社，1994年版，第618页。

[36] 金冲及：《辛亥革命研究》，上海辞书出版社，2011年版，第57页。

[37] 康咏秋：《热衷封闭保守，热衷仕途——湖湘文化的反思》，《湖南科技大学学报（社会科学版）》2006年第1期。

[38] 陈独秀：《欢迎湖南人底精神》，见《独秀文存》，安徽人民出版社1987年版，第433页。

[39]（美）裴士锋：《湖南人与现代中国》，黄中宪译，社会科学文献出版社2015年版，第138—140页。

[40] 蒋漫征主编：《蒋翊武研究资料汇编》，岳麓书社2013年版，第732页。

第三章

湘江之畔的"建党先声"

经过前两章的文字跋涉,终于走到本书的主人公们面前了。

如果说不了解湖湘这片水土,不了解百年来求索救国之路的湖湘前辈,就难以深刻地理解"湖南为什么这样红"的话,那么同样地,不了解毛泽东这一代湖湘革命英杰群体的独特成长经历,不了解他们怎样从湘江走向南湖,我们更不能深刻地理解"湖南为什么这样红"。

韶山出了个毛泽东

韶山地处湖南中部低山丘陵区，长期以来是湘潭县属的一个山乡。《湖南地理志》云："韶山，在县西距城八十里与湘乡分界处，因舜南巡时，奏韶乐于此，故名。又云有韶氏三女，山居学道，凤衔天书至而仙去。山上有凤音亭，其阴有东台桃花洞。"此外，史籍没有特别惊人的记录。千年悠悠，韶山波澜不兴，就是一个闭塞而贫瘠的湖南山乡而已。

直到1949年后，韶山才作为开国领袖毛泽东的故里名扬天下，如今扩展为县级市，面积247.3平方公里，户籍人口约11万。纷至沓来的中外游客每年达2000余万人次，相当于一个中等国家的人口数。

随之，各种圣迹的传奇绘声绘色地传开。真命天子的潜渊之地；五龙朝圣的王兴之地；虎踞龙盘的风水宝地；乾隆皇帝预言韶山500年后必有帝王出，此人必是"反手掌乾坤"的"毛"姓；等等，不一而足。这无疑是传统民俗的常态表现，中国民间有着根深蒂固的圣人崇拜理念，对于命运的改变往往寄托于救星问世和青天护佑。悠悠数千年，宿命论是国人尤其是芸芸众生挥之不去的心结，从而构成了一个严肃又沉重的文化顽疾，不说也罢。我们想说，这种神化毛泽东的现象除了增添旅游的人流量和风水师的出场率，对于理性求索几无意义。毛泽东如果是神，我们除了自甘卑微地膜拜，还有什么求索必要呢？

信史记载，毛泽东的诞生十分平常，虔诚信神的母亲都担心他活不下来。因为毛泽东两个哥哥早夭，听算命先生说要拜大青石为干妈才能躲过短命之灾，母亲便给三儿子取了个辟邪的乳名"石三伢子"。可见，无论是虔诚信神的母亲还是"洞彻天机"的算命先生，都不相信毛泽东是真命天子下凡。

韶山的风水未必是伟人的温床。

在毛泽东之前，韶山历史上从来没有出现担当天下的人物，很难说是人杰地灵。美国著名传记作家特里尔写的《毛泽东传》里这样说："在韶山读不到任何报纸。消息只能靠口头传播。任何事件发生后，相关报道到达这里都会耽搁一段时间，这使得韶山村与外界隔绝。"[1]他还写道："韶山是毛泽东的世界，直至他16岁永远地离开此地之前，他从没有到过离韶山70里以外的任何地方。"[2]毛泽东本人还提供了一个更生动的案例：

> 我的国文老师是一个对学生要求苛刻的人。他粗暴严厉，常常打学生。因为这个缘故，我十岁时曾经逃离学校。我不敢回家，怕挨（父亲）打。便朝县城的大致方向走去，以为县城就在什么地方的山谷里。我流浪了三天，最后还是被我家的人找到。我这才知道我这次旅行只是在兜圈子，走了那么久，离我家大概才八里路。[3]

毛泽东离家出走的这年，黄兴在日本组建了军国民教育会，陈天华发表了《猛回头》《警世钟》，随之日俄战争在东北爆发。韶山之外的世界闹翻了天，可是少年毛泽东却对此一无所知，见闻孤陋得令人意外——以为"县城就在什么地方的山谷里"的他，走了三天，却只走了八里路的直线距离。

不难想见，韶山的风水是成就不了毛泽东的。

毛泽东的族脉家世传承是否会提供某些启迪呢？

《韶山毛氏族谱》这样记载：

韶山毛氏始祖太华公，元至正年间因避乱，由江西吉州龙城（今属吉水县）迁云南澜沧卫（今云南省澜沧拉祜族自治县内），娶王氏，生八子。明洪武十三年携长子清一、四子清四官楚（一说以军功拨入楚省），居湘乡城北门外绯紫桥。之后清一、清四卜居湘潭三十九都，即今韶山乡。[4]

族谱记载毛泽东是江西移民后裔，从迁湘始祖毛太华算起，毛泽东是第20代孙。他的前辈基本都是贫困农民，只是到了他父亲毛顺生这一代，才有了殷实家境，毛泽东自认为属于"富农"。从毛泽东的自述和公开史料看，他对自己的父系家世和祖辈没有深刻印象，无论是感情积淀还是知识积淀都比较单薄。对于父亲，他的反感十分强烈，回忆起来只有叛逆的故事，叛逆的主题之一就是毛泽东要走出韶山，却受到父亲阻止。如此说来，父系的心性传承，和担当天下未免有些遥远。

再看看他的母系。其母文素勤也叫文七妹，是湘乡唐家坨人，娘家离韶山冲仅十里路。她属于湘乡高冲文氏之后，该族在湘乡属于显族，文天祥是其家族有些遥远的骄傲。到了文七妹的父亲文芝仪这一代，也可算殷富书香之家，在乡邑很有名望。文七妹嫁给毛顺生，据说是因为祖母贺氏葬在韶山地界，家人为了每年清明上坟有个歇脚处，就将文七妹嫁给了韶山冲的毛顺生。

结婚后，毛文两家相处融洽，毛顺生家依靠文家帮衬，也逐渐发展起来。毛泽东8岁以前一直寄住在外婆家，教书先生八舅成了他的启蒙老师。文家不仅有书香气，家庭还非常和睦，孩子又多，童年的毛泽东和表兄弟们一起读书嬉戏，亲密无间，留给他非常温暖的记忆——这是自己家缺乏的。更重要的是，文家的舅舅们都很谦和开明，对毛泽东也很宠爱，无拘无束的感觉使毛泽东非常惬意。8岁时他回到韶山后，每与父亲发生冲突，总是去外婆家寻找安慰和帮助。舅舅们包括表兄们都会设法给毛泽东排忧解难，劝说毛顺生同意儿子去外地接受更好的教育就是一例。文家的文化教养与胸怀视野，培养了毛泽东对自由的向往，也让毛泽东看到了韶山以外的世界。郑观应的《盛世危言》，就是表兄文运昌借给他看的，使他知道韶山之外的中国不仅广袤博远，而且危机重重。毛泽东说："《盛世危言》激起了我恢复学业的愿望。"[5] 表兄文运昌又向他推荐了湘乡的新式学校——东山高等小学堂，这就形成了毛泽东走出韶山的冲动。毛泽东多次对人说："如果当年不进东山高小，恐怕后来进不了长沙城，我毛泽东也不会是今天这个样子了。"[6] 后来毛泽东走出韶山，进了长沙，他另外一个表兄王季范又成了他的老师和监护人，这都是外婆家对毛泽东的重要影响。

8岁以后，毛泽东回到父母身边，在父亲的管教下学做人。

这段时间又是8年。按照毛泽东的感受，可谓8年"抗父战争"。毛泽东的表述是这样的："我家分成两'党'。一个就是我父亲，是'执政党'，'反对党'由我、我母亲和弟弟组成。有时甚至于连雇工们也包括在内。"[7] 对于和父亲的斗争，毛泽东还有很具体的回忆：

在我们家里，辩证的斗争不断地发展着。有一件事我记得特别清楚。在我大约十三岁的时候，我父亲请了许多客人到家里，我们两人当着他们的面争论起来。

父亲当众骂我懒而无用。这一下激怒了我。我回骂了他,接着就离家出走。我母亲追着我想劝我回去。父亲也追上来,边骂边命令我回去。我跑到一个池塘边,并且威胁说如果他再走近一步,我就要跳进水里。在这种情况下,停止内战的要求和反要求都提出来了。我父亲坚持要我道歉并磕头认错。我同意如果他答应不打我,我可以跪一只脚磕头。战争就这样结束了。我从这件事认识到,当我用公开反抗的办法来保卫自己的权利的时候,我父亲就软了下来,可是我如果保持温顺的态度,他只会更多地打骂我。

回想起来,我认为我父亲的严厉态度到头来只是自招失败。我越来越恨他,我们建立了一条真正的统一战线来反对他。[8]

毛泽东说的这个故事,虎气和猴气充分融汇,几乎揭示了他一生各种为人处世的方式,中心主题就是反抗强权以及如何有效地反抗强权。其实,毛泽东父亲无非是按照传统的父权价值观在要求和塑造自己儿子而已,在那个年代并不过分甚至天经地义,而毛泽东最不能容忍他人对自己的控制,对父权尊严充满反叛。按照弗洛伊德的理论,这就叫"弑父情结"。弗洛伊德相信,儿子从出生起就注定要反抗父亲,以摆脱被统治被支配的地位,争取独立自由的权利,以实现自己不受任何压抑的自由人生。观察毛泽东的一生,弗洛伊德的理论确乎有相当的说服力,不过却无法解释,为什么同样是应该有过弑父情结的男子,更多的人却活得那么卑微呢?还有许多研究者认为,毛泽东少年时期对父亲的叛逆是后来他走向革命、推翻强权统治的心理基础。这当然是有说服力的推理,问题是,毛泽东不仅有反抗强权的一面,还有慈悲心肠的一面。

这就涉及他的母亲了。母爱给了他温暖和宽容,更教会了他如何爱人。毛泽东动情地说:"我母亲是个仁慈的妇女,为人慷慨厚道,随时都愿意接济别人。她同情穷人,并且当他们在荒年里前来讨米的时候,常常送米给他们。"[9]一个被经常提及的故事就是,读私塾的少年毛泽东也像母亲那样把饭食接济给饥饿的同学,母亲知道后,每天就要儿子带两份饭食去学校。我们很难判断,是受到母亲的遗传还是出于天性,毛泽东对弱者、穷人以及被社会打压歧视者总是怀有深深的同情。甚至毛家被人偷了,他反而帮盗贼开脱:"他们偷的是他们没有的东西。"遇到灾荒年,饥民到毛家来吃大户,他依然不恼怒,觉得自己家既然有粮食就该被吃大户。对于父亲在他人危难时乘机收购其土地做大自己的行为,他非常愤怒,并谴责父亲缺德。诸此种种超出常态的善良,其中不无母亲心性的遗传。毛泽东在《祭母文》中这样评价母亲:"吾母高风,首推博爱。远近亲疏,一皆覆载。恺恻慈祥,感动庶汇。爱力所及,原本真诚。不作诳言,不存欺心……洁净之风,传遍戚里。"他还说,世上有三种人——损人利己的、利己不损人的、可以损己以利人的,自己的母亲就属第三种人。毛泽东对母亲的概括,很大程度移入了自己的人生理想,他希望自己成为一个以"博爱"对天下人"一皆覆载"从而"感动庶汇"的人。

  对于毛泽东的观察,其少年时期与父母的相处是非常重要的观察点。可以这样总结:毛泽东和父亲相处形成了一种人格特点——不向任何强权低头,和母亲相处又形成了另一种人格特点——希望感动庶汇。

  任何社会都在以自己的价值观塑造自己的子民。
  马克思断言,统治阶级的思想就是统治性的思想。在中国,这种统治思想就是儒学文化传统。但是儒学文化传统并不能无缝隙、无衰减地覆盖全社会。在儒学文化的缝隙或者边缘，也存在着化外之地，生长着受儒学文化影响却又与之疏离甚至具有某种对抗性的民间文化，即非统治的民间文化价值观体系。少年毛泽东便在这两种文化价值观体系的纠缠中成长。

少年毛泽东有六年私塾学习经历。上学期间早晚参加农活，还有两年休学在家里专事农活。

我8岁那年开始在本地的一所小学堂上学，一直读到13岁。清早和晚上我在地里干活。白天我读儒家的《论语》和"四书"。我的国文老师属于"严厉派"，对学生粗暴苛刻，经常打学生。就因为这样，我在10岁时逃过学。不过我怕挨打，不敢回家，于是朝着大致通往县城的方向走，以为县城就在什么地方的山谷里。我流浪了3天，最后还是被家里人找到了。我这才知道，我这次旅行只是在兜圈子，走了那么多路，才离我家8里远。[10]

即使是被强行灌输的儒学文化体系，对毛泽东的影响也是深远的，比如民族自强的思想、经世致用的思想、实事求是的思想都得到了他强烈的认同并作用于他后来的人生事业中。他对教条主义地接受儒学非常抵触，尤其是对歧视人、压抑人、奴役人的儒学教条非常反感。于是那些尽情释放快意恩仇，甚至讴歌犯上作乱的民间文化就润泽了少年毛泽东的心田。毛泽东这样回忆：

我读过经书，可是并不喜欢经书。我爱看的是中国古代的传奇小说，特别是其中关于造反的故事。我读过《岳飞传》《水浒传》《隋唐演义》《三国演义》和《西游记》等。那是在我还很年轻的时候瞒着老师读的，老师憎恨这些禁书，并把它们说成是邪书。[11]

毛泽东接受了民间意识形态的洗礼，从而更具有民间和大众情怀。这就导致他对高高在上的官僚体制包括所谓雅致的文化有着近乎本能的反感，对底层的大众包括通俗的民间文化有着近乎本能的认同。此后他走向推翻官僚体制的革命，也与这种情怀密切相关。随着阅读面的拓宽，他进一步发现，即便是他喜爱的传奇小说，也无法避免受到儒学正统文化的熏染，对于底层劳苦民众表现出普遍的忽略：

这些小说有个特别处，就是里面没有种地的农民。人物都是勇士、官员或者文人学士，没有农民当主角。对于这件事，我纳闷了两年，后来我就分析小说的内容。我发现它们全都颂扬武士、颂扬人民的统治者，而这些人是不必种地的，因为他们拥有并控制土地，并且显然是迫使农民替他们耕作的。[12]

有了这种意识，毛泽东再看现实世界，愤怒之气激荡胸中，他仇恨在大饥荒时见死不救的贪官，对暴乱的饥民、造反的哥老会成员充满同情，即使作乱者冲进自己家吃大户，也觉得情有可原。他觉得自己不能袖手旁观这种不公道的世相了。16岁那年，他决定走出韶山，见更大的世面，学更多的本事，期盼有所作为。也许当时他还没有改变世道不公的自觉，但有一点是无疑的，他不愿意像父亲那么自私自利，只为着小家拘谨地活着。

经过舅舅和表兄们的推荐和劝说，父亲毛顺生终于同意儿子出韶山求学。毛顺生以为，求学回来的儿子会更好地帮助自己发家致富，儿子却暗暗打定主意要开启另一种人生。临行前，他写了一首诗，夹在父亲的账本里:"孩儿立志出乡关,学不成名誓不还。埋骨何须桑梓地,人生无处不青山。"

社会按照自己的需求努力地塑造毛泽东,毛泽东也按照自己的意志努力塑造自己,结果就形成了后来我们所看到的历史。

1910年,走出韶山的毛泽东首先入读湘乡县立东山高等小学堂。

该校在县城附近的东台山下,由湘乡籍的湘军大将、首任新疆巡抚刘锦棠倡捐创办于1895年。初名东山精舍,次年由湖南巡抚陈宝箴更名为东山书院,可谓湖南维新的成果之一,1905年又改名东山学堂。除了传统的经籍课程,还有自然科学、地理、英语等新科目,这给了毛泽东很大的新鲜感。此外,他还得知光绪皇帝和慈禧太后已经死了,是个4岁的娃娃天子坐了龙庭。还知道皇帝虽幼却有一大帮善良精明的大臣辅佐,正在推行新政。刚刚走出韶山的乡下伢子,突然觉得自己的眼界和胸怀开阔了许多。

新政实际是维新变法在某种意义上的延续,维新运动的领袖人物康有为和梁启超又以微妙的身份成为国家智囊,尽管还没平反,他们却实际参与了许多国策的制定。青少年时代的毛泽东就成为康、梁的粉丝,向往康、梁描绘的日本明治维新的强国模式,期盼中华民族效法日本迎来华夏的伟大复兴。因此,毛泽东也对日本充满好感。26年后,他在保安(今陕西省志丹县)窑洞里接受斯诺的采访时,还给斯诺唱了一首他在东山学堂里学会的日本军歌《黄海之战》:

麻雀歌唱,

夜莺跳舞,

春天的绿色田野多可爱，

石榴花红，

杨柳叶绿。

展现一幅新图画……[13]

从此，毛泽东从韶山伢子变成了湖南伢子。

湖南伢子的特点就是充满家国情怀——身在湖南，心忧天下。于是，拿破仑、彼得大帝、华盛顿、林肯这些创造了强国勋业的世界英豪走进了毛泽东的视野。1911年，他又争取到了去省城长沙读书的机会，视野进一步开拓。他第一次看到了革命党人办的《民立报》，知道了黄花岗起义，尤其是在知道起义的领导者黄兴是湖南人时更加激动。他对斯诺说："当时全国正处于第一次革命的前夜，我是如此地激动，以至于写了一篇文章贴在学校的墙上。这是我第一次发表政见，可是这个政见却有些糊涂。我还没有放弃对康有为、梁启超的钦佩，我并不清楚孙中山和他们之间的区别，所以我在文章里鼓吹必须把孙中山从日本召回，担任新政府的总统，由康有为任国务总理，梁启超任外交部长。"[14]毛泽东那时连改良派与革命派的对立都搞不清楚，这个乌龙摆得有点大，但他毫不迟疑地认同了推翻清政府的革命，这也意味着，革命总是和青春相伴，认同革命对热血青年来说并不太困难。

他剪掉了自己的辫子，还上街粗暴地剪掉了别人的辫子，后来他说，革命是一个暴烈的行动。接着武昌起义爆发，他又要参军去支援武汉，以血肉之躯殉献革命。此时，湖南宣告独立，毛泽东就在湖南参加了新军。再后来，各省纷纷宣告独立，南方各省选举孙中山为民国第一届临时大总统，与北洋军首领袁世凯展开议和。袁世凯以胁迫清皇逊位为条件表示拥戴革命，向革命献出投名状，摇身一变成了民国第二任临时大总统。孙中山让贤改任铁路督办，主持全国的铁路修建以复兴中华。神州一片欢呼：革命成功了！

革命确乎像盛大的节日。

毛泽东多少有点失望，革命怎么这么容易成功？看来自己当兵建功立业的梦想化成了泡影，他毅然退伍去寻找人生的新出路。

他想继续学业，开始频繁地投考学校，也都榜上有名。他考了警察学堂、法政学堂、商业学校，还有一所制造肥皂的技术学校。如果说太盲目也不对，他的目标就是以专业救国，包括"肥皂救国"。后来他以第一名的成绩被省立一中录取，只读了一个学期又退学了。据他说是受不了校规管束，便决定退学自修。这段自修时间大约半年，他废寝忘食地阅读了大量中外书籍，让他思想收获最大的是一批关于西方十八、十九世纪资产阶级民主主义和近代科学的著作，如达尔文的《物种起源》、亚当·斯密的《原富》、赫胥黎的《天演论》、穆勒的《穆勒名学》、斯宾塞的《群学肄言》、孟德斯鸠的《法意》、卢梭的《民约论》等。可以说，毛泽东较为系统地完成了一次西方近代思想文化的启蒙。

自修的日子里，毛泽东在图书馆第一次看到了世界地图。他惊讶地久久凝视着地图——原来世界这么大呀，中国不但不是世界的中心而且只是其中的一小部分，湖南不过是一个小指甲盖，湘潭就是一个小黑点，至于乡愁绵绵的故乡韶山，根本无影无踪。显然，要在这广袤世界，尤其是在先进的西方文明冲击下，寻找中华民族新的生存支点任重道远……

不知不觉毛泽东20岁了，走出韶山也4年了。回首来路，他不倦地求索，不倦地行动，特立而独行。他会走向革命吗？中国还需要革命吗？当时这一切依然充满悬念。

湖南省立第一师范

湖南省立第一师范是新一代湖湘青年走向革命的摇篮。

该校前身是城南书院，与岳麓书院齐名。最初是南宋大儒张栻家的园林书院，几度兴废，最鼎盛时期是清代湖湘大儒贺熙龄主持书院的八年，贺门弟子有胡林翼、左宗棠、罗汝怀、罗泽南、邹汉勋、丁取忠、劳崇光等。陈本钦、孙鼎臣、何绍基、郭嵩焘、王先谦等亦在此担任过主讲。曾国藩、李元度、邓辅纶、王闿运、黄兴、陈天华、杨昌济、杨毓麟、樊锥等亦藏修于此。1903年，新学性质的师范馆在城南书院旧址创办，1912年更名为湖南第一师范。1914年，第一师范与省立第四师范合并，毛泽东从第四师范并入第一师范，掀开了第一师范现代校史上最风光的扉页。

大约半个世纪中，第一师范不仅名师荟萃，更是英才弟子辈出，很像罗典担任山长时的岳麓书院。据《湖南第一师范名人谱（1903—1949）》统计，半个世纪，该校师生中涌现的社会名流达328人，大部分名流都与革命有着各种不解之缘。其中成为中国共产党人的名人有111人。该《名人谱》这样总结：

在新中国建立前的师生中，名人济济，有一代伟人毛泽东，一代师表徐特立，革命家蔡和森、何叔衡、任弼时、李维汉、段德昌、谢觉哉，教育家杨昌济、朱剑凡、张国基、马邻翼，语言文字学家王先谦、符定一、黎锦熙、杨树达，文学家萧三、陈子展、赵景琛、夏丏尊、柯蓝，经学家皮锡瑞，哲学家李达，历史学家周谷城，国际法学家周鲠生，戏剧家田汉，编纂家舒新城，音乐家吕骥，美术家高希舜，美学家李泽厚，经济学家刘日新，生理学家杨浪明，生物学家辛树帜，植物生理学家罗士韦，航空工程学家文传源，兵工机械学家林汉藩，农业工程学家李翰如，佛学家陈健民，高级将领陶峙岳、袁国平、刘畴西，革命英烈毛泽民、毛泽覃、罗学瓒、郭亮、夏曦等，还有民主革命活动家陈天华、易白沙、周震鳞、刘策成，以及国民党的军政要人谭延闿、刘人熙、易培基、杨端六等，计党政国家领导7人及民国政府首脑1人，省部级干部（官员）、军事将领54人，革命烈士53人，社会、自然科学家26人，教育家37人，文学艺术家17人。其中，33人载入了《辞海》。正如当年一师校歌所吟："衡山西，岳麓东，城南讲学峙其中。人可铸，金可熔，丽泽绍高风。多材自昔夸熊封。男儿努力，蔚为万夫雄。"

毛泽东跻身这样的英才阵容之中，既可以理解为母校对他格外眷顾，也可以理解为他托举了自己的母校。

第一师范涌现出如此壮观的革命群体当然和时代有关。

此时已是宪政民国。但随着"宪政之父"宋教仁被暗杀，人们突然清醒："风云变幻感沧桑，拒虎谁知又进狼。无量头颅无量血，可怜购得假共和。"于是孙中山在1913年发动了"二次革命"，北洋军阀政府与南方革命党集团的南北对峙局面形成。湖南不仅成为双方刀兵交锋的主要军事战场，也是思想交锋的重要文化战场。北洋政府又重祭孔子的复古文化大旗，陈独秀、蔡元培、鲁迅、胡适等文化人也高擎起反孔的新文化旗帜。他们认为，辛亥革命之所以没有成功，与严重脱离民众以及民众的愚昧密切相关，"欲图根本之救亡"，必须改造中国的国民性，必须打倒"孔家店"，以"民主"和"科学"对国民展开文化启蒙。陈独秀创办的《新青年》成为新文化运动的思想阵地。

第一师范也成为倡导宣传新文化的"重镇"。

早在《新青年》创刊前的1914年初,黎锦熙、杨昌济、徐特立、方维夏等第一师范教师,在长沙创办了宏文图书社,开始翻译出版介绍"欧美日本最近之种种思潮",开启了湖南人的启蒙之旅。随之,第一师范教师易白沙在《新青年》发表《孔子评议》,吹响了"打倒孔家店"的号角,成为《新青年》上第一篇向孔教挑战的檄文。杨昌济等老师又把《新青年》全力向自己弟子推荐,其中就包括毛泽东。与此同时,曾任第一师范校长的刘人熙、贝允昕等一师校友,在《新青年》创办的同年同月,创办了湖南的《大公报》,举出王船山旗号,貌似宣传儒学传统,实际是宣传王夫之的变革思想和豪杰精神,强烈抨击君主制对国民的奴役,号召湖南人奋起主宰自己的命运,等等。这就构成了新思想的薪火相传和星火燎原。对于这段一师经历,毛泽东这样说:"我的政治思想在这个时期开始形成。我最早的社会经验也是在这里取得的。""《新青年》是有名的新文化运动的杂志,由陈独秀主编。我在师范学校上学的时候,就开始读这个杂志了。我当时非常佩服胡适和陈独秀的文章。有一段时间他们代替了梁启超和康有为,成为我的楷模。我早已抛弃康、梁二人了。"[15]

新文化运动对毛泽东这一代新青年的启迪十分丰富。就推动他们人生选择而言,主要是两点。第一是"革命尚未成功,同志仍须努力"。诚如后来毛泽东言:"辛亥革命只把一个皇帝赶跑,中国仍旧在帝国主义和封建主义的压迫之下,反帝反封建的革命任务并没有完成。"[16]所以,具有担当天下情怀的毛泽东们必然要继续投入革命。第二是要用推陈出新的文化武器来革命,或者改造旧的文化武器适应新时代的救国需要,或者借助全新的思想武器来满足救国的需要。总之,为了救中国,需要新手段。后来毛泽东们选择了马克思主义作为武器来进行革命就是基于这种觉悟。

一些学者，如李泽厚认为，新文化运动虎头蛇尾，有"救亡压倒了启蒙"之遗憾。这样的观察显示了学者眼光的精细，也体现了某种文化本体论的趣味，即把社会演变看成是对文化不断完美升华的过程，忽略了文化只有在呵护、改善、完美人类的生存处境时才有意义，尤其人们处在生死存亡关头，是难以考虑文化完美性的。不妨反问，"救亡"不正是启蒙的主要目的吗？难道应该先完成"启蒙"再实施"救亡"吗？在抢救溺水者的关头，总不能先学会游泳再施救吧？救亡压倒启蒙实为历史必然。

新文化运动滋养唤醒了毛泽东这一代湖湘新青年，激发他们奋不顾身地投入救亡，救亡过程中启蒙一直也在动态延续，并推动中国革命走向了1949年的成功。这是历史必然，也是新文化运动的硕果。

第一师范的重大革命历史贡献也就在此。

仅仅将第一师范对革命群体的哺育归结为新文化也不全面。

实际上，传统文化，更确切地说是经过改造的传统文化，对新一代革命群体的滋养同样不可忽略。这就涉及毛泽东那代学子普遍崇拜的精神导师杨昌济。

杨昌济（1871—1920），湖南长沙人，又名怀中，字华生。出身书香世家，高祖、曾祖均为国子监生，其父杨书祥为例贡生，教书为业。母亲向氏亦为书香世家女，曾祖向曾贤是岳麓弟子,罗典高足之一，后中进士，曾为嘉庆帝师。杨向两家世代联姻，杨昌济便娶了自己的向家表姐。不难想见，其母系家族也以深厚的传统文化底蕴影响着杨昌济成长。

杨昌济幼承庭训，熟读儒家经典，精研宋明理学。18岁中秀才，考举人不中，在家设馆授徒，后又入读城南书院和岳麓书院，师承大儒王先谦，接受岳麓学风陶冶。在湖南维新运动中，他积极投入，加入"南学会"，与谭嗣同、唐才常等维新派代表人物有较多交集和思想共鸣。在湖南维新运动失败后，他潜心攻读王夫之著作，深受启迪。从其求学之路看，对于儒学传统他并不抱残守缺，却有着本根性的信赖。1902年，31岁的他考取官费留日生，留学东洋，后又去英国留学，修哲学、伦理学，并去德国进行了九个月的访学考察，接受了西洋人本主义的文化洗礼。回国后，他立志教育救国，在治学上融汇西洋启蒙主义思想文化和儒学传统，尤其是将西方文化和王夫之思想相融汇，形成了自己的治学和社会主张：第一，坚持儒学文化的本根性，即从儒学文化中去寻找变革世界拯救中国的思想信念和力量，但必须重新解读和建构。具体言之，他以王夫之思想为基础，对传统儒学进行颠覆性改造和重新建构。第二，坚持伦理救世界的理念。他认为，简单信守达尔文的进化论，人类就会陷入弱肉强食的动物性演进过程，依然是动物意义上的社会存在。因此必须以主观意志的道德来干预纯自然的纯宿命的历史和社会演变，使历史和社会演进具有人伦公道的价值属性。第三，他坚信社会和历史的公道就在于个人的自由和自我实现。"他重新界定儒家道德观的功用，认为其存在不是为了使个人顺从于社会，而是刚好相反：为了颂扬并发展个人的自主。"[17]

杨昌济提倡个人的自由和价值实现，对儒学传统的冲击是颠覆性的。有趣的是，他却声称是从硕儒王夫之处获取了灵感。他以王夫之的话为例："唯我为子故尽孝，唯我为臣故尽忠，忠孝非以奉君亲，而但自践其身心之则。"杨昌济分析说，王夫之强调忠孝不是为了父亲和君主，只是为了自我道德的实现，这就完全解构了儒家的伦理纲常。

杨昌济还分析传统的个人为国家牺牲的道德观，认为，如果国家要求国民为国牺牲就是罪恶，国民自愿为国牺牲就是崇高：

> 人属于一社会，则当为其社会谋利益。若己身之利益与社会之利益有冲突之时，则当以己身之利益为社会之牺牲。虽然牺牲己之利益可也，牺牲己之主义不可也。不肯抛弃自己之主义，即匹夫不可夺志之说也。吾国伦理学说，最重个人之独立……臣之于君，子之于父，妇之于夫，照吾国昔圣先贤之理想，皆有委身以事，爱敬终身，效死勿去之义。然忠臣、孝子、贞妇之志，有非其君、其父、其夫之所能夺者。此身可捐以奉君亲，而不可不使为辱人贱行。[18]

杨昌济认为国家没有权力剥夺个人的自由和利益，更不能奴役个人效忠国家，只有个人出于道德自愿对国家奉献才是合理的。就国家观而言，他反对把个人看成国家的顺民，主张个人是国家的主人。裴士锋指出："杨昌济从王夫之那里汲取的这个哲学观念，本质上是唯意志论的，主张个人意志乃是决定世界样貌的最根本力量。这一教诲将为他的诸多学生所谨记在心，而其中许多人将在日后创立中国共产党的湖南分部。"[19]

杨昌济的认知不仅强烈冲击了传统儒学的经典解释，更直指专制和奴役人压迫人的国家机器，成为革命合法性的学理支撑，亦给革命注入了个人主义的道德激情，尤其为革命青年奋不顾身地投入革命注入了巨大光荣感——革命不是为了任何他者被迫地舍弃自我，而是出于个人意志主动给历史注入公道，与其说是拯救他人和天下，不如说是拯救升华自我，是完全自我的全美和获得。对于热血青年，这是极大的诱惑与鼓舞，谁不渴望一个大写的自我人生呢？

特别令人感到意味深长的是，杨昌济认为，他的这种认知——"吾国伦理学说，最重个人之独立"恰恰是儒学的精华所在。也就是说，他认为自己是用儒学在教导自己的弟子。这就涉及对儒学精神的深度理解了。肯定有很多学者不同意这种观点，对此我们不做细论，但可以肯定，这至少是杨昌济的儒学精神解读。按照阐释学理论，任何理解都是当事者带着特定的文化背景、社会立场、知识积累进行的理解，必然会出现"横看成岭侧成峰"的现象。如伽达默尔说："真正的历史对象根本就不是对象，而是自己和他者的统一体，在这种关系中同时存在着历史的实在以及历史理解的实在。"[20]

总之，传统文化教育是毛泽东这一代学子不可忽略的精神营养，对他们走向革命产生了强有力的推动作用。观察毛泽东这代革命群体的成长，这是一个不可忽略的方面。

毛泽东是个不受规矩约束、很率性的学生，在学习上严重偏科，对哲学、修身、国文、历史等科目格外上心，这与杨昌济、徐特立、黎锦熙、袁吉六、罗元鲲等任课老师的才学威望有关。在老师引导下，他也自省："从前拿错主意，为学无头序，而于学堂科学，尤厌其繁碎。今闻于师友，且齿已长，而识稍进。于是决定为学之道，先博而后约，先中而后西，先普通而后专门。"[21]基于这种自省，他对传统文化有了系统学习。在给同学萧子升的信中，他写道，传统儒学的经史子集，"苟有志于学问，此实为必读而不可缺"。至于比毛泽东要规矩得多的同学，对传统文化的吸纳就更不用说了。当时，在杨昌济倡导下，一师研究船山学成为风气，学子们除了在校学习儒家典籍，还到杨昌济好友、一师前任校长刘人熙开办的船山学社去听课。刘人熙等学人从王夫之到曾国藩，初步梳理出了一个富有特色的湘学系统，这实际是对湖湘文化的某种总结，因此学生们又接受了湖湘文化的理论熏陶。

在杨昌济安排下，毛泽东、蔡和森、罗学瓒、张昆弟等弟子还去岳麓书院藏修。此时岳麓书院在传统经世致用的学风基础之上，又升华总结出"实事求是"校训，以大匾额高悬讲堂正门。毛泽东等青年学子仰望匾额，对湖湘学风领悟更透彻。二十年后，毛泽东亲书"实事求是"四个大字，作为对延安中央党校学风的期盼，并成为中国共产党的思想路线总结。

诸此种种都表明，中华传统文化一直在伴随着革命前行，并且随着革命也在重新建构自身。湖南的红色光谱中也有传统文化尤其是湖湘文化在起作用。

这是第一师范给我们的又一启迪。

叩问大本大源

一师时期的毛泽东有过一段叩问"大本大源"的思想求索经历。

这是在杨昌济的影响下，同时参照泡尔生《伦理学原理》以及王夫之等先贤的思想资源进行的一次精神求索之旅，构成了青年毛泽东的基本哲学观和人生观。尽管后来毛泽东接受了马克思主义，思想发生了很大改变，但青年时期的人生观依然在很大程度上影响到其一生，且通过毛泽东的政治影响，在很大程度上影响到一代甚至几代革命者群体。

青年毛泽东认为，"大本大源"即宇宙真理或真谛，是决定宇宙天地之所以如此的根本原因，只有掌握并具有"大本大源"这个宇宙真谛，人才能有安身立命之本，也才能最有效地变革世界。"大本大源"不仅存在于人之外的宇宙天地之中，也"各具于人人之心中，虽有偏全之不同，而总有几分之存在"，因此，寻找并唤醒人心中的"大本大源"就成为掌握并具有"大本大源"的有效途径。他在1917年8月23日致黎锦熙信中说：

欲动天下者，当动天下之心，而不徒在显见之迹。动其心者，当具有大本大源。今日变法，俱从枝节入手，如议会、宪法、总统、内阁、军事、实业、教育，一切皆枝节也。枝节亦不可少，惟此等枝节，必有本源。本源未得，则此等枝节为赘疣……夫本源者，宇宙之真理。天下之生民，各为宇宙之一体，即宇宙之真理，各具于人人之心中，虽有偏全之不同，而总有几分之存在。今吾以大本大源为号召，天下之心其有不动者乎？天下之心皆动，天下之事有不能为者乎？天下之事可为，国家有不富强幸福者乎？[22]

这段话提出了大本大源的重要性，却没有回答什么是大本大源，对此后面再论。在此要强调两点：第一，大本大源既然人人心中多少具有，一旦以大本大源为号召，人心响应就不成大问题。有了人心响应，改造世界也就不成大问题。第二，掌握并具有大本大源的有效途径就在人身上，就在于唤醒人心中蕴含的大本大源。这就有点王阳明的"致良知"意味了。毛泽东的灵感是否来自王阳明且不论，他强调人在把握大本大源问题上的关键作用，突出了人的主体性，也就把对人的塑造问题凸显出来了。

学者陈晋认为，毛泽东提出以人来把握大本大源，不仅给大本大源找到了具象的载体，指明了领悟大本大源的途径，还把人格塑造放在极高的地位："仅把本源解释成'宇宙真理'，毕竟还有些云山雾罩。它落实到'人心'上面，事实上就是正确的人生观、价值观、思想道德、言行认知等等，我们统称为人格。缺少或失却本源的人格，是没有自我的麻痹的人格，其行为始终是在黑暗中彳亍徘徊，一无所得，一无所成；由这样的个体人格组成的族类，是缺少精神太阳没有生机没有希望的族类。青年毛泽东寻求本源的直接目的，就是为了重塑民族的新人格，他的救国理想同人格理想本来就是合二为一的。"[23] 这就意味着毛泽东所谓大本大源，是指人的高尚道德境界和人格理想。换言之，毛泽东意在将大本大源人格化并以此作为国家理想。于是，青年毛泽东的救国方案就显现了——以道德高尚的大本大源之人来改造中国。

从逻辑上说，"获得本源的人，能够明究天人之际，精通古今之辩，救济时势之危，并且集养身、进德、修业、建功于一体……由他们来张扬大蠹，号召天下，摧陷廓清，从根本上改变全国之思想，当是顺理成章之事"。如是，得了本源的圣人，"无疑是人类认识和智慧的最高结晶体。他们超越时空，领悟一切事物的生存和发展的妙谛，在凡人看来，这无异于神"。可是毛泽东认为，宇宙真理本体才可以称为"神"，人只是通过后天努力去领悟宇宙真理本体之"神"："人类者与本体有直接关系，而为其一部分，人类之意识亦即与本体之意识相贯通，本体或名之曰神。"[24] 他还意识到，尽管大本大源人人都多少具有，但是并不全面彻底，甚至不少人还格格不入。他说："吾尝梦想人智平等，人类者皆为圣人，则一切法治均可弃去。今亦知其决无此境矣。"[25] 令人有些意外，毛泽东不仅认为人人都是圣人的局面不可能存在，还认为中国的道德衰败很严重：

国人积弊甚深，思想太旧，道德太坏。夫思想主人之心，道德范人之行，二者不洁，遍地皆污。盖二者之势力，无在不为所弥漫也。思想道德，必真必实。吾国思想与道德，可以伪而不真、虚而不实之两言括之。五千年流传到今，种根甚深，结蒂甚固，非有大力不易摧陷廓清。[26]

毛泽东认为中国传统道德最大的弊端是"伪而不真、虚而不实"，确实击中了儒学文化在现实社会中表现出的尖锐矛盾：一方面儒学提出了很完美的道德规范，另一方面社会实际的道德表现却大相径庭，用鲁迅的话就是"瞒和骗"的文化，其实质是"吃人"。此外，儒学倡导者们在学理谈论时头头是道，却没有在落实上下功夫，这就是所谓空谈误国。如此一来，国家社会怎么能不走向危亡？对于这样的社会局面怎么能不进行革命性的改造？可见，青年毛泽东很大程度上是从道德角度提出了革命的必要性。也就是说，之所以要发动推翻旧国家政权的革命，是因为旧政权是一个"缺德"政权，必须推翻。

后来毛泽东成为马克思主义者，对于为什么要革命有了阶级斗争的观念，但其改革社会的革命方案中，思想道德革命还是占据了非常重要的地位。第一，革命任务必然是改造人的主观世界与改革社会客观世界两大任务并行，尤其改造人的主观世界比重相当大，这点我们从毛泽东后来在革命斗争中，孜孜不倦地加强党和军队的思想道德建设包括学风建设等一系列表现中，可以强烈地感受到。时至今日，精神文明和物质文明两个文明一起抓，两手都要硬，依然是中国共产党人的革命承诺。第二，改造人的主观世界又以崇高道德人格建设为重点。具体说来，青年毛泽东提出了"立志""学习""立德"，以小我融入大我，成为豪贤之人，以豪贤之人教化小人、愚人等等要求，都是道德人格建设的实际举措。后来毛泽东加入革命，在这方面推行力度更大，多次整党整风，包括对"实事求是"思想路线的推行，看起来是思想方法，实际也是在塑造一种脚踏实地、求真务实的诚实人格。在革命人格建设方面，毛泽东不仅力度非常大，要求也非常高，甚至提出了"毫不利己、专门利人""一不怕苦，二不怕死"等常人难以达到的人格标准。诸此种种，都与青年毛泽东在大本大源求索中形成的认识密切相关。

毛泽东的这些认识，与他研读唯意志论者泡尔生的《伦理学原理》有关，也和王夫之、曾国藩等湖湘先贤对道德人格的高度强调有关。毛泽东对豪杰、圣贤人格的推崇，便直接得之于王夫之。毛泽东对道德的推崇并非他思想原创，却是他高度认同的观念。毛泽东认为，改造社会的革命本质上是改造人，是使人类活得更加高尚伟大，而不仅仅是在物质享受层面获得更大幸福。总之，毛泽东改造社会的抱负与改造人的抱负是一体的。这是毛泽东作为革命家与许多革命家的重大差异所在，也是毛泽东领导的中国革命的重要特色。

对于青年毛泽东的大本大源求索，李泽厚也有比较深入的探讨，有助于我们多侧面地理解毛泽东，不妨做一下简介。

李泽厚认为，毛泽东对作为宇宙真理的大本大源，已经有比较明确的本体性认知，即认识到宇宙最根本的属性或真理就是永恒的运动，永恒的变化和永恒的斗争——静止只是运动的另一种形态。这也就意味着万事万物都处在不断变化的过程中，推动变化的力量则是事物的矛盾对立斗争。如生死的对立转化、阴阳的对立转化、胜负的对立转化等等，都是通过斗争实现。

宇宙的运动、变化、斗争属性表现于宇宙万事万物，也包括人类："人者，动物也，则动尚矣……动以营生也，此浅言之也；动以卫国也,此大言之也,皆非本义。动也者,盖养乎吾生,乐乎吾心而已……愚拙之见,天地盖惟有动而已。"[27]也就是说,"动""变""斗"是天地身心的本性,并非为某种外在目的服务的。就像太阳发光是其本性,并不是为了普照万物一样。毛泽东认为,这种宇宙本性也是豪杰之士的"人格之源",作为豪杰之人,就是在永恒的运动、永恒的变化、永恒的斗争中显示自我的本性和豪杰气质。所以李泽厚认为,毛泽东把"动""变""斗"看成宇宙真理,看成大本大源,既是自己的宇宙观,也是自己的人生观,是把人生观和宇宙观打通,使人生观获得宇宙真理的品质,并且把运动、变化、斗争视为他生命的第一需要。

在此基础上,毛泽东又提出了"贵我"的道德律。就是把获得大本大源的个人或自我看成宇宙真理的人格化,给以充分的尊重和自信:"个人有无上之价值,百般之价值依个人而存,使无个人(或个体)则无宇宙,故谓个人之价值大于宇宙之价值可也。"这是对自我的道德价值肯定——相信自我价值和宇宙真理一样甚至更伟大,但更是对自我的道德要求——要求自我成为大本大源的豪杰之人:"人类之目的在实现自我而已,实现自我者,即充分发达吾身体及精神之能力至于最高之谓。"[28]这意味,毛泽东要求自我成为宇宙天地间的豪杰之人,成为最强者,不受任何压抑地展现自由的自我:

吾人欲自尽其性自完其心,自有最宝贵之道德律。世界固有人有物,然皆因我而有,我眼一闭,固不见物也,故客观之道德律亦系主观之道德律。且即使世界上有我一人,亦不能因无损于人而不尽吾之性、完吾之心,仍必尽之完之。此等处非以为人也,乃以为己也。[29]

李泽厚认为:"贵我,勇斗,'与天奋斗,其乐无穷!与地奋斗,其乐无穷!与人奋斗,其乐无穷!'以不断地运动、顽强奋斗、克服'抵抗'、实现自我为人性快乐,是青年毛泽东的思想和行为的主要特征。"[30]为了实现自我,毛泽东对人提出了一系列很具体的道德要求,如立志、修身,开阔视野、了解民情、磨炼意志、锻炼身体、强健体魄、奋发学习、不考虑不谈论低级趣味之事,甚至拒绝结婚,等等。

于是,毛泽东就全身心地投入变革现实的事业之中,李泽厚称之为"通今"的经验理性。通俗言之,就是立足当下,从我做起,从今天做起,建功立业,把理想变成现实,在现实的功业中使自我充分实现。"以往之事,追悔何益?未来之事,预测何益?求其可据,惟在目前……使为学而不重现在,则人寿几何,日月迈矣……重现在有两要义,一贵我(求己不责人),二通今,如读史必重近世,以其与我有关也。"[31]李泽厚具体分析:

但要能使理想变为事实,却必重视经验,重视实际,重视行动。毛在《讲堂录》中,便记下了"古者为学,重在行事","不行架空之事,不谈过高之理",强调亲身经历,"闭户求学,其学无用,欲从天下国家万事万物而学之"。……但更重要的是……不能从书本中,而必须从实际经验中,去解甲通乙,由此及彼,以达到所谓"知觉类化"。这个"知觉类化"就是指达到某种经验的理性认知。[32]

以上,就是李泽厚对青年毛泽东大本大源求索的基本探讨。

李泽厚总结说:"青年毛泽东的上述思想,似乎可以明显看出,第一,西方传来的个人主义被中国原有的英雄主义思想在传统儒学的'立志''修身'、作'圣贤'的外罩下融化了。第二,重劳动、信仰,立组织、讲刻苦的下层社会的观念、情感、习俗，与上层社会的文化修养、知识学问、高雅趣味融合在一起了。中国上下层社会均保持的传统的实用（实践）理性精神，在这里展现得非常清楚。青年毛泽东思想特色，正是那一时期上下古今的某种混合物。"[33] 李泽厚的观察深度不在于发现青年毛泽东接受了西方思想的影响，如唯意志论、新康德主义之类，而在于发现青年毛泽东从根本上依然是接受了中华传统文化影响，西方文化是暗合了中华文化传统才被毛泽东接纳。毛泽东的贵我，对个人主义的推崇，不是指向狭隘的自私自利人格，而是指向心忧天下的豪圣人格。可以说，毛泽东是在个人主义的名义下张扬集体主义精神，这是和儒家传统一脉相通的。这也是说，毛泽东后来走向革命，根本的思想资源还是中国思想文化传统。其意味在于，毛泽东不是盲目地接受西方文化，而是带着传统文化的底蕴，并且带着自己的独立思考，进行选择性、改造性的吸纳。

不能说西方个人主义对毛泽东完全没有启迪，也不能说西方个人主义只是话语表述上与儒学传统不一样。西方个人主义把个人对社会对他人的奉献看成是个人价值的自我实现，是自利的行为，除了自我满足外，不追求社会或他人的回报包括感恩之类，与儒学文化的"善有善报、恶有恶报"观念还是不同。儒学特别是中国民间把道德坚守看成利益的交换，行善义者至少要回收社会和他人的感恩，西方个人主义则认为，如果奉献期待回报或感恩，这就不再是道德行为而是一种交易行为了。从这个意义上看，毛泽东坚持个人对社会的奉献是自我价值的实现，是自我满足的需要，无须回报感恩，在道德境界上比传统儒学还是要高一个层次。

青年毛泽东对大本大源的求索与他走向革命密切相关。后来他接受了人民创造历史的马克思主义历史观，话语表达中不再提个人主义，而称"群众是真正的英雄",一再表示要虚心地当人民群众的小学生。在革命实践中,他要求所有的中国共产党人都具有大无畏的英雄主义精神,敢于担当,敢于牺牲,无私奉献,从而使革命充满崇高的道德主义品质。此外还要看到,投入革命就是"通今"意识的具体表现,因为革命就是把握当下,不尚空谈,切切实实地将理想化为现实。而革命就是运动,就是变化,就是斗争,和毛泽东推崇"动""变""斗"高度契合。尤其是毛泽东的斗争精神之强烈和坚定,有目共睹。这种斗争精神中包含着对人的主观能动性的高度自信,毛泽东特别推崇人的主观意志或说主观能动性对改造社会的巨大作用,以至于演绎出"人定胜天"的口号,这都要追溯到他对大本大源的求索。总之,青年毛泽东对大本大源求索的思想成果,为他投入革命奠定了重要的思想基础。

考察毛泽东对大本大源的求索效果,还要多角度地看。简单地认定毛泽东求索大本大源形成的思想收获完全是指向革命未必确当。事实上,毛泽东走向革命还是有过犹豫的,他并不认为革命是变革社会的首选和最佳道路,依据他的主观愿望,他更倾向于不流血的,比较温和、渐进的变革社会途径。这也是我们理解毛泽东的重要侧面。

在青年毛泽东的文稿中,我们发现他对1916年湖南人驱逐都督汤芗铭一事非常不满,这种态度不仅与当时湖南的主流舆论相悖,也和后来历史学家的主流说法相左。主流说法认为,汤芗铭主政湖南期间,政治上保守反动,社会建设上毫无建树,正义不彰,生灵涂炭,是湖南的黑暗时期,对于汤芗铭的驱逐,是顺历史潮流、顺社会民心的大快人心事。而毛泽东在给萧子升的信中却如是说:

汤在此三年，以严刑峻法为治，一洗从前鸱张暴戾之气，而镇静辑睦之，秩序整肃，几复承平之旧。其治军也，严而有纪，虽袁氏厄之，而能暗计扩张，及于独立，数在万五千以外，用能内固省城，外御岳鄂，旁顾各县，而属之镇守使者不与焉，非甚明干，能至是乎？任张树勋警察长，长沙一埠，道不拾遗，鸡犬无惊，市政之饬，冠于各省。询之武汉来者，皆言不及湖南百一也。南北军兴，湘为斗场，省城波浪迭兴，当春夏之交，危险万状，而能镇定不挠……党人憎之，憎其媚袁也，然汤曷尝媚袁哉？汤之见猜于袁，非一日矣……其杀人万数千也，亦政策之不得已耳。彼江宁冯氏之杀人，比此谁多少？……此次出逃……（他）有兵万余而不战，惧糜烂也；有财而不取，惧遗患也（湘人宣布罪状，谓其卷款数百万，恐未必然）。要之，汤可告无罪于天下，可告无罪于湘人，其去湘也，湘之大不幸也。[34]

毛泽东还在信中数落了汤芗铭去湘后湖南的一片乱象。我们不想讨论毛泽东是否误判，只想说，毛泽东是以社会的稳定来研判政局好坏的，毛泽东是不喜欢天下大乱的。对于社会变革，他倾向于请愿之类的"呼声革命""无血革命"，不看好"张起大扰乱,行那没效果的'炸弹革命''有血革命'"。[35] 有趣的是，直到1919年五四运动以后，他在《湘江评论》发表《民众的大联合》一文声援五四运动，宣传俄国十月革命，还比较马克思主义和无政府主义，声称无政府主义的社会变革更温和，意义也"更深远"：

联合以后的行动，有一派很激烈的……这一派的首领，是一个生在德国的，叫马克思。一派是较为温和的，不想急于见效，先从平民的了解入手。人人要有互助的道德和自愿工作。贵族资本家，只要他回心向善能够工作，能够助人而不害人，也不必杀他。这派人的意思更广，更深远……这派的首领，为一个生于俄国的，叫做克鲁泡特金。[36]

可见，毛泽东深知暴力革命是有破坏性的，不到万不得已，他并不主张暴力革命。一些研究者简单地认为，毛泽东崇尚斗争，崇尚暴力。细细分析，毛泽东崇尚斗争不假，但斗争有和平斗争和暴力斗争两种形态，工团斗争、议会斗争包括请愿、示威、罢工等和武装暴力斗争还是有本质区别的。毛泽东一度信奉无政府主义，组织过互助村社，还参加过湖南独立运动，被一些学者理解为毛泽东出于权力欲而显示出地方独立主义姿态，尤其是湖南独立，从大一统的传统文化视角看，这就是分裂中国的极端行动。其实，当时毛泽东信奉无政府主义，鼓吹湖南独立，走的是一条偏安的社会改革路径，他想在中国创造一个世外桃源的小局面，虽然是空想，却表明他在社会改革路径上的温和性，意在规避暴力冲突引发的社会大动乱。深入考察会发现，毛泽东更注重文化理想，或者说他对文化理想的追求比对政治理想的追求更为痴迷。后来他走向暴力革命，既有思想转变的原因，也有"逼上梁山"的原因，而且他非常强调他走向革命是被"逼上梁山"，这是很意味深长的。

我们还要看到，毛泽东在同时代的湖南青年中，思想成熟度和个人感召力都是出类拔萃的，这就决定了他在朋友圈具有领袖地位，所以毛泽东的思想也就不难为朋友圈所接受，成为一种群体共识。这就意味着，毛泽东其实是一个新青年群体的符号——新民学会的诞生和发展就是生动证明。

新民学会

1915年，是新民学会的酝酿之年。

该年5月7日，日本政府强迫袁世凯政府接受了耻辱的"二十一条"。同日，22岁的毛泽东写道："五月七日，民国奇耻。何以报仇，在我学子！"该年9月15日，陈独秀创办了《青年杂志》（后改名《新青年》），在杨昌济的推荐下，毛泽东、蔡和森、萧子升、罗学瓒等弟子成为《新青年》的忠实读者。

9月，长沙城内各中学校门口出现了一张《征友启事》，以《诗经》中的"嘤其鸣矣，求其友声"为引寻求友人。要求对象是砥砺品行、关心家国、志向高远的青年，落款是"二十八画生"。一时间长沙学界起了波澜，人们猜测纷纷，其中也包括桃色想象，认为召友者以这样的方式"搞对象"，实在有伤风化。这个"二十八画生"就是毛泽东，其名字笔画共二十八画，故名。这是青年毛泽东许多怪异出格的表现之一，其他还有端坐闹市看书以练定力，寒冬腊月洗冷水澡以练体魄，等等，他因此得了个外号——"毛奇"。

按毛泽东说，这次召友效果并不理想，只有"三个半"青年响应。一是小他一岁的学兄陈昌，二是比毛泽东小半岁的同班同学罗学瓒，三是当时19岁的长郡中学学生罗章龙。那"半个"也是长郡中学的学生，叫李立三，才16岁。李立三这样回忆他和毛泽东那段交集：

我们都听说在长沙有一个叫毛泽东的"怪人"，都想去看看他。就在八月十五日中秋节那天，我和中学的一个姓邓的同学相约一起去看毛主席。在第一师范的宿舍和自修室都没有找到他，我们找到教室去，看见他坐在讲台上，正聚精会神地在看书。主席比我大，看他好像一个大先生的样子，思想上有些拘束，加上原来在印象中他是一个"怪人"，就没有敢同他谈话。我假装着去看墙上贴的课程表，有意悄悄地从他的背后走过去，看见他正在看《宋史》。我从他身后走过去了，他才发现我，就起身下了讲台向我走来，可是我没有与他讲话就很快走开了。后来，在与主席相处的日子里，闲谈中提起这段往事，主席说，"原来是你呀！当时我跟你讲话，你没有回答。"我记得没有听到他与我说话。主席还说："那次征友活动，只交了三个朋友，现在加上你。当时我们没有对话，只见了一面，那就算半个朋友吧！"[37]

其实这次召友还有三位青年响应。一是陈昌的同学也是毛泽东的学兄萧子升，与毛泽东同岁。二是蔡和森，毛泽东的同级同学（后转学），比毛泽东小两岁。三是邹彝鼎，毛泽东的同级同学，小毛泽东一岁。这六位响应者包括李立三，除了萧子升后来与毛泽东分道扬镳、邹彝鼎早逝，其他全都是中共建党时的党员，并且是中共高级领导干部。

可见，毛泽东的《征友启事》已经把立志报国干大事的青年感召过来了。响应者虽少，却都是青年精英。不过，新民学会的组织在两年半以后才正式成立，因此这两年半时间，只能说是学会的酝酿期。在此期间，这支队伍不断扩大，成员之间主要是思想交流、感情交流、性格交流，检测彼此是否能够最终成为同志。毛泽东这样回忆：

他们没有时间谈情说爱，认为时局如此危急，求知的需要是如此迫切，没有时间去谈论女人或私人问题……在这种年龄的男青年的生活中，议论女性的姿色通常占有重要的位置，可是我的同伴们不但不这样做,而且连日常生活中的普通事情也拒绝谈论。记得有一次我到一位青年的家里去,他对我说起要买些肉,而且当我的面把他佣人叫来,同佣人谈买肉的事,然后吩咐他去买。我感到恼火,以后再也不同这个家伙见面了。我的朋友们和我只乐于谈论大事——人的性质,人类社会的性质,中国的性质,世界,宇宙![38]

他们交流的方式主要有:第一,通过聚会交流思想、知识和志向。岳麓山、湘江畔、校园街巷,乃至假期到农村进行浪漫的游学考察,三湘大地都留下了他们的足迹。第二,交换学习笔记、私人日记,走进彼此的内心世界。比如罗学瓒就和毛泽东交换日记看,毛泽东看毕惊喜地说:"真知己也!"罗学瓒日记还记载:"余借毛君泽东手录《西洋伦理学史》七本,自旧历六月底阅起,于今日阅毕。"可以说,交换学习笔记和日记成为他们重要的思想沟通方式。第三,以游泳特别是冬泳这种特殊方式锻炼体魄、磨炼意志的同时,加强彼此的认同感和组织聚集力。张昆弟、罗学瓒等人的日记中都有多处记载,效果可谓独特又神奇。比如罗学瓒的几则记载:

今日往水陆洲头洇泳,人多言北风过大,天气太冷。余等全然不顾,下水亦不觉冷,上岸亦不见病。坚固皮肤,增进血液,扩充肺腑,增加力气,不得不谓运动中最有益者。

余前数日,因浴冷水,致身痛头昏。休养数日,少饮食,多运动,今日已痊愈。复与毛君泽东等往河干洗擦身体一番,大好快畅。[39]

精神极文明,体魄极野蛮,谓之半兽主义,盖体魄不极野蛮,则精神无以极文明,可见西人之重体育矣![40]

不难发现，罗学瓒的这些文字，很像毛泽东的口吻。如毛泽东便说过："欲文明其精神，先自野蛮其体魄，则文明之精神随之。"我们可以感受到，在体育锻炼中，这帮青年精英更走近了毛泽东，逐渐形成了一个志同道合的群体。

这又要说杨昌济的作用了。他作为这些青年精英的精神领袖，巧妙地将西方的个人主义、自由主义和人权主义与中国儒学尤其是王夫之的思想嫁接在一起，依然具有儒学的话语形态，只是剔除了儒学为皇权服务的国家主义功能。改造后的儒学，成为摧毁专制国家体制的思想武器，深深地影响了他的弟子，使弟子们有了使命感和个人自信，他们越来越强烈地意识到，担当天下就必须有相应的组织。

1917年冬天，新民学会的成立提上议事日程。

同年11月7日，俄国十月革命爆发。十天后，长沙《大公报》报道了这一震惊世界的消息，但这似乎并没引起毛泽东青年群体的关注。此时，他们的全部激情都投入到了新民学会的筹建之中。谁也没有想到，这个即将诞生的青年社团，几年之后，一半成员都走上了十月革命之路。

毛泽东、萧子升、蔡和森、邹彝鼎是学会的核心策划人。毛泽东提出要将"经纶天地之大经，立天下之大本"的理想追求以及向政党发展的意向写入会章，得到蔡和森赞同，却遭到萧子升反对。萧子升说，我不反对学会向政党方向发展，但现在能够做的就写，不能做的就不写，现在是学术团体，限于学术研究，修养道德，改良人心风俗。学会最终采纳萧子升的意见确定了学会性质。萧子升的思想主要是无政府主义，主张个人自由，但不赞成以激烈方式变革社会，他担心暴烈方式会形成对人的一种新控制。萧子升当选为学会总干事，毛泽东、陈书农为干事。按照萧子升提议，学会名字叫"新民"，来源于"大学之道，在新民"。他们还确定了吸收会员的标准：品格好，志向好，学问好，确有向上的要求才能入会。还制定了学会纪律：不虚伪，不懒惰，不浪费，不赌博，不狎妓等。毛泽东后来总结，学会以杨昌济的学生为主体，"与闻杨怀中先生的绪论，作成一种奋斗的和向上的人生观，新民学会乃从此产生了"。[41]

1918年4月14日，新民学会在长沙岳麓山刘家台子蔡和森家——"沩痴寄庐"正式成立。

"萧子升、萧三、何叔衡、陈赞周、毛泽东、邹鼎丞、张芝圃（张昆弟）、蔡林彬（蔡和森）、邹蕴真、陈书农、周明谛、叶兆桢、罗章龙等到会。"[42]

除罗章龙外，会员全部是第一师范的校友，且是杨昌济的弟子，年龄最大的是何叔衡，时年42岁。何叔衡有点不好意思，自己和这么些年轻人在一起，是否合适？大家一致说，只要志同道合，不问年龄界限。何叔衡高兴地说："好，我年老志不老，和大家一起，我也年轻了。"

此时正是草长莺飞的春季，舍外菜畦纵横，竹篱环绕，风和日丽，一片葱茏。罗章龙诗兴大发：

济济新民会，风云一代英。
沩痴盟众士，溁水泛流觥。
佳气郁衡麓，春风拂郡城。
庄严公约在，掷地作金声。[43]

春日湘江聆听着诗歌北去，又一页历史篇章被悄然掀开……

新民学会成立后仅两个月，即1918年6月，第一师范第六、七、八、九、十班170名学生毕业，毛泽东、罗学瓒、张昆弟、邹彝鼎、周世钊等新民学会核心成员亦在其列。此外，罗章龙、蔡和森、李维汉等也准备离开长沙。刚刚成立的新民学会如何稳定发展是一个很大考验。此时，已经受聘到北京大学任教的杨昌济来信，告知了留法勤工俭学的消息，建议毛泽东等学生赴法继续学习，进一步开拓视野，新民学会的骨干团队也可以保持稳定并继续发展。杨昌济的提议得到了新民学会会员的热烈响应。

于是，整整一年，毛泽东、蔡和森、萧子升等都投入发动组织新民学会会员和其他青年学生赴法勤工俭学的活动中。也就是在此期间，毛泽东奔波于北京、上海等地，还在北大图书馆短期任管理员，结识了久仰的李大钊、陈独秀等中国早期马克思主义者，初步阅读了一些马克思主义的宣传小册子。蔡和森、罗章龙等人也一样，大家感到很受启迪，思想产生了新变化。

作为《新青年》的忠实读者，接受马克思主义宣传是很自然的。有些意外的是，毛泽东本来也打算赴法国勤工俭学，但在送走罗学瓒、萧子升、蔡和森等几批赴法勤工俭学的朋友后，却改变主意，留了下来。他后来对斯诺解释说："我觉得我对自己的国家了解得还不够，把我的时间花在中国更有益处。"[44]许多研究者还提出了别的解释，比如，毛泽东母亲病了，他放不下心；此时他正在和杨开慧谈恋爱；他很傲气，不觉得外国的月亮更圆；他对外语学习吃不准；他这时知道了十月革命，想去俄国学习；等等。也许都有道理，但是他觉得自己的作为在中国，必须吃透中国，这是最主要的道理。因此，后来的革命中，他成为革命阵营中最了解中国国情的领袖。他的胜利，也就在于从国情出发，不搞教条主义。

如果从革命分工看，一部分人去国外取经，一部分人立足国内的经验总结，这是个双管齐下的好设计。事实也证明，当时中国赴法勤工俭学的群体中，涌现了大批中国共产党的优秀领导人，对中国革命的贡献可谓十分重大。新民学会发动组织的湖南赴法勤工俭学运动，是其中一道亮丽的风景线。统计显示，从1919年3月第一批中国赴法勤工俭学群体到1921年2月最后一批赴法勤工俭学群体，前后共有18省1600多人，其中四川378人，排名第一，湖南346人，排名第二；全国留法女生60人，湖南40人，排名第一。新民学会78名会员中，赴法勤工俭学19人，占当时会员总数的四分之一。后来加入中国共产党的有12人，其中女党员有3人，都是中共的杰出分子。

1919年4月，毛泽东在上海送走罗学瓒、萧子升这一批赴法勤工俭学人员后回到湖南不久，五四运动就爆发了。反帝反封建的风暴如火如荼，马克思主义以及十月革命的经验也随之在中国加速传播，激进的革命有些突然地成为时代的主旋律，这和毛泽东主张的"无血革命"颇有差异，不知道毛泽东心中是否有些波澜。史料显示，毛泽东显然是转变了思想，接受了以新理念为主导的激进革命改变中国的新模式。

1919年5月23日，北京学生代表邓中夏等来到湖南，发动湖南响应北京的五四学生运动。邓中夏也是湖南人，在湖南高等师范读书时亦为杨昌济的学生，还是蔡和森的同学，与毛泽东也相识。他1917年考入北京大学，在李大钊影响下接受了马克思主义，成为五四运动中的学生领袖之一。毛泽东在为勤工俭学活动奔走时，在北京与邓中夏进一步交往，彼此更加投契。

毛泽东热情地接待了邓中夏，以新民学会的力量联系湖南学界积极响应北京的五四运动，湖南学联因此成立，商专的学生彭璜担任会长（彭璜后来也加入新民学会，成为毛泽东亲密的战斗伙伴）。湖南的五四运动由学生发动，不仅得到了教育界的声援，还得到工人、商人、市民的响应，罢课、罢市、抵制日货等活动风起云涌。在运动中，毛泽东又创办了《湘江评论》，号召民众大联合，新民学会的队伍也进一步壮大。周南女中的一批女师生也加入学会，李思安、向警予、蔡畅、周敦祥、魏璧、劳君展、陶毅、贺延祜等均在其列，她们中的大多数都成为中国妇女解放运动代表人物或社会名流。不用说，毛泽东在湖南五四运动中得到了很好的历练，社会威望大大提高，也成为湖南学界的领袖人物。更重要的是，毛泽东本人的思想也在运动中走向激进，他自己也承认："我对政治的兴趣越来越大，思想也越来越激进。"[45]浩浩荡荡的运动对于心灵激情的唤起是不言而喻的……

激进的革命遭到了官方镇压。湖南都督兼省长、皖系军阀张敬尧举起了屠刀，全面"围剿"湖南的五四运动。于是，湖南五四运动的斗争矛头又指向了张敬尧。主政湖南三年，张敬尧在政治上施加高压，在经济上搜刮民财，早已天怒人怨，驱张运动掀起了高潮。毛泽东和新民学会又成为驱张运动的发动者。毛泽东及新民学会和各界人士联合起来，组织请愿团上京给北洋政府施压，要求严办张敬尧。有学者如是评论："'驱张'运动，实质上是新民学会发动、组织、领导的，是通过湖南学生联合会、省教职员联合会内的新民学会会员去实现的。"[46]驱张运动终于取得胜利。在湖南各界的强大压力下，张敬尧黯然离开湖南。毛泽东的政治斗争经验进一步丰富，政治斗争的热情也进一步高涨。更值得一提的是，驱张运动中他第二次去北京，在此期间，他更多地了解了马克思主义和俄国革命的有关信息。

张敬尧离去后，湖南向何处去，又成为悬念。

此时湖南出现了政治真空，各派政治势力都想占据湖南。以谭延闿、赵恒惕为代表的湘籍军政实力派便提出了"湖南自治"的口号，声称要建立"湖南共和国"，推行湖南宪政，实现湖南人管理湖南的政治局面。这个主张当然出于湘籍实力派的政治野心，但也和长期以来湖南处于各派军阀争斗之地，尤其是处于南北政治集团搏杀的拉锯战场，人民苦不堪言有很大关系——人心思定，又无力改变中国大局，自然希望有一个独立自治的小局面。毛泽东赞同湖南自治，而且带领新民学会积极参与其中。他和彭璜，以及湖湘名流朱剑凡、章士钊、傅熊湘等组成湖南改造促进会，提出了"废督裁兵，实现民治"的政治纲领。毛泽东对斯诺这样表白："当时新民学会有一个争取湖南'独立'的纲领，所谓独立，实际上是指自治。我们的团体对于北洋政府感到厌恶。认为湖南如果和北京脱离关系，就可以更加迅速地实现现代化，所以鼓动同北京分离。当时我是美国的'门罗主义'和'门户开放'的坚决拥护者。"[47]毛泽东的湖南自治，强调比较彻底的"民治""民权"，至少在某些形式上与俄国革命的人民权力主张接近了，结果就和军阀实力派发生了冲突，没有权力只有思想的毛泽东们自然受到镇压。毛泽东这段话就格外重要：

我还记得1920年的一个插曲，那年新民学会组织了一次示威游行，庆祝俄国十月革命三周年。这次示威游行遭到警察镇压。有些示威者试图在会场上升起红旗，但是遭到警察的禁止。示威者们当即指出，根据（当时的）宪法第十二条，人民有集会、结社和言论自由的权利，警察不听，并且回答说，他们不是来听宪法课，而是来执行省长赵恒惕的命令的。在这以后，我越来越相信只有通过群众的行动确立起来的群众政治权力，才能保证有力的改革的实现。[48]

种种迹象表明，激进的革命方式越来越得到毛泽东的认同。那新民学会的未来，是按照既定方针坚持温和的"无血革命"，还是走向激进的革命？这不仅是毛泽东本人要思考的问题，也是新民学会所有会员都要思考的问题。

道路的选择使新民学会出现了大分化，决定了学会的最终命运。
首先是毛泽东的思想转型：

一九二〇年冬天，我第一次从政治上把工人们组织了起来，在这项工作中马克思主义理论和俄国革命史的影响开始对我起指导作用。我第二次到北京期间，读了许多关于俄国所发生的事情的文章。我热切地搜寻当时所能找到的极少数共产主义文献的中文本。有三本书特别深刻地铭记在我的心中，使我树立起对马克思主义的信仰。我接受马克思主义，认为它是对历史的正确解释，以后，一直没有动摇过。这三本书是：陈望道译的《共产党宣言》，这是用中文出版第一本马克思主义的书；考茨基著的《阶级斗争》，以及柯卡普著的《社会主义史》。到了一九二〇年夏天，我已经在理论上和某种程度的行动上，成为一个马克思主义者，而且从此我也自认为是一个马克思主义者了。[49]

毛泽东向马克思主义转型，新民学会怎么办？是跟着毛泽东走吗？这是严峻的考问。还要顺便一说，毛泽东说的1920年冬天，他第一次从政治上把工人们组织起来了,应该是指那次庆祝十月革命三周年的示威游行,此次游行有两万市民参加,其中包括了工人。毛泽东正式对工人群体进行政治宣传,应该是在他建党后去安源的时候。

其次是蔡和森的思想转型。

蔡和森(1895—1931),湖南双峰人,字润寰,出身小官吏家庭。蔡和森之母葛健豪的父亲是湘军名将葛承霖,叔父是曾国潢的女婿,本人是教师。她可谓少有的女中英杰,年过五旬还和儿子蔡和森、女儿蔡畅一起赴法勤工俭学,儿女辈中有四个中共中央委员。这种家世背景,给了蔡和森不甘凡庸的底蕴。1913年他先就读湖南第一师范,次年与毛泽东同学并成为密友。后又跳班就读湖南高等师范,与邓中夏同学亦为密友。毛泽东和邓中夏相识,就是他介绍的。

新民学会群体中,蔡和森和毛泽东在思想上是最接近的。学会筹建时,毛泽东就有向政党发展的意向,并得到蔡和森的支持,后因萧子升反对而作罢。蔡和森的口头表达能力一般,但写作能力不在毛泽东之下,接触马克思主义也比毛泽东要早,态度也更为主动。早在1918年8月21日,他给毛泽东写信说:"近来俄之列宁颇能行之,弟愿则而效之。"[50]到了法国后,他全力投入到对马克思主义著作和十月革命经验的研读中,"猛看猛译",成为当时新民学会中对马克思主义了解最丰富的人,也成为新民学会中最早信奉马克思主义的人。有学者认为,蔡和森接受马克思主义比毛泽东要早,理论水平也更高。萧三更是赞叹有加地说:"蔡和森的理论造诣远在我们之上。"对此,我们要辩证地看。蔡和森是在纯文本的条件下,从纯理论角度迅速接受马克思主义的,而毛泽东则是在实践中,面临各种现实诱惑和困惑走向马克思主义的。也就是说,毛泽东接受马克思主义更有经验的实证性,虽然求索时间比蔡和森长,但更为扎实。后来蔡和森参加革命，犯过主观主义、激进主义的错误，受到党内处分，就是理论脱离实际的原因。

1920年夏天，萧三等会员也来到法国勤工俭学，带来了毛泽东等会员在国内活动的信息，也带来了毛泽东对于学会发展的新想法——"改造中国与世界"，旨在把学会从纯学术研究团体转向社会变革团体，从书斋走向社会。于是，新民学会会员最集中的蒙达尔纪小城就成为聚会地，在法国的新民学会会员和李富春等部分勤工俭学励进会会员约20人在此讨论新民学会的未来走向。

聚会中，蔡和森不仅赞同"改造中国与世界"的提法，还明确而激烈地强调要信奉马克思主义，走俄国人的路去改造中国与世界。他主张，首先要在中国成立共产党，然后展开阶级斗争，实现无产阶级专政，创建共产主义社会，最终消灭阶级和国家。他还指出，用温和方式革命是一厢情愿，没有哪个统治阶级会自动退出历史舞台，以教育救国固然也是一种手段，但不知道哪年哪月才能统一人心，也不可取。现场展开了热烈讨论，萧子升提出明确的反对意见，他认为，改造世界的革命方式是多样的，最好的方式是温和的革命，他倾向于无政府、无强权的蒲鲁东式的革命，不认为马克思主义的暴烈革命方式是有效的，甚至认为是危险的。李维汉对萧子升的观点表示赞同，向警予则完全站在丈夫蔡和森一边，其他人员各有说法，或商榷，或迟疑，但大多数人倾向蔡和森。最后决定，将大家的意见反馈回国内。蒙达尼会议后，蔡和森继续和萧子升辩论，并直接写信给毛泽东，建议立即展开建党活动。萧子升对此不满，认为蔡和森太急躁，不稳重，甚至有些小动作。

此时，国内的毛泽东已经在陈独秀、李大钊等人的影响下，开始转向马克思主义道路了，甚至可以说他已经在进行建党准备了。蔡和森的表态无疑加速了他的转向进程，也坚定了他的态度。蔡和森毕竟是和他友谊最深、思想最投契的朋友，对毛泽东的影响不可低估。

随后，毛泽东又在1921年的元旦，召开了湖南新民学会会员新年大会，再次讨论学会的发展方向问题。其实，毛泽东这时已经确定了自己今后要走的道路，召开这次会议，主要是确认哪些会员可以跟着自己走下去、哪些会员只能分道扬镳了。

在1921年那个大雪纷飞的元旦，新民学会走完了自己将近三年的历程。史料显示，新民学会会员总数78人，其中第一师范校友43人，占会员总数的55%，加入中共和社会主义青年团的会员47人，占会员总数的60%。其中，在中共任高级领导干部的16人。在五四期间涌现的中国进步社团中，新民学会为中共的创立做了思想和干部方面的准备。即使是未加入中共的会员，他们也都成了教育救国、实业救国、科学救国的优秀人物。他们对中华民族的贡献彪炳史册。

从湘江小火轮到南湖红船

还是要回到1921年那个大雪纷飞的元旦。

新民学会在湘会员的新年会议在长沙文化书社召开。该书社是毛泽东、彭璜、易礼容等会员联合诸多社会贤达资助，于1920年8月创办，以宣传新文化、传播进步书籍为特色。在新年会议召开时，它已经成为湖南共产主义早期组织的秘密联络点。对此，大部分会员是不知道的。

新年会议召开了三天。尽管大雪纷飞，天寒地冻，长沙城一片银装素裹，但是18位会员还是踏着积雪来到书社，兴致盎然地讨论学会向何处去。毛泽东首先传达了法国蒙达尼会议上的主要观点，一是基本赞同"改造中国与世界"的新方向。二是有两种道路选择：第一条路是走十月革命之路，组建共产党。第二条路是倾向无政府、无强权的蒲鲁东式的温和革命，以教育、工学主义为主要手段。随后大家展开热烈讨论。会议纪要显示，毛泽东、彭璜、何叔衡、陈子博、陈昌、易礼容、陶斯咏、贺延祜等15人赞同"改造中国与世界"的主张。对于最敏感的布尔什维克的过激主义，有毛泽东、彭璜、何叔衡、陈子博、陈昌、易礼容、陶斯咏、钟楚生、陈启民、贺延祜、张泉山、易阅灰12人赞同。其余就是一些分散的个人主张和打算了。此时，毛泽东、彭璜、何叔衡已经在筹建共产主义早期组织，心里自然很高兴，看来会员大部分会跟随他们走向激进的革命。不过他们也清楚，在会员中很有威望的萧子升不在场，否则未必是这种局面。何叔衡有一个说法，如果萧子升在，他可能认同萧子升，要是萧子升不在，他肯定认同毛泽东。

果然，两个月后，萧子升从法国归来，情况起了大变化。他和毛泽东发生了激烈冲突，这场冲突不仅导致两人分道扬镳，还导致了国内的新民学会会员出现了一半对一半的大分化。

萧子升（1894—1976），湖南湘乡人，又名萧瑜，字旭东。出身名门世家，曾祖父当过曾国藩的家庭教师，祖父投笔从戎跟随左宗棠西征，父亲萧岳英是当地知名的教育家。他和弟弟萧子暲（萧三）都是第一师范的高才生，也都是新民学会会员。早在家乡湘乡东山高等小学堂读书时，他就和毛泽东相识，但当时高傲的他没有和毛泽东来往，其弟弟萧三与毛泽东交往密切，后来在第一师范读书时发现毛泽东的文章写得好，他才和毛泽东成为朋友。萧子升比毛泽东高三届，同校一年多，毕业后在楚怡小学任教。在第一师范时，他和毛泽东、蔡和森是杨昌济最得意的三个弟子,号称"湘江三友"。要以知识全面论,他更要高毛泽东一筹。他还有才子名声,书法好,可以左右手开弓,甚至用嘴含着笔写的字不逊于手书。所以,新民学会总干事非他莫属,他要修改毛泽东对新民学会的定位,毛泽东也妥协了。在学校时,毛泽东几乎和他形影不离,毕业后两人同在长沙,却书信来往频密,毛泽东形容:"相违咫尺数日,情若千里三秋。"1917年,两人在假期扮成乞丐,流浪六个县的浪漫之举,成为两人友谊的佳话。后来萧子升把这段经历写成了书,风行世界。他和毛泽东的友谊,因此具有很高的美学品质。

正因为此,后来萧子升与毛泽东分道扬镳,格外令人遗憾。不仅世人遗憾,两个当事人更加遗憾。

其实,萧子升和毛泽东在人生的大目标上并不冲突。与毛泽东争论时,他说:"你为什么说我是资产阶级分子,如果说我不赞成共产主义,那我只是反对俄罗斯的共产主义而已。你也知道我很赞成共产主义原则,我相信社会主义亦应渐渐变为共产主义。"他们的冲突是在道路选择上。萧子升是个自由主义者,倾向于无政府、无强权的温和革命,具体而言就是教育救世。对于萧子升的这些观点,毛泽东很长一段时间是接受的,只是在接受了马克思主义后不再认同。毛泽东说,他对萧子升的主张,"在真埋上是赞成的,但在事实上认为做不到。罗素在长沙演说,意与子升及和笙同,主张共产主义,但反对劳农专政……我对于罗素的主张,有两句评语:就是'理论上说得通,事实上做不到'"。为什么?就是因为资本家、地主有政权,他们不会允许利益被大众分享,所以非要以暴力的革命来实现不可。毛泽东还承认:"我看俄国式的革命,是无可如何的山穷水尽诸路走不通了的一个变计,并不是有更好的方法弃而不采,单要采这个恐怖的方法。"[51]可见,毛泽东是从现实的可能性立论的,尤其是他承认,暴力革命并不是变革社会的最佳之选,而是"山穷水尽诸路走不通了的一个变计",应该是很中肯的。

萧子升也尖锐地提出了两个反问:

第一问题是自由和共产主义的关系问题。我说我完全同意共产主义的原则,但俄式共产主义却使人民失去了自由。

毛泽东十分明白我的意思,但他毫不犹豫地回答说:

"搞移植共产主义并不表明人民没有自由呀。"

我们讨论的第二个问题是个人和国家的关系问题。我认为,在共产主义制度下,国家的权力太大了。而个人微不足道。毛泽东用笼统的语言说公众需要受法律的保护,个人应该服从国家,如果必要的话,他必须为国家的利益作出牺牲。[52]

显然,萧子升对毛泽东的解释并不信服,当时的毛泽东也确实很难解释得让萧子升信服。萧子升的问题,要在革命者夺取政权后才会凸显。他的两个问题实际是一个问题,就是国家和个人的关系问题,更具体地说,就是国家如何保证个人的自由和权益问题,是通过国家代替个人做出选择还是个人自主地做出选择呢?这个问题,至今都是一个世界性的政治难题,要解决还是要依靠不断的政治实践。毛泽东当时没有说服萧子升也就不奇怪了。从萧子升方面看,他也有偏执之处,他太理想主义地看问题了,一定要有一个完美的答案才进行实践,事实上是不可能的,革命和所有事物的发展一样,都是在发展中逐渐成熟的。

就这样,一对情同手足的朋友在激烈的辩论中分手了。

中共建党前，湖南就建立了共产党早期组织，即长沙共产党早期组织：

长沙共产党早期组织是在毛泽东的筹划下建立的，是在新民学会核心成员的基础上形成的，是应陈独秀建党计划之约、在蔡和森的鼓励等因素下促成的，是在五四运动、驱张运动、湖南自治运动、马克思主义与工人运动结合过程中逐步认识而产生的。新民学会孕育了长沙的共产党早期组织，是"建党先声"。但新民学会并非"党的前身"。长沙共产党早期成员不全是新民学会核心成员，新民学会会员的信仰也不完全一致。[53]

长沙的中共早期组织成立于1920年11月底，据李达和张国焘回忆，至中共一大前有近10人，现在可以确认的有毛泽东、彭璜、何叔衡、易礼容、陈子博、彭平之、贺民范共7人，除贺民范外，其他人均是新民学会会员。以下简要介绍一下毛泽东之外的6人。

彭璜（1896—1921），湖南湘乡人，湖南商业专科学校学生。1919年6月，任湖南省学联会长，同时加入新民学会，与毛泽东共同投入五四运动，继而投入驱张运动和湖南自治运动。1920年，与毛泽东等一起在上海拜访共产国际代表维经斯基，受到十月革命的启发，接受了马克思主义，并和毛泽东一道接受陈独秀的委托，在湖南建党，成为和毛泽东并肩战斗的亲密战友。1921年，因精神失常而失踪。

何叔衡（1876—1935），湖南宁乡人。1902年中秀才，在乡教书，1913年考入第一师范和毛泽东等同学，属忘年交。毕业后任楚怡学校主任教师。积极投入五四运动，继而投入驱张运动和湖南自治运动，颇有长者风，以稳健著称。与毛泽东共同接受马克思主义，共同建党，为一大代表，中共创始人之一。后在苏区任中华苏维埃临时最高法庭主席等职，红军长征后，留在江西根据地坚持斗争，1935年在突围战斗中牺牲。

易礼容（1898—1997），湖南湘乡人，湖南省立商业专门学校学生，五四运动期间任湖南学联评议部长，参与领导湖南五四运动、驱张运动。参与创办文化书社，任经理，1920年加入中国社会主义青年团，次年春加入中共湖南早期组织，后任中共湖南临时省委书记，第五届中共中央委员等职，1928年脱党。1949年9月出席中国人民政治协商会议第一届全体会议。后任多届全国政协委员、常委等职。1997年去世，享年99岁。

陈子博（1892—1924），湖南湘乡人，湘乡驻省中学学生。五四运动中参加省学联工作，发行《湘江评论》时，与毛泽东建立了亲密友谊。曾领导长沙纺织、缝纫工人罢工。1923年，刺杀赵恒惕被追杀，跳入粪池躲藏，中毒后病亡。

彭平之（1900—？），湖南湘乡人，湘乡驻省中学学生。积极参加五四运动、驱张运动、湖南自治运动。任省学联干事部会计。还参与文化书社、俄罗斯研究会工作。土地革命时期在江西苏区牺牲。

贺民范（1866—1950），湖南邵东人。1907年赴日本留学期间参加了同盟会，结识了陈独秀，并接触到日本人翻译的马克思主义著作，很感兴趣。辛亥革命后，曾任岳州等地县令。1918年后，军阀混战，他辞职在乡，大量地阅读了马克思主义书籍，非常认同，并和陈独秀取得了联系，经陈独秀介绍，又和毛泽东等人相识，在思想上颇为投合。他任船山学社社长，有社会贤达的身份，对于毛泽东们的支持力度不小，毛泽东创办文化书社，他给予资助，还提供了船山书社的场地。毛泽东等人创办的俄罗斯研究会，他更是深度参与其间，成为名义上的负责人。也就是这些活动，使他成为中共早期组织的成员。最令人关注的是，经他介绍，发展了刘少奇为社会主义青年团团员，还介绍了刘少奇、任弼时、萧劲光、罗亦农等人去上海外国语学社学习，这批人后来留学苏联，都成为中共的骨干党员。中共建党后，他又出任湖南自修大学校长，该校被认为是中共的第一所干部学校。可见，贺民范在湖南早期共产党人中，还是很活跃、贡献也较大的人物。贺民范加入共产党时已经50多岁，在中共早期成员中，是年龄最长者。有趣的是，湖南人中像贺民范这样的高龄共产党人还有何叔衡、林伯渠、谢觉哉、徐特立等人，这在全国也是罕见的现象，从一个侧面说明，湖南人思想活跃、斗志旺盛的特点是很突出的。1922年后，贺民范逐渐淡出中共组织活动，作为社会贤达，主要从事教育，但是在思想上还是认同马克思主义的，与共产党人保持着密切接触。1928年，他因为支持湖南农民运动，被国民党当局逮捕，判刑2年4个月。次年12月获释。出狱后从事教育。1950年去世，享年84岁。

史料还显示，中共早期组织有八支力量：北京早期组织、上海早期组织、武汉早期组织、长沙早期组织、广州早期组织、济南早期组织、旅法早期组织、旅日早期组织。按成员数量排序：北京（16人）、上海（14人）、武汉（8人）、长沙（7人）、广州（4人）、旅法（4人）、济南（3人）、旅日（2人）。这么一看，湖南早期党组织成员数位列全国第四。按照成员籍贯看，湖南党员人数最多：

湖南（20人）、湖北（11人）、浙江（8人）、广东（5人）、河北（4人）、山东（4人）、安徽（1人）、江苏（1人）、江西（1人）、山西（1人）、贵州（1人）、四川（1人）

湘籍中共早期党员名单如下：

毛泽东、彭　璜、何叔衡、易礼容、陈子博、贺民范、李　达
李　季、林伯渠、李启汉、李　中、邓中夏、何孟雄、缪伯英
罗章龙、李梅羹、朱务善、吴雨铭、陈公培、周佛海

以上还不包括蔡和森、向警予、罗学瓒、李立三、蔡畅、李维汉、萧三等在法国勤工俭学的新民学会群体。早在1920年，蔡和森等人就在思想上接受了马克思主义，也在进行建党工作，只是因为和法国当局发生冲突等原因，没有圆满完成。他们回国后，立即在中共建党的当年或稍后转入中国共产党。这批湖南共产党人后来大多成了中央领导人，毛泽东就不用说了，其他如李达、罗章龙、罗亦农、李立三、邓中夏、蔡和森、向警予、蔡畅，还有后来的任弼时、刘少奇、彭德怀直到胡耀邦包括王震等，均走上了中共中央领导岗位。

这说明，有着湖湘文化血性尤其是有着辉煌革命传统的湖南新一代青年，对于革命有着近乎天性的亲和力，他们无论在家乡还是异乡，都会本能地拥抱革命且成为革命骄子。

民国在成立后16年里，都是北洋政府执政，推行宪政模式。成效怎样呢？我们看到的是，这16年，中国一直是南北两大政治集团对峙，国家先后组成了三届国会，颁布了三部宪法，有过十多位国家元首，内阁总理更迭42届，多达50余人，最短的两届仅6天，袁世凯称帝、张勋复辟、曹锟贿选等等政治风波和丑闻此起彼伏，奉系、皖系、直系、晋系、桂系、湘系、粤系、黔系、滇系、川系、西北系等等军阀多如牛毛，各路军阀的战火一直没有平息，生灵涂炭不言而喻，至于在国

际上丧权辱国的羞耻就更不用说了。试问，谁愿意在这样的国家里心安理得做国民呢？但凡有家国情怀者，谁不想改变这种乱局呢？其实，革命只要有足够的社会激愤就可能爆发，这或许并非本质却是最直观的历史必然。

中国共产党就是在这种普遍的社会激愤下诞生的。

1921年6月底，毛泽东与何叔衡代表长沙的共产党人向上海出发了，他们去参加中共第一次全国代表大会。他与何叔衡在6月29日下午6点，从长沙小西门码头，登上了开往上海的小火轮。

中共一大会议地点是上海法租界里一座别致的石库门建筑——同盟会元老、南社社员李书城的家宅（即贝勒路树德里三号，现兴业路76号）。李书城是国民党要员，当过孙中山的护国军司令。其弟李汉俊是中共一大代表，他对弟弟的革命活动很是支持。会议是7月23日召开的，大会正式代表12位：上海代表李达、李汉俊，北京代表张国焘、刘仁静，长沙代表毛泽东、何叔衡，武汉代表董必武、陈潭秋，济南代表王尽美、邓恩铭，广州代表陈公博，旅日代表周佛海。会议原定由陈独秀主持，但他因公务繁忙在广州不能抽身，特指派包惠僧与会，与会的还有共产国际代表马林和尼克尔斯基。一大代表的年龄，最年长的是何叔衡，45岁；最年轻的是刘仁静，才19岁；15位到会者平均年龄28岁，可以说中共是一个典型的青年政党。这一年，毛泽东恰好28岁。

从学历看，到会者都是师范生以上的知识分子，从当时50多人的中共全体党员看，也全都是知识分子。从他们的学历不难想见，他们的阶级出身不可能是穷苦的无产阶级或穷人家庭。我们可以追问，这些衣食无忧的富家子，为什么毅然向自己所依附的阶级宣战，选择了充满风险、需要流血牺牲的革命呢？

《毛泽东传（1893～1976）》对毛泽东参加一大的情况这样记载：

七月二十三日正式开会，最后一天（三十一日）改在浙江嘉兴南湖的一条游船上进行。大家推举张国焘主持会议，毛泽东和周佛海做记录。会议正式确定党的名称为中国共产党，并通过了党纲，选举陈独秀、张国焘、李达组成中央局，陈独秀为书记。关于党成立后的中心任务，会议确定要组织工会，领导工人运动。

毛泽东除担任记录外，只作过一次发言，介绍长沙共产主义小组的情况。的确，毛泽东有着许多实际活动经验，但他不像在座的李汉俊、刘仁静、李达等精通外文，饱读马克思著作。共产党的第一次会议上，不少人常常引经据典，涉及许多理论问题。毛泽东给与会者留下的印象是老成持重，沉默寡言，"很少发言，但他十分注意听取别人的发言"。他很注意思考和消化同志们的意见，常在住的屋子里"走走想想，搔首寻思"，乃至"同志们经过窗前向他打交道的时候，他都不曾看到，有些同志不能体谅，反而说他是个'书呆子''神经质'"。[54]

可以感觉到，毛泽东在会议上并不活跃兴奋，甚至有些被冷落。想想也不奇怪，到会的代表中他学历最低，没走出过国门，对马列经典的阅读更逊色于他人，加上一口韶山土话，迅速地融入这个群体是有些困难的。这不禁使人联想到他在北大任图书管理员的一段经历："由于我的职位低下，人们都不愿意同我来往。我的职责中有一项是登记来图书馆读报的人的姓名，可是他们大多数都不把我当人看待。在那些来看报的人当中，我认出了一些新文化运动的著名领导者的名字，如傅斯年、罗家伦等等。我对他们抱有强烈的兴趣。我曾经试图同他们交谈政治和文化问题，可是他们都是些大忙人，没有时间听一个图书馆助理员讲南方土话。"[55]特里尔则认为，毛泽东不修边幅，穿着有些土气，举止也不够儒雅，给一些代表的印象不甚佳。特里尔还说："特别使毛泽东垂头丧气的是，会议桌上表达的观点同他自己的基本思想不合拍。"[56]

从后来的历史看，在中国革命的道路选择上，毛泽东确实和当时的党内领导人有较大思想分歧，很长一段时间，他的主张不被重视，甚至受到压制，个人也受到打击。他的姿态是，一方面在实践中继续求索，进一步确认完善自己的思想主张，并展开了执着而灵活的思想斗争；另一方面则是坚定地站在南湖启航的红船上，不离不弃，和同志们同舟共济，终于成为红船的舵手——这就是毛泽东的人生道路所折射出的中共历史。

从湘江走向南湖，湖南新一代英杰儿女们走上了红船。

○ 引文注释

[1][2][56]（美）罗斯·特里尔：《毛泽东传》，中国人民大学出版社2010年版，第4、4、68页。

[3]中央文献研究室科研部图书馆编：《毛泽东人生纪实》上，凤凰出版社2011年版，第4页。

[4]毛泽东思想生平研究会、韶山毛泽东同志纪念馆编：《毛泽东文物图集：1893—1949》上，湘潭大学出版社2014年版，第4—5页。

[5][7][11][12][15]张素华、张鸣主编：《领袖毛泽东：自述历程》第一卷，中央文献出版社2003年版，第16、12、13、14、31、37页。

[6]王政主编：《红色足迹》，西北大学出版社2001年版，第233页。

[8]中央文献研究室科研部图书馆编:《毛泽东人生纪实》上,凤凰出版社2011年版,第6页。

[9]中央文献研究室第一编研部、军事科学院军事战略研究部、中国人民革命军事博物馆编著:《历史巨人毛泽东画传》第1卷,中央文献出版社2013年版,第3页。

[10](美)埃德加·斯诺:《红星照耀中国》,长江文艺出版社、湖南人民出版社2020年版,第91页。

[13]李捷、于俊道主编:《实录毛泽东》1,北京联合出版公司2018年版,第19页。

[14]吴晓梅编著:《倾听毛泽东》,广东人民出版社1998年版,第28—29页。

[16]刘艳华:《辛亥革命》,北京时代华文书局2016年版,第168页。

[17][19](美)裴士锋:《湖南人与现代中国》,黄中宪译,社会科学文献出版社2015年版,第186、188页。

[18]杨昌济:《杨昌济集》(一),湖南教育出版社2008年版,第253页。

[20]景海峰、赵东明:《诠释学与儒家思想》,东方出版中心2015年版,第221页。

[21]莫志斌:《青年毛泽东思想研究》,湖南师范大学出版社2003年版,第299页。

[22]周树辉:《毛泽东的苏联观》,湖南大学出版社2017年版,第8—9页。

[23][24]陈晋主编:《毛泽东的文化性格》,中央民族大学出版社2004年版,第15、18—19页。

[25][26]孙进:《毛泽东平等思想研究》,西安电子科技大学出版社2017年版,第47、363页。

[27][34][35]中央文献研究室、中共湖南省委《毛泽东早期文稿》编辑组编:《毛泽东早期文稿(1912.6—1920.11)》,湖南出版社1990年版,第69、43—44、293—294页。

[28]章海山:《马克思主义伦理思想发展的历程》,上海人民出版社1991年版,第467—468页。

[29]金羽、王兴国:《毛泽东:走向马克思主义》,浙江人民出版社1993年版,第182页。

[30][31][32][33]李泽厚:《中国现代思想史论》,生活·读书·新知

三联书店 2008 年版，第 131、142、142、146—147 页。

［36］陈桂香：《早期中国共产党人马克思主义观研究》，山东大学出版社 2012 年版，第 190 页。

［37］李思慎、刘之昆：《李立三之谜——一个忠诚革命者的曲折人生》，人民出版社 2005 年版，第 23 页。

［38］［45］［48］［49］［55］张素华、张鸣主编：《领袖毛泽东：自述历程》第一卷，中央文献出版社 2003 年版，第 35、176、46、46—47、39—40 页。

［39］李丽：《毛泽东和他的同学们》，团结出版社 2017 年版，第 151 页。

［40］李佑新主编：《伟大的民族英雄：毛泽东与抗日战争》，湘潭大学出版社 2015 年版，第 21 页。

［41］［42］中央文献研究室编：《毛泽东年谱》第一册，中共文献出版社 2023 年版，第 34 页。

［43］龚国基：《毛泽东与中国现代诗人》，中央文献出版社 2014 年版，第 367 页。

［44］马玉卿、张万禄：《纪念毛泽东逝世十周年》，陕西人民出版社 1986 年版，第 192 页。

［46］中共湖南省委党史研究室、新民学会成立会旧址管理处编：《风华正茂的岁月：新民学会纪实》，湖南人民出版社 2008 年版，第 90 页。

［47］（美）埃德加·斯诺：《西行漫记》，董乐山译，中国人民解放军战士出版社 1979 年版，第 130 页。

［50］蔡和森：《蔡和森文集》上，湖南人民出版社 1979 年版，第 16 页。

［51］中共湖南省委党史研究室、新民学会成立会旧址管理处编：《风华正茂的岁月：新民学会纪实》，湖南人民出版社 2008 年版，第 195、169、170 页。

［52］冯文彬主编：《毛泽东与青年》，辽宁人民出版社 1992 年版，第 206 页。

［53］中共湖南省委党史研究院著：《中国共产党湖南历史·第一卷（1921—1949）》（上册），中共党史出版社 2021 年版，第 63 页。

［54］中央文献研究室编：《毛泽东传（1893～1949）》，中央文献出版社 2011 年版，第 80 页。

第四章

毛泽东与中国革命道路（上）

革命信仰和革命组织确立之后，革命成功便取决于正确的革命道路。

中国革命的正确道路是全体中国共产党人艰难求索的硕果。但不可否认的是，毛泽东起了关键作用，这也是毛泽东对中国革命最大的贡献。只有理解了毛泽东对中国革命道路的探索和创立，才能从思想理论上更深刻地理解"湖南为什么这样红"。

从工运到农运

1927年1月27日,农历小年,天寒地冻,毛泽东来到了醴陵。

他的同乡兼同学、时任中共醴陵县委书记的罗学瓒带着中共醴陵各方面的负责人在火车站迎接。此时湖南已是北伐军的天下,中共活动已经半公开化,但大家还另有社会身份,比如罗学瓒的公开身份就是渌江中学教员。由于国共合作,中共党员以个人名义加入国民党,活动时也不公然打中共牌子,往往以国民党的身份示人,比如毛泽东此次来醴陵,就是以国民党中央委员的身份。有趣的是,晚上开会时,大家把窗帘放下,在屋里挂上马克思和列宁的像以及党旗,散会后再通通撤去。这是那个时代一道奇异的风景。

毛泽东下榻在先农坛中共醴陵县委和农协办公地的罗学瓒居室。此后7天,罗学瓒组织各方面会议,介绍醴陵的农民运动情况,包括举行了两万余人的农民大会,这让毛泽东充分感受到了醴陵农运取得的成效。毛泽东得知,醴陵全县323个乡都成立了有合法身份的农会,全县60万人口,农会会员已达10万人。这个数字,是按一户登记一人计算的;如果按一户平均四口人计算,则全县农民2/3都发动了起来。罗学瓒是毛泽东的湘潭老乡,又是一师的同学,二人均为新民学会会员。可以说,罗学瓒是追随毛泽东走上革命之路的。他不仅给毛泽东介绍情况,还谈了自己搞农运的心得,给毛泽东的启发多多。

那个除夕守岁之夜,毛泽东是和罗学瓒以及农会负责人孙小山等一起过的。革命者的节日注定和革命相伴,他们彻夜谈论着农民运动,谈论着革命的未来。初三,毛泽东和罗学瓒、孙小山等挥手告别,满载收获离开了醴陵。

这是毛泽东革命生涯中一次非常重要的事件——历时32天的湖

南农民运动考察。考察地点是湘潭、湘乡、衡山、醴陵、长沙,行程700余公里。后来,他将这次考察形成了《湖南农民运动考察报告》,这是毛泽东在探索中国特色革命道路过程中具有里程碑性质的著述。

中共的革命从1921年启动,此时已届7年,最初的斗争方式主要是工人运动。从香港海员大罢工到京汉铁路工人大罢工,其间全国大小罢工百余起,参加人数约30万人。这个阶段大约两年。在这一时期,中国掀起过轰轰烈烈的工运高潮,毛泽东也在领导安源煤矿工人罢工运动中建立了最早的革命履历和业绩。但二七大罢工被军阀吴佩孚血腥镇压下去的事实证明,中国的工人阶级总数仅200万人,即使觉悟高、立场坚定、全部发动,力量还是远远不够,将革命成功的希望寄予工人运动,至少当时在中国很不现实。

走工运的革命道路,在思想上是来自经典的马列主义文本,在组织上是来自共产国际的指令。中共成立的次年就成了第三国际的一个支部,行动上必须听从共产国际的指挥。对于刚成立的中共而言,根本没有革命道路的选择权。当然,对于当时的中共而言,也未必有选择的主见和能力,信赖和依赖共产国际是必然结果。

鉴于工运进入低潮,共产国际也意识到,中国革命走依靠中共独立发动工运为主的道路很不现实,便改弦更张,提出了国共合作的设想。共产国际作为桥梁,协调国民党和共产党合作,共同完成中国资产阶级民主革命的目标。应该承认共产国际还是有丰富斗争经验的,它对中国民主革命的目标设计得比较现实,具体说来就是"打倒列强除军阀"。就完成这个目标而言,国民党不仅有实力,也是其心愿所在,但对于当时不到200个党员的中共而言则有点力不从心。共产国际很自信,认为只要承诺给国民党相应的支持,国民党完全能接纳国共合作设想,具体方式就是共产党人以个人名义加入国民党,在国民党的旗帜下完成民主革命的目标。果然，在共产国际承诺给国民党以实际支持的情况下，孙中山接受了共产国际的意见。"联俄、联共、扶助农工"的三大政策脱颖而出。

对于国共合作，当时陈独秀、张国焘、李达等中共很多领导人都表示反对，认为国共是两股道上跑的车，走的不是一条道，中共党员加入国民党有损中共的纯洁性，等等。共产国际的几番说服，令中共态度有所转变，但步伐还是不大。共产国际直接给中共中央下达了命令：

共产国际给中国共产党中央委员会的命令[1]

（1922年7月18日）

中国共产党中央委员会接短笺后，应据共产国际主席团7月18日决定，立即将驻地迁往广州并与菲力浦同志密切配合进行党的一切工作。

共产国际远东支部

维经斯基（吴廷康）

命令中提到的菲力浦同志就是提出国共合作方案的共产国际执行委员马林。这条命令是直接用英文打印在马林的丝绸衬衣上，由马林穿着带到中国，向中共领导人传达的。结果众所周知，陈独秀、李大钊、蔡和森、张国焘、张太雷这些中央领导人都加入了国民党，湖南省的负责人毛泽东也不例外。值得说一句的是，毛泽东是赞同共产国际意见的，他不觉得加入国民党有损中共的纯洁性。

幼年时的中共处境的确有些尴尬，理论水平、斗争经验都不够，斗争经费更要依靠共产国际支持。通俗地说，共产国际是出学费，师傅带徒弟，手把手地教中共干革命，要说自主选择中国革命道路，未免有些为难这些年轻的中共革命者。何况，共产国际积累了丰富的国际共运经验，还有十月革命的成功案例，中共有什么理由怀疑共产国际决策的正确性呢？

国共合作的大革命成效还是非常显著的，北伐摧枯拉朽就是证明。

至1927年初，北伐军要讨伐的中国三大军阀中的吴佩孚和孙传芳倒台，奉系军阀张作霖也惶惶不可终日，打倒列强除军阀、统一中国的革命目标实现在望，这也是中共二大制定的革命最低纲领。但是，就在大革命凯歌高奏的1927年，新的问题也来临了，同样按照中共二大的纲领，中国革命的目标是反帝反封，那么，消灭军阀、建立统一独立的民族国家，就意味着反帝反封的目标完美实现了吗？这是共产国际和中共都要解答的新问题。于是，一个此前被忽略的问题就凸显了出来，这个问题就是农民在中国革命中的地位问题。

不是说此前中共对农民没有关注，邓中夏、蔡和森、彭湃、瞿秋白等都关注过农民问题。也不是说此前没有农民革命运动的先例：浙江萧山衙前镇在1921年下半年就出现了共产党人建立的农民组织；1922年，共产党人彭湃就在家乡海丰成立了秘密农会；在大革命初期，广东的农民运动一度闻名全国；1923年，湖南衡山白果地区的岳北农会成为湖南农运的先声。包括国民党，也在民生主义的口号下关注过农民运动，甚至比中共更早，但这也仅是作为改善农民处境的一种福利性承诺，并没有指望农民对革命有多大的贡献。至于此时中共的革命蓝图设计中，农民只是革命的一部分，只是无产阶级团结联合的对象之一，就革命实践而言，对农民的发动力度以及农民对革命的参与程度一直处于疲软状态。

随着北伐节节胜利，湖南出现了空前的新变。在湖南基层共产党人的发动下，湖南农民运动风起云涌，农会如雨后春笋般涌现，1927年1月，农会会员猛增到200多万人，这个数字是按照一户仅登记一人计算的，实际农会可动员的群众达到1000万人，大约占了湖南农民总数的一半。湖南一下子成了中国农民运动的中心区，以前没有过的种种农民革命的新风景出现了，并深深地震撼了全社会。一时间，无论是党内还是党外，均出现了"好得很"和"糟得很"两种截然相反的意见。就是在这样的背景下，毛泽东进行了湖南农民运动的考察。他要回答的不仅仅是"好得很"或者"糟得很"的问题，更重要的是，他要回答在中国革命的整个进程中，农民是什么性质、处于什么地位、发挥什么作用，中国革命的道路是否因为农民而重新定位的问题。

尽管毛泽东是农民的儿子，在农村待了16年，做起基本农活来也算里手，但他并不是中共最早关注农民问题的人。1923年，恽代英给毛泽东写信，建议他关注一下农村。据张国焘回忆，也是在1923年的中共三大会议上，毛泽东提出了一个新问题——农民运动，农民运动的提出"是这个农家子弟对于中共极大的贡献"。"湖南工人数量很少，国民党党员和共产党员更少，可是满山遍野都是农民。因而他得出结论：任何革命，农民问题都是最重要的。他还证以中国历代的造反和革命，每次都是以农民暴动为主力。中国国民党在广东有基础，无非是农民组成的军队，如果中共也注重农民运动，把农民发动起来，也不难形成像广东这类的局面。"[2] 但按照毛泽东自述，他对农民真正认真关注，是五卅惨案之后：

以前我没有充分认识农村里阶级斗争的程度，但是，在一九二五年"五卅"惨案以后，以及在继之而起的政治运动的巨浪中，湖南农民变得非常有战斗性。我离开了我在休养的家，发动了一个把农村组织起来的运动。几个月内，我们就组织了二十多个农民协会，这激起了地主的愤怒。他们要求把我抓起来。赵恒惕派军队来逮捕我，于是我逃到广州。[3]

毛泽东说的事情发生在1924年底到1925年9月他回家乡养病期间，他在家乡才发现农村的阶级矛盾是很尖锐的。他更深刻地感受到广大农民的贫苦现状，也发现了贫苦农民对于改变贫苦现状的革命有着强烈渴望。于是，毛泽东主动开始了农民运动的实践，发动家乡农民为改变贫苦命运而斗争。家乡的土豪劣绅惊恐不安，遂向军阀政府告状，把毛泽东赶出了韶山。

赵恒惕抓毛泽东，只是想赶走有着国民党中央执行委员身份的毛泽东，没想对毛泽东下杀手。若干年后，赵恒惕在台湾有些懊悔地说，我当时要是知道后来他能颠覆国民党的江山，就不会放跑他了。大多数的传记文本都记载，毛泽东离开韶山去了长沙，准备从长沙去广州。离开长沙前，他去了湘江之畔，悠然地故地重游，回忆起了自己风华正茂的学生时代，写下了《沁园春·长沙》：

独立寒秋，湘江北去，橘子洲头。
看万山红遍，层林尽染；漫江碧透，百舸争流。
鹰击长空，鱼翔浅底，万类霜天竞自由。
怅寥廓，问苍茫大地，谁主沉浮？

携来百侣曾游，忆往昔峥嵘岁月稠。
恰同学少年，风华正茂；
书生意气，挥斥方遒。

指点江山，激扬文字，粪土当年万户侯。

曾记否，到中流击水，浪遏飞舟？[4]

从这首词中，我们可以感受到他对同学少年时代的怀念以及壮志凌云的抱负，却很难判断，经历了家乡这半年农运，他对中国革命道路有了哪些突破性认知，但是这半年的农运实践，确实在很大程度上改变了毛泽东。至少有两个重要经验蕴含在这次农运中，第一，干革命的目的是改变劳苦大众的命运，就中国而言，最主要的就是改变占人口百分之九十以上的贫苦农民的命运，解放农民是革命天职所在；第二，中国农民数量远远多于工人，农民和工人相比几乎就是大海和浪花之比，中国农民是革命必须依靠的主要力量所在。

1925年，毛泽东发表的《中国社会各阶级的分析》显示，他果然悟出了其中的道理。1951年在编撰《毛泽东选集》时，他将《中国社会各阶级的分析》放在了第一卷开篇，并亲自写下题注："此文是反对当时党内存在着的两种倾向而写的。当时党内的第一种倾向，以陈独秀为代表，只注意同国民党合作，忘记了农民，这是右倾机会主义。第二种倾向，以张国焘为代表，只注意工人运动，同样忘记了农民，这是'左'倾机会主义。这两种机会主义都感觉自己力量不足，而不知道到何处去寻找力量，到何处去取得广大的同盟军。"[5]

毛泽东郑重断定，中国无产阶级的最广大和最忠实的同盟军是农民。这就意味着，中国革命必须走无产阶级和广大农民建立紧密同盟的道路。这是中国共产党人独立求索中国革命道路得出的第一个重大结论。这个结论进一步发展则是"农民是中国革命主力军"的思想。此外还要看到，当毛泽东独立求索中国革命道路时，立即遭到了党内领导层或右或左的思想和权力的打压，使他独立探索中国革命道路满是坎坷。其实,毛泽东的结论并不深奥,他是凭借调查研究做出判断的。但遗憾的是,这一正确判断,却因当时的中共领导人陈独秀、张国焘等人被教条主义的观念捆住,而没有得到认可和重视。

毛泽东自1925年9月回到广州后,就将主要精力转向了对农民问题的思考。在接替彭湃主持了广州农民运动讲习所后,他对农民问题的思考更加深入。随着对农民革命的日益重视,毛泽东在思想上也和陈独秀逐渐分道扬镳,直到在《湖南农民运动考察报告》中,毛泽东对湖南农民运动的坚定维护,终于激怒了奉行右倾路线的陈独秀。

> 到了一九二七年春天,尽管共产党对农民运动采取不冷不热的态度,而国民党则感到明显的惊慌,湖北、江西、福建,特别是湖南的农民运动表现出一种惊人的战斗精神。高级的官员和军官开始要求镇压农运,他们把农会称作"痞子会",认为农会的行动和要求都过火了。陈独秀已经把我撤出湖南,他激烈地反对我的意见,要我对那里发生的一些事情负责。[6]

陈独秀是一个才华横溢、思想活跃、个性倔强的革命党人。他因新文化运动在中国树立了很高威望,也是毛泽东走向革命的领路人,毛泽东一直对他敬重有加。

陈独秀虽然才华横溢,却是书斋型的思想家和革命家。他擅长在经典条文中汲取革命灵感,他希望中国革命符合马克思主义的经典阐述,成为马克思主义的完美诠释,很少考虑到革命并不是为了诠释某种理论而诞生的,马克思主义应该是革命的思想武器,必须让武器适应革命的实际情况从而发挥其作用。对于国共合作,他先是自以为是地反对,认为他的态度符合马克思主义经典条文的阐释,后来全力投入，也是基于马克思主义的经典条文。他根据马克思主义关于生产关系要和生产力相适应的条文，认为当时中国生产力水平很低下，连资本主义社会都不是，无产阶级革命的条件不成熟，应该先配合国民党完成资产阶级革命，再等待无产阶级革命的时机。对于农民，他更是依据马克思、列宁对农民阶级局限性的分析，认为农民居住条件集中性不够，文化水平低下，思想保守，缺乏远大理想，等等，难以全心全意投入革命。陈独秀认为，干革命就要依靠最优秀的无产阶级，半无产阶级的农民很难承担起革命使命。比方说，干革命要用最精良的飞机大炮干，靠鸟枪梭镖是不行的。但问题是，中国的无产阶级太弱小，到哪去找飞机大炮呢？所以，陈独秀的结论让人感到有些无奈：眼下只能委屈地成全国民党。

于是，在共产国际主张下，陈独秀遵循共产国际的意向，"不敢采取深入开展土地革命、广泛武装工农的果断措施来挽救革命，而是企图把革命限制在汪精卫等允许的范围内，以此来稳定武汉国民党。正如周恩来后来所指出的，所谓北上的中心思想，是想避开湖南、湖北的农民运动。持有这种主张的人，表现了对于人民力量的悲观和对敌人力量的恐惧"[7]。

抽象地从理论逻辑看，陈独秀的思想不能说是无稽之谈，因为按照经典教条，农民占大多数的中国确实缺乏完备的革命条件，无论是资产阶级还是无产阶级的发育都很不健全，太平天国运动和辛亥革命的失败均是明证。但是陈独秀忽略了一点，就算无产阶级革命的诸多条件不成熟，我们就不能发挥主观能动性，从实际出发，实事求是地创造条件，弥补不足或扬长补短，从而有所作为吗？毛泽东的思路正是后者。他就是要通过种种主观努力，改变不利于革命的条件，推动革命。这就是毛泽东和陈独秀们的差异所在，是教条主义者的陈独秀等难以企及的，这也是毛泽东最后成为中国革命领袖的根本原因。事实证明，毛泽东才是真正把握了马克思主义灵魂的思想家和革命家，他懂得什么是必须坚守的马克思主义思想精髓，什么是可以变通处理的书本条文，他真正使马克思的思想种子在遥远的东方大地长成了参天大树。

历史进程表明，避开农民运动的妥协并没有取得预期效果，反而遭到了国民党各派系的全面叛变，以国共合作模式掀起的轰轰烈烈的大革命以国民党对共产党人以及革命群众的血腥大屠杀宣告失败。

时过境迁，回眸那段历史，我们更冷静和理性：

在这场农村革命的大风暴中，湖南不可避免地出现了一些"左"的偏向。如擅自捕人游乡，随意罚款打人，甚至就地枪决，驱逐出境，强迫剪发，砸烂佛像和祖宗牌位，等等，这些做法不但得不到群众支持，反而容易失去群众同情；对谷米的平粜阻禁，以及禁止榨糖酿酒，禁止坐轿，禁止穿长衫等，容易使商人、中农和小手工业者产生反感，一般农民对此也感觉到生活不方便；地主借口谷米阻禁，无法出卖拒交田赋，致使军米收购困难，省政府也不满阻禁办法；少数北伐军官家属也受到冲击，引起了与全省农村有联系的湘籍军官的不满。当然，这些偏向是运动的支流，但不利于巩固和扩大农村联合战线，最大限度地孤立和打击敌人。[8]

但这些农民运动的过火行动并不能改变"中国国民革命是农民革命"的判断。1926年，毛泽东发表了《国民革命与农民运动》一文，明确指出，农民问题乃国民革命的中心问题。因为封建宗法制的根基就在农村，以地主阶级为代表，要靠"农民从乡村奋起打倒"。与工人阶级首先起来进行经济斗争不同,"乡村的农民,则一起来便碰着那土豪劣绅大地主几千年来持以压榨农民的政权(这个地主政权即军阀政权的真正基础),非推翻这个压榨的政权,便不能有农民的地位,这是现时中国农民运动一个最大的特色"[9]。同年11月21日,湘区区委机关报《战士》载文《反农民运动与反革命》说得更明确,农民在国民中占80%以上,是最痛苦、最受压迫的一个阶级。因此,农民最积极、最革命,天生富于反军阀、反帝国主义性,是国民革命的主要动力,因此,农民问题是国民革命的中心问题。细想一下,道理似乎很简单,既然中国革命是反帝反封的革命,就必须冲击封建宗法制,就必须对地主阶级开刀,就必须把农民放在主力军的地位,而中国革命要解放劳苦大众,就天经地义地要解放占中国人口80%以上的广大农民。

这也就意味着,即使农民运动不过火,也只能延缓而不能从根本上避免国共两党的分裂和冲突。对此,国民党内相当多的人心知肚明,早在国共合作刚开始的国民党一大会议结束不到一个月,邓泽如等50多名国民党党员就提出了弹劾共产党议案,被孙中山以个人威望强行压下去了。1925年3月,孙中山去世后,他的继承者没有了顾忌,从"西山会议派"到蒋介石的四一二政变,国民党右派排共和反共动作更是此起彼伏。这些国民党人非常明白,国共之间有着根本的阶级利益冲突,总有一天革命会革到自己头上,与其养虎为患,让共产党"坐大",不如及早除之。这么看来,毛泽东对农民运动的坚定维护,即使某些具体观点也有值得商榷之处,如早期支持农民砸菩萨、毁庙宇,支持农民吃大户等,但就革命反帝反封的大方向,就中国革命必须走以农民革命为中心的道路而言,他是牢牢地把握住了。

在《湖南农民运动考察报告》中，毛泽东除充分肯定湖南农民运动"好得很"之外，还前所未有地把农民运动上升到关系革命成败的关键，上升到革命与反革命的试金石高度："国民革命需要一个大的农村变动。辛亥革命没有这个变动，所以失败了。现在有了这个变动，乃是革命完成的重要因素。一切革命同志都要拥护这个变动，否则他就站到反革命立场上去了。"他更具体地指出："没有贫农，便没有革命。若否认他们，便是否认革命。若打击他们，便是打击革命。"对于革命，他再也不提"无血革命"，而是斩钉截铁地说："革命是暴动，是一个阶级推翻另一个阶级的暴烈的行动。"[10]其激进程度，令人惊诧。

这篇充满火药味和号角味的文章虽然受到陈独秀的压制，但也得到了党内不少同志的响应。1927年3月5日起，中共湖南省委的机关刊物《战士》连续刊登《湖南农民运动考察报告》，随之长江书店出版了单行本。时任中央执行委员、中央局五位核心成员之一的瞿秋白为之作序，称："中国的革命者个个都应该读一读毛泽东这本书，和读彭湃的《海丰农民运动》一样。"[11]他表态，"我赞成毛泽东这篇文章的全部观点"，还称毛泽东和彭湃是"农民运动的王"！

4月12日，瞿秋白为毛泽东写完序的第二天，蒋介石在上海举起屠刀，血腥屠杀共产党人。5月21日，国民党反动军官许克祥发动马日事变，疯狂屠杀共产党人和革命群众。7月15日，汪精卫集团叛变革命，共产党人遭到全国性的大屠杀，6万党员锐减至1万，惨遭屠杀的中共党员达2.6万、革命群众近30万。尤其是马日事变后半个月内，湖南革命群众死难者即过万人。另据统计，从蒋介石叛变至1928年初，以共产党人为主体的全国革命牺牲者总数为29430人，其中湖南牺牲者总数即达两万，占比高达68%，湖南共产党人锐减至

5000人。湖湘儿女为中国革命付出了惨重而英勇的牺牲。

血腥的历史向共产党人发问,革命该向何处去?共产党人的回答就是展开武装斗争,而武装斗争的主力军就是漫山遍野的农民。

霹雳一声暴动

1927年的秋收季节,仅当过半年兵的毛泽东成为一支起义军的领袖。

这支起义军就叫"工农革命军",这次起义就叫"秋收起义"。这是毛泽东军旅生涯的开始。作为起义军领袖,他诗兴盎然,在部队行进中兴致勃勃地填下了《西江月·秋收起义》:

军叫工农革命,旗号镰刀斧头。匡庐一带不停留,要向潇湘直进。地主重重压迫,农民个个同仇。秋收时节暮云愁,霹雳一声暴动。[12]

尽管16年前毛泽东有过半年新军列兵履历,但传闻说他一辈子都不会打枪。传闻难免夸张,但说毛泽东是人类历史上罕见的充满诗情画意的军事统帅,恐怕无人反对。

1927年7月,除了早已叛变的蒋介石集团,武汉的汪精卫集团和西北的冯玉祥集团也先后转向,纷纷"礼送"或者驱逐共产党人,国共全面分裂已成定局,接下来的局面必然是刀兵相见。中共这时才尝到了右倾妥协的苦果——没有自己的武装,只能任人宰割。

在极端危急的情况下,为了挽救革命,1927年7月中旬,刚组成的中共中央政治局临时常委会毅然决定了三件大事:将党所掌握和影响的部队向南昌集中,准备发动武装起义;组织工农运动基础较好的湘、鄂、赣、粤四省农民发动秋收起义；召集中央紧急会议，讨论和决定大革命失败后的新方针。8月1日，在以周恩来为书记的中共中央前敌委员会（简称前委）的领导下，贺龙、叶挺、朱德、刘伯承等率领党所掌握和影响的军队两万多人，举行南昌起义。经过四个多小时激烈战斗，起义军占领了南昌城。根据中共中央的计划，起义军于8月3日陆续撤离南昌，南下广东。这样做是准备同广东东江地区的农民起义军汇合，进军广州，占领整个广东，并夺取出海口，取得共产国际的援助，重新北伐。10月初，起义军在广东潮州、汕头地区失败。保存下来的部队一部分转移到广东海陆丰地区，同当地农军汇合；主要部分在朱德、陈毅率领下，转移到湘南地区，开展游击战争。

南昌起义打响了武装反抗国民党反动派的第一枪，标志着中国共产党独立领导革命战争、创建人民军队和武装夺取政权的开端。自那时起，中国共产党领导下的人民军队，就英勇投身为中国人民求解放、求幸福，为中华民族谋独立、谋复兴的历史洪流，同中国人民和中华民族的命运紧紧连在了一起。

就在南昌起义爆发后的1927年8月7日，中共中央在汉口召开紧急会议，史称八七会议。共产国际代表，中共中央委员10位、候补委员3位等有关代表21人出席，瞿秋白、李维汉为会议主持。毛泽东也出席了该会，在发言中提出了"政权是由枪杆子中取得的"的著名论断，得到了与会者的普遍赞同。会议决定立即发动武装斗争，组织革命暴动，开展土地革命。八七会议还选举了9人组成的中央临时政治局，瞿秋白、李维汉、苏兆征为政治局常委，毛泽东等7人为政治局候补委员，陈独秀被撤销了总书记职务。八七会议前，中共中央临时政治局常委会在决定举行南昌起义时，还决定在工农运动基础较好的湘、鄂、赣、粤四省发动秋收起义。八七会议确定了土地革命和武装反抗国民党反动派的总方针，但如何展开农民革命还是纸上蓝图，没有任何成功经验可借鉴，包括毛泽东自己都是在摸着石头过河。

在南昌起义和秋收起义之前，针对北伐军反动团长许克祥在湖南发动大肆屠杀革命党人的马日事变，湖南共产党人的武装斗争包括发动农民暴动已经展开。在柳直荀等人的领导下，10万工农武装攻打长沙。浏阳4万农军打到了长沙城郊，罗学瓒率领的醴陵、株洲等地的两万农军也一路凯歌打到了易家湾。许克祥惊慌失措，换上便衣准备逃亡。此时，以陈独秀为总书记的中央下达命令——立即停止进攻，要维护国共合作的大局。攻打长沙因而终止，但这却显示了湖南农民运动开展的深入。

秋收起义的筹划大约两个月。毛泽东和新改选的中共湖南省委进行了认真商议和精心策划，达成了以下共识：第一，湖南秋收起义，不再是配合南昌起义，也不再是以广东为中心，而是具有独立性，自成中心。第二，起义军命名为"工农革命军"，第一次鲜明地举起了共产党的旗帜，不再延续南昌起义用国民党左派的旗子"国民革命军"。第三，强调军事斗争的主体地位，将政治上发动民众和军事武装斗争有机结合，强调"枪杆子里面出政权"。第四，更细致地规定了土地革命的政策。第五，革命成功后直接成立工农民主专政的苏维埃政权。第六，取消原定四处开花的暴动，缩小范围，集中力量攻打长沙，以长沙为中心，辐射周边地区。

令人有些意外，毛泽东和湖南省委将这些起义设想汇报给中央时，并没有得到认可，反而受到了许多严厉指责。中央主张起义要以有革命觉悟的工农群众为主体，不同意毛泽东发动愿意革命的职业军队参加起义，说这是单纯的军事冒险主义。还要求起义军继续举国民党的旗，以避免世人说共产党搞分裂。且不同意革命成功后立即建立工农专政的政府和没收整个地主阶级的土地——要逐步来。此外还要求多点暴动，四处开花，以壮大声势。面对中央指示，毛泽东等人反复辩争解释，直到最后都没有得到中央批准。但形势逼人，已经不允许这样无谓地争论下去了，毛泽东及湖南省委毅然决定，按照自己认定的方案办。这也体现了毛泽东的决策能力。此时的毛泽东横下了一条心，只等"霹雳一声暴动"了。

秋收起义期间，毛泽东还把罗哲夫妇调来协助自己。罗哲是罗学瓒的族弟，曾先后就读于湖南高等工业学校、北京中俄大学。他是"三一八"反帝爱国运动的骨干，"三一八"事件中刘和珍被杀害，他也受了伤。伤愈后罗哲来到广州，进入广州农民运动讲习所学习，在毛泽东的介绍下加入中共，成为毛泽东的助手，后又随毛泽东去武汉农讲所任秘书。罗哲的妻子曹云芳是共青团员，在武汉时，他们夫妇与毛泽东、杨开慧夫妇就住在一个院子里，结下了深厚友谊。秋收起义策划期间，罗哲夫妇又住进了毛泽东租住的起义办公地点沈家大屋，由罗哲负责对外联络，曹云芳负责内务，做饭、打扫卫生、放哨等。这段朝夕相处、生死与共的经历，使他们的友谊更加深厚。毛泽东离开沈家大屋参加秋收起义时，把罗哲夫妇留下，并将自己珍藏的两本苏联革命读物、一床白竹布被单、一床灰色绒毯留给了他们。

1928年，罗哲被捕壮烈牺牲，曹云芳逃亡失踪。毛泽东在戎马生涯中一直没有忘记罗哲夫妇，在重庆谈判的时候，他便多方探问曹云芳的下落。新中国成立后，还命令工作人员继续寻找，终于在贵州找到曹云芳。毛泽东两次主动邀请曹云芳来北京做客，还拿出三百元给罗哲修墓，亲笔题写墓碑。并主动提出要安排曹云芳的工作，被曹云芳婉拒。这样的举动在毛泽东生平中是罕见的，除了说明毛泽东对罗哲夫妇的深情厚谊，还显示出秋收起义的岁月对他来说确实是刻骨铭心的。

毛泽东不是神。秋收起义失败了，他自己也差点命丧黄泉。

1927年9月9日，秋收起义爆发。起义军号称工农革命军第一师，分4个团共5000余人（有说6000人）。卢德铭任总指挥，余洒度任师长，此二人都是职业军人，同是黄埔二期学生，北伐后同为叶挺部下，又同为共产党员，战功不菲。参加秋收起义前，卢德铭任国民革命军第二军武昌警卫团团长，余洒度为警卫团副团长。毛泽东发动秋收起义，任用此二人为起义的最高军事指挥，并把他们率领的警卫团作为起义主力，这和中央主张以工农群众为起义主力的指示颇不吻合。但是毛泽东自有主见，他认为起义没有职业军人参加，胜利把握几乎为零，况且卢、余二人是共产党员，应该信赖。不拘一格用人才，这也是毛泽东的风格，"唯书本论"的中央领导人是难以体会的。

作为中共前敌委员会书记，毛泽东跟随农民军组成的三团行动。哪知就在他赶去三团团部的路上被民团抓住，尽管身份并没有完全暴露，但宁可错杀三千也不可放走一个的民团还是决定枪毙这个可疑者。若这般，可是出师未捷身先死啊。

毛泽东曾这样回忆：

我被一些国民党勾结的民团抓到了。那时候，国民党的恐怖达到顶点,数以百计的共产党嫌疑分子被枪毙。那些民团奉命把我押到民团总部去处死。我从一个同志那里借了几十块钱,打算贿赂押送的人释放我……负责的队长却不允许。因此我决定设法逃跑。但是,直到离民团总部大约不到二百米的地方,我才找到机会。我一下子挣脱出来,往田野里跑。

我跑到一个高地,下面是一个水塘,周围长了很高的草,我在那里躲到日落。士兵们在追踪我,还强迫一些农民帮助他们搜寻。有好多次他们走得很近,有一两次我几乎可以用手接触到他们。尽管有五、六次我已经放弃任何希望,认为自己一定会再次被抓住,可是不知怎么地我没有被他们发现。最后,天近黄昏了,他们放弃了搜寻。我马上翻山越岭,彻夜赶路。我没有穿鞋,脚底擦伤得很厉害。[13]

死里逃生后,毛泽东赶到三团所在地铜鼓,立即发动起义。这时,师部和一团还有二团已经分别在修水和安源动手了。战事并不顺利,特别是起义的第三天,起义军主力卢德铭和余洒度带领的部队发生叛变,起义前收编的黔军团长邱国轩率部倒戈相向,起义军猝不及防,损失惨重。卢德铭和余洒度率部撤退,向二团和三团靠拢,起义步骤被严重打乱。而二团和三团在各自的战斗中也严重受挫,被迫撤退,攻打长沙的预想要实现已经十分渺茫。9月19日,起义部队在浏阳文家市集结,人数只剩下1500余人,损失了70%。

当晚,毛泽东在文家市的里仁学校召开前敌委员会会议,讨论下一步作战计划。毛泽东的主张是,放弃攻打长沙,向敌人势力薄弱的山区寻找落脚点,保存实力,再图发展。他还幽默地说,要上山去当山大王。余洒度则主张继续攻打长沙,还声称这是遵守党中央决定,毛泽东的主张是怯战抗命。三团团长苏先俊附和说,革命了半天,却革到山上去当土匪，这叫什么革命？会上爆发了激烈争论。余洒度等人依仗中央指示和手中的军权，态度很强硬，毛泽东并不占上风。这时，三营营长伍中豪拔出手枪，顶住了余洒度脑门："是你领导前委，还是前委领导你？"余洒度的态度这才软了下来。随后，总指挥卢德铭也挺身而出，表态支持毛泽东。毛泽东的主张勉强获得多数人支持通过，余洒度等人愤然离开会场。与此同时，中央也发出命令，敦促毛泽东继续攻打长沙，口吻十分严厉，还要追究"临阵逃脱"之罪。只是因为通讯不畅，命令没及时到达文家市，否则在中央施压下，会出现什么局面就很难说了。

里仁学校始建于清道光年间，是一座墙垣高大、四进两厢的砖木结构古楼，规制颇为宏大。史料记载，此地原为文昌宫，是秀才的读书之所，道光年间浏阳县令胡芝房看中了此地的风水，建议改为书院兴办义学，得到当地乡绅的响应，集资将其扩建成了文华书院。至1909年清末新政，又改为里仁学校，是一个新式完全小学，在浏阳一带很有名气。毛泽东带领起义部队来到文家市，指挥部就设在该校。有趣的是，此时少年胡耀邦和杨勇正在此校读书，他们是姨表兄弟。后来，两人都参加了革命，胡耀邦当上了中共中央总书记，杨勇是解放军的开国上将。不知毛泽东这个夜晚彻夜不眠地在校园里徘徊时，是否碰见过这两位早熟的浏阳少年？史料显示，第二天毛泽东在里仁学校的操坪向全体指战员发表演说时，这两位里仁学子都趴在墙头，认真地聆听。毛泽东带领起义部队到来，使里仁学校成为中国革命史上一个重要的地理坐标。

演讲是毛泽东的政治艺术之一，尤其是对底层大众的演讲，更展现出了他非凡的政治魅力。以9月20日毛泽东在里仁学校操坪面对秋收起义的残存部队发表的演讲为例，许多当事人都回忆说，毛泽东

的讲话不仅一扫起义失败后的沮丧,还增强了队伍对革命前途的信心。有关史料这样记述毛泽东的讲话大意:

> 大革命已经失败,蒋介石、汪精卫、唐生智疯狂屠杀革命同志和工农群众,我们吃了没有抓住枪杆子的亏!现在我们建立工农革命军,举行秋收暴动,给国民党反动派迎头回击。暴动虽然不顺利,部队受到很大挫折,但是算不了什么。常言说,失败乃成功之母,胜败乃兵家常事,只要留得青山在,不怕没柴烧。我们的斗争才刚刚开始,我们的队伍还有一千人枪,这就是一个胜利!蒋介石就像一个大水缸,我们就像一颗小石头,敌大我小,但是我们这块小石头会不断地打他们那个大水缸的,最后的胜利一定属于我们。[14]

这番话很通俗也很简单,有城府的人听了未必心动。但在特定历史条件下,特别是在文化程度较低的质朴战士听来,却是令人热血沸腾的。这番话,绝不能只是理解为鼓动战士的宣传,还可以理解为毛泽东对自己世界观的表达。他的确有百折不挠的斗争意志,他的确相信人的主观能动性可以胜天,他的确认为失败可以转化为胜利,他的确判定弱小的共产党可以战胜强大的国民党。22年后,他说的这番话全部兑现了。

毛泽东在里仁学校操坪发表讲话时,和他发生争执的余洒度等几位军官并不以为然,这就意味着革命队伍中存在着隐患。在此要说一下,还有一位大学生出身的连级军官也听得格外入神。他此前就读过毛泽东的《湖南农民运动考察报告》,很有共鸣,这次起义又亲眼见到"真佛",更是要细细关注一下。听了毛泽东的一番演讲,他感受到毛泽东的强大气场与话语中透露出的坚定信念。

此人就是罗荣桓，衡阳人，1927年4月就读于武昌中山大学时，25岁的他加入了中国共产党。这时蒋介石已经叛变，加入共产党是一个很有风险的人生选择，罗荣桓却坚定不移。随后，武汉的汪精卫集团也叛变了，他被转入地下活动的中共派去湖北通城从事农运。罗荣桓在通城组织了农民自卫军，任自卫军的党代表。在攻打通城县城时遭遇失败，他便率领幸存的百余名农军南下，准备参加南昌起义，可是没有赶上，便加入了武昌警卫团卢德铭部，任特务连党代表，再后来参加了毛泽东领导的秋收起义。此时他入党才四个月。在此提起罗荣桓，不仅仅是因为他参加了秋收起义，还因为他在秋收起义中认识了毛泽东，坚信了毛泽东，此后便跟定了毛泽东，成为毛泽东政治建军的得力助手。

有趣的是，毛泽东的讲话还感动了一个14岁的浏阳娃子，此人就是和表弟胡耀邦一起趴在墙头听毛泽东演说的杨勇。散会后，小杨勇找到罗荣桓，死活要参军。他还告诉罗荣桓，自己是里仁学校的童子军队长，马日事变时跟随浏阳农军攻打过长沙，算是"老革命"了。罗荣桓很喜欢小杨勇，却没有答应杨勇参军的要求。他要杨勇继续读书学本事，将来做一个能当将军的革命军人。他还跟着杨勇去他家里做客。杨勇是1930年参加革命的，后来果然当上了大将军，军衔是上将，抗美援朝时还担任过志愿军的司令员。

秋收起义会师之地文家市，给后人留下了许多难忘的故事，最令人难忘的还是文家市转兵。秋收起义作为一个历史事件，其重点不在于它的过程，也不在于它失败的种种教训，而在于它成为中国革命的一个非常关键的转折点，在于它成为求索中国革命道路的一步大跨越。如果说，湖南农民运动启发毛泽东得出了"中国的革命实质上是农民革命"的结论，从而走上了依靠农民的道路，那么，文家市转兵就意味着毛泽东把农民革命和武装斗争紧密地结合在一起，进一步丰富了中国革命道路的内涵。

在中共八七会议上，全党就建立自己的军队、展开武装斗争达成了共识，但是，建立军队进行武装斗争并非中共的原创，俄国的十月革命已经开创了这一模式，只是被忽略了，中国大革命血的教训唤醒中共根据自身情况探索新的模式。二者不同之处就在于，建立军队进行武装斗争又可以分两种模式：一种是以城市为中心，一种是以农村为中心。按照俄国的经验，采取以城市为中心的模式。南昌起义、广州起义，包括秋收起义以攻打长沙为目标，都是俄国经验的翻版，结果遭遇了失败。文家市转兵的意义就在于，毛泽东在秋收起义的失败中发现了另一条道路——到农村去，建立农村革命根据地，使武装斗争与农民革命、与农村山区水乳交融地结合在一起。

这就叫柳暗花明又一"春"。

不是所有的失败者都能在失败中领悟到另一条生机之路的。失败后锲而不舍，屡败屡战者有之，但失败后遇败知退，败中求胜者不多，毛泽东属于后者。从这个意义上看，秋收起义并没有失败。按毛泽东的话说就是："坏事变成了好事。"按美国记者斯诺夫人海伦·斯诺的话说就是："1927年，毛泽东主义在湖南浏阳县问世。"

1927年9月21日，毛泽东带领秋收起义余部，由义家市出发，沿罗霄山脉南下，向江西萍乡、莲花方向进军，这一带是敌人力量薄弱的农村山区。此时距秋收起义发动仅12天。

我们可以说，秋收起义失败了。又可以说，真正的胜利开始了。

党指挥枪

1927年9月29日，秋收起义余部抵达三湾村。

三湾是江西永新县的一个偏僻山村，地处湘赣边界，只有10余户农家。这里没有敌对的地主武装，国民党军队也被暂时甩掉了，毛泽东决定部队在此地休整。清点人数，部队只剩下不足千人。亦即从文家市南进才8天，行程200余公里，部队伤亡散失近半。回溯这8天，尽管部队采取避战迂回战术，但还是不断遭遇敌军袭扰。总指挥卢德铭就在敌军袭扰中为掩护部队撤退牺牲，年仅23岁。起义军士气遭到重挫，毛泽东也失态地冲着应对失当的三团团长苏先俊怒吼："还我卢德铭来！"卢德铭牺牲后，余洒度就成为队伍中最懂军事的指挥官。他本来就看不起毛泽东，这下更无顾忌，对毛泽东屡屡讥讽相加，一路牢骚满腹。从莲花至永新三湾的路上，毛泽东看天色还早，主张到三湾再宿营，余洒度大为不满地说："老子还算个什么师长，连十里路的指挥权都没有！"这种不满情绪在队伍中蔓延开来，不仅扰乱军心甚至可能引起哗变。有关史著如是记载：

起义军转兵南下以来，一路艰苦战斗，指挥员牺牲，伤员增加；连续行军，长途跋涉，有些人因为怕艰苦不辞而别；疟疾流行，病员增多，一些人掉了队，少数伤病员因缺医短药死在路旁。一些长官还存在打骂士兵的旧军队习气，党组织也不健全。在这支队伍里行进的赖毅回忆说："那时，逃跑变成了公开的事，投机分子竟然互相询问：'你走不走？''你准备往哪儿去？'这真是一次严重的考验。"[15]

以上记载口吻温和克制，据当事人回忆，当时的情况更严重更糟糕。若不及时稳定这支部队，很可能导致士兵作鸟兽散甚至出现哗变的后果。这对毛泽东而言是非常严峻的考验。要是这支部队完了，对革命造成的损失以及个人擅自转兵的责任，都是他难以承受的。自毛泽东停止攻打长沙以来，在长沙城内的共产国际代表马也尔暴跳如雷，声称这是"最可耻的背叛"，是"临阵脱逃"，要严肃追责，并要求湖南省委继续发动长沙暴动。中共中央还派了任弼时赶到长沙做协调工作。尽管任弼时根据实际情况做出了暂缓长沙暴动的处理，但还是改组了湖南省委。可想而知，对于毛泽东的转兵行动，中央和共产国际都是要追究责任的。因此我们有理由相信，毛泽东在进入三湾之前，目睹部队种种情形，就已经在思考对策了。

部队抵达三湾的当晚，毛泽东召开了前委扩大会议，提出了对部队进行改编的方案。第一，部队由一个师缩编为一个团，对于不愿意继续革命的人，每人发五块大洋离队。第二，建立党的各级组织和党代表制度，支部建在连上，班排设党小组，党代表对军事决策有参与权，全军由前委领导。第三，部队内部实行民主制度，连、营、团三级建立士兵委员会，政治上官兵平等，官长不许打骂士兵，取消官长特殊生活待遇，士兵有权就自己的权益发表意见。

三湾改编的核心就是确立"党对军队的绝对领导"。

参加了三湾改编，后来成为毛泽东政治建军得力助手的罗荣桓总结说："三湾改编的重要历史意义，就在于正是从这时开始，确定了党对军队的绝对领导，奠定了新型的革命军队的基础。后来，就是在这个基础上，继续从政治、思想方面肃清旧式军队的残余习气，更加完整地建立和形成了革命军队的组织、制度和作风。毛泽东同志的系统的建军思想，也正是在这个时期通过实践逐步完成的。到红四军第九次党代表大会在古田召开，毛泽东同志建军的一套经验，便基本总结起来，这就成了人民军队的建军原则和光荣传统。"[16]

罗荣桓的总结是时过境迁之后对历史事件高屋建瓴的理性反思。解读历史还有一种观察方法，就是设身处地地去感悟历史，用这种方法会更真切地体会到毛泽东当时决策的智慧、胆魄和自信。用美国传记作家特里尔的话说，"在低潮时大胆行事是毛泽东的作风"[17]。

想想看，当时这支部队不仅人心动荡，还有余洒度等一批军官心怀不满，毛泽东却大胆表态愿者留、不愿者走，他就不怕部队一哄而散吗？更重要的是，他提出党对军队的绝对领导，还推行士兵民主制，对旧式军人尤其是军官是个大冲击。对于军官来说，这是既削待遇又削兵权；对于士兵来说，也可能因为发表意见、争取权益而产生冲突。毛泽东就不怕激起哗变吗？但这就是毛泽东，他相信自己真理在握，还相信这支部队的大多数人是愿意革命的，所以不会一哄而散，而通过自愿去留的办法淘汰一批人，只会使这支队伍更精干、更有凝聚力和战斗力。从三湾改编的决策看，毛泽东不仅有大智，还有大勇，大智大勇中蕴含超出常人的自信，平庸的决策者是不敢如此决策的。

对于三湾改编，罗荣桓还有一段具体评述：

那时，士兵委员会有很大的权力，军官要受士兵委员会的监督，做错了事，要受士兵委员会的批评，甚至制裁。表面看来，这样做似乎是会鼓励极端民主化和平均主义的思想，但当时的主要问题是必须坚决反掉旧军队的一套带兵方法，奠定新型的官兵关系——阶级的团结。部队的实际情况是民主不够，而不是什么极端民主化和平均主义的问题。因此，只有这样做，才能更彻底更有效地肃清军阀残余。有了民主，才能提高群众觉悟，才能建立巩固的集中。农民的极端民主化和平均主义思想是容易克服的。记得，起初甚至没收地主的一个鸡蛋，也要由士兵委员会来平分。后来由于干部处处以身作则，作风民主，士兵受到感动，他们从实践中也知道了无法绝对平均，觉得那样做没有什么好处，便逐渐改变过来，在自觉的基础上爱护干部、听从指挥了。[18]

细心分析毛泽东党指挥枪的政治建军思想，不难发现，它主要的目的不是要解决组织权力问题，而是要解决政治思想觉悟问题，即要求革命军队在政治思想觉悟上不断提高，自觉地服从革命要求。由于中国无产阶级力量十分薄弱，革命主力军是半无产阶级的农民，包括旧军队的军人也主要是农民出身。按马克思主义的经典说法，只有无产阶级才是真正革命的阶级，农民阶级和无产阶级相比，在思想素质和革命要求上有相当差距。所以，毛泽东意在用无产阶级先锋队对农民阶级进行组织上的领导以及政治思想觉悟上的改造和提高，以保证革命军队胜任革命要求。换言之，就是使以农民为主力军的革命军队无产阶级化。这是毛泽东实事求是、从中国革命实际出发做出的重大决策。

于是，我们便看到毛泽东在中国革命道路求索方面又有了新突破。在考察湖南农民运动时，毛泽东发现了农民的革命力量，将农民视为中国革命的主力军，形成了"中国的革命实质上是农民革命"的重要认知并进行了相应的实践。秋收起义尤其是文家市转兵，毛泽东将农民革命和武装斗争有机地结合在一起，从认知和实践上丰富了中国革命道路的内涵。三湾改编，毛泽东提出党对军队的绝对领导，给农民革命的武装斗争注入了灵魂性的力量——在党领导下进行农民革命和武装斗争，不断提升革命队伍的政治思想素质，保证农民革命的武装斗争有着坚定明确的政治方向和领导核心,从而胜任革命要求。还要看到,党指挥枪的原则不局限于党对军队的领导,历史表明,党的领导覆盖革命全部领域,这是中共取得革命胜利的一个重要经验。正如毛泽东所总结,党的建设是中共的一大法宝,反之,国民党的失败很大程度上要归咎为党建失败。通俗地说,国民党从来就没有牢牢地指挥过枪。若干年后,蒋介石败逃台湾,望着茫茫海天,沉痛地对儿子蒋经国说,我们国民党从来就没有团结过,从来就没有皈依统一的信仰,怎么能不失败?蒋介石此时才意识到党建的重要性——觉悟得实在太晚了。

三湾改编只是党对军队绝对领导的开始,真正贯彻落实还要经历曲折风波。

部队仅在三湾休整了五天,加之当时部队中党员很少,支部建在连上因为党员不足没有落实。较好落实的是将部队缩编为一个团,下辖两个营,还有特务连、军官队和卫生队,新任团长为原一团一营营长、黄埔一期生陈浩,原任师长余洒度为前委委员。此外,还有一部分人离队而去,改编后的部队大约700人。也就是说,大多数人还是决定继续跟着毛泽东干革命。

10月3日,部队离开三湾前,毛泽东又做动员。他说,现在我们人虽然少了,但更精了,更团结了,我们可以以一当十,贺龙两把菜刀起家,现在带了一军人,我们有两个营的队伍,还怕干不起来吗?毛泽东通俗地阐释了由弱小到强大的辩证法,强调人的主观能动性。特里尔佩服地写道,毛泽东的决策"显示了坚忍不拔的意志,这使一个阴暗的冬天成为走向把握时局的转折点","毛泽东使枪杆子成为人道主义世界观的一种表达方式。他一生中都相信,在战争中,人比武器更重要"。[19]还有党史学家考证,毛泽东那首讴歌秋收起义的《西江月》,就写于三湾改编期间，可见革命越受挫折，越能激发毛泽东的诗情。

当日，部队进驻宁冈县的古城镇。当晚毛泽东又召开会议，营以上干部和地方党的同志，还有井冈山绿林武装袁文才的代表40余人参加，其中一项重要议题是如何与袁文才、王佐建立密切联系，争取共同在井冈山一带建立武装割据的根据地。这是毛泽东自马日事变以来一直酝酿的"上山"思想的进一步体现。他说，在山的上山，靠湖的下湖，拿起枪杆子保卫革命，"上山可造成军事势力的基础……不保存武力，则将来一到事变，我们即无办法"。他还毫不掩饰地说，我们就是要上山落草，当"红色山大王"。文家市转兵以来，他一直在收集有关资讯，得知井冈山上已有袁文才、王佐两支绿林武装，又详细地了解了井冈山一带的地理、经济、群众基础和敌军分布等状况，认定在井冈山建立武装根据地非常理想，决心放弃去湘南发展的预想，就在井冈山割据。这又意味着，毛泽东对中国革命道路的探索进一步深化，农村武装割据，进一步突破了以"城市为中心"的革命模式。

毛泽东的主张得到了多数人赞成，也遭到余洒度、苏先俊等几位黄埔军校出身的军官反对，会没开完，余洒度就退出了会议。不能全说这些军官是出于私欲故意和毛泽东唱对台戏。说好了去湘南，怎么又变卦了？上山割据，这不是当土匪吗？还要和本地绿林土匪武装抱团，这不是掉共产党人的价吗？更重要的是，此时中共湖南省委书记彭公达写信给余洒度和毛泽东，通报了共产国际代表马也尔对毛泽东取消攻打长沙大为恼火、中央也要追责的情况，要部队原地待命，让毛泽东赶到省委去汇报有关情况。于是余洒度更加有理了，拿着中央和共产国际的大帽子压毛泽东。有关史著以文学笔调描述了当晚散会后毛泽东和余洒度的一段冲突：

毛泽东说:"我不离开部队。不过,我会派人先去把这里的情况向省委做出详细汇报。"

余洒度说:"部队在这里待命是中央和共产国际的意思,这我们总要执行吧?"

毛泽东说:"部队下一步行动,前委已经开会研究过了,我们也正在与茅坪的袁文才联系,我们就在这一带团结农民武装,壮大自己。"

余洒度非常生气地说:"我们怎么能和他们搞到一起?"

毛泽东因为刚刚开过会,他的想法得到了大家的支持,因此格外轻松。他说:"三山五岳的土匪多着呢,哪个朝代能消灭掉?我们就要团结他们,改造他们,把三山五岳的队伍联合成一个大队伍,统治阶级就拿我们没有办法了。"

余洒度火了,他直呼毛泽东的姓名:"毛泽东,中央和共产国际的精神非常清楚,你如果不执行,是要承担后果的。"

毛泽东格外冷静:"承担么子后果?坐班房?撤职?杀头?不会吧?我们总是要一起革命的。"

余洒度气得一跺脚走了,去找他的那些黄埔军校的同僚。[20]

余洒度找到几位反对派同僚,一番商量,决定去省委告状,把毛泽东拉下马。十天后,部队进驻鄘县水口,余洒度和苏先俊不辞而别。还有一种说法是古城会议次日拂晓,余洒度等人趁大雾朦胧秘密出走,却被哨兵拦住了,被带到毛泽东面前。余洒度只好摊牌说,他要到省委去告毛泽东。一番理论后,毛泽东大度地放走了余洒度和苏先俊,告别时说,以后历史会证明谁对谁错,希望你们继续革命。

余洒度和苏先俊果然到湖南省委告了毛泽东,并被上级派往他处继续担任要职。后来两人都叛变了革命，没有善终。这是后话不提，在此要说的是，余洒度等人当时反对毛泽东，不全是因为他们品质恶劣，很大程度上还是存在死守教条主义的认知问题，不相信农村武装割据道路能够成功。此外就是军阀作风和单纯军事观点，对党对军队的绝对领导不满，这种观念上的抵触不是一次会议决定就可以消除的。余洒度等人的公然出走也表明，党对部队的领导还是非常脆弱，这也反证了党的重要性。

余洒度出走后，毛泽东双管齐下，一方面积极做袁文才和王佐的工作，争取他们接纳起义部队在井冈山落脚，另一方面积极进行军队的政治建设，落实支部建在连上的工作。1927年10月15日，也就是余洒度出走后的第三天，毛泽东在酃县水口镇叶家祠主持了赖毅等六名新党员的入党宣誓仪式，三湾改编精神得以具体落实，这被党史学者认为是在革命军队建党的标志性事件，史称"水口建党"。如今酃县改名为炎陵县，水口叶家祠建立了纪念馆，成为中国革命史上的一个重要地理坐标。

水口建党之后，部队党员的发展进入快车道。

毛泽东给罗荣桓等党代表布置了重要任务，就是积极发展党员，各连的支部先后建立，支部建在连上的措施得到落实并显现了明显成效。正如罗荣桓评价说："三湾改编，实际是我军的新生。"与此同时，地方党组织的恢复和建设也迅速推进，到1928年2月，湘赣边界各县的党组织初步恢复，成立了宁冈、永新、茶陵、遂川等县委，酃县特别区委，莲花特别支部；各县的县、乡两级大都建立起了党组织。这亦说明，在以农村为根据地、以农民为主力军的中国革命条件下，党的领导尤为重要，它必须是全覆盖的。

罗荣桓说:"三湾改编也只是开始奠定了新型的革命军队的基础,政治上、思想上的彻底改造,是一个长期斗争的过程。"史料显示,毛泽东贯彻党指挥枪的原则,坚持政治建军的思想,以保证革命军队的无产阶级性质,从三湾改编开始,直到1929年底的古田会议才基本形成了全党共识和健全的机制,从而构成毛泽东对中国革命道路求索的硕果之一。其间艰难曲折,毛泽东"湖口挽澜"的故事就非常典型,不妨一说。

三湾改编之后,秋收起义军余部缩编为一个团,毛泽东任命了一位新团长,叫陈浩。此人原是起义军一团一营营长,湖南祁阳人,黄埔一期生,陈赓的同学,在军校时加入中共,北伐时参加了叶挺独立团,打仗机敏而勇猛。他任团长后,实际成为秋收起义余部的最高军事指挥官,足见毛泽东十分欣赏与信赖他。但他生活放荡,为人自负,尤其不能接受什么党代表参与部队管理,对毛泽东上山割据的主张也十分抵触。1927年11月,他带兵打下茶陵县城,更加膨胀,伙同副团长韩昌剑、参谋长徐恕、一营营长黄子吉等想脱离毛泽东自立山头,并秘密与驻扎在湘南的国民党十三军军长方鼎英联系,想投靠方鼎英。方鼎英曾任黄埔军校代校长,是陈浩的老师,也是湖南人,对共产党人比较同情,蒋介石叛变革命后,他保护了许多共产党人。陈浩投靠他,不排除考虑到方鼎英对中共比较友好的政治态度。但此时国共已经公开决裂,拉队伍脱离共产党的领导投靠国民党军官,性质上是严重的叛逃之罪。1927年12月下旬,敌军大部队反扑围攻茶陵,陈浩觉得时机成熟,便利用撤退之机,带领队伍出茶陵城南门,直奔湘南而去。

就在这个危急关头,三湾改编的成效显现了出来。一营党代表宛希先、三营营长张子清,还有连党代表罗荣桓以及部队中的许多党员都对部队向湘南开拔产生了质疑，行军路上他们与陈浩发生了激烈的争辩，大大延缓了行军速度。还有说法称陈浩恼怒之下，竟然把宛希先和张子清绑了，强令部下继续南进。不言而喻，如果陈浩这次叛逃成功，秋收起义剩下的革命队伍将全军覆灭，井冈山革命根据地的创建将成为泡影，如果从井冈山革命根据地后来成为革命摇篮的作用来说，中国革命将可能面临全局性的重创。

部队在陈浩的强迫下行进到距茶陵县城70多里的湖口一带时，有战士突然喊道："毛委员来了！毛委员来了！"陈浩等人一听，大惊失色，瞪眼一看，毛泽东带着弟弟毛泽覃以及部下陈伯钧等数人奇迹般地出现了。

原来，毛泽东也得到了陈浩撤往湘南的消息，便急如星火般追赶而来。关于他是怎么得到消息的，有不同的说法。一说是毛泽东因脚部溃疡本来在井冈山休养，最近有些好转就下山来茶陵视察工作，正好碰上湘军攻打茶陵，闻知部队已经撤离，却往湘南而去，情知有变，立即追赶而来。一说是毛泽东的弟弟毛泽覃在宁冈邂逅了陈浩派去和方鼎英接头的副团长韩昌剑，发现了他身上有陈浩写给方鼎英的密信，情知不妙，立即报告毛泽东。毛泽东拿下韩昌剑进行审问，得知了陈浩意图率部叛变，便急忙追赶而来，正好遇见陈浩叛逃。还有的说是毛泽东接到了宛希先的报信追赶而来。不同说法细节各不相同，但都惊心动魄。值得强调的是，当时毛泽东手下仅有毛泽覃、陈伯钧等数人，他们都是政工干部，要阻止军权在握的陈浩，风险极大，搞不好就会赔上性命，毛泽东的大智大勇由此可见一斑。总之，毛泽东及时赶到了湖口，严厉重申党指挥枪的原则，以前委书记的身份，命令部队停止南进，立即得到部队响应，成功地阻止了陈浩等人叛逃。这不仅体现了毛泽东的个人威信，也体现了党指挥枪的原则取得了实效。有关史著这样记载毛泽东处理陈浩等叛逃者的过程：

当天晚上，毛泽东在住处——湖口墟老园里王其生家，主持了连以上干部参加的紧急会议。会上，宛希先、张子清、何挺颖等人揭露了陈浩一伙企图将部队拉向湘南叛变投敌的阴谋。陈浩一伙则百般狡辩："我们不是叛变投敌。要知道，我们刚来井冈山，脚跟未立稳，为什么不能多跑几个地方，扩大我们的地盘？"徐恕跟着附和："就是呀，革命嘛！到哪都一样。"

毛泽东一听他们狡辩，知道他们不会认错，看着他们怪气的样子，一下子就火了，指着陈浩大声喝道："把他们捆起来！"特务连连长曾士峨和陈伯钧立即带人上前，将陈浩、徐恕、黄子吉捆了起来。陈浩叫道："我是团长，凭什么捆我？""就凭这个。"毛泽覃边说边将从韩昌剑身上收缴到的陈浩给方鼎英的密信拿了出来。陈浩一见，知道事情败露，便低头不语。

毛泽东说："你好大的胆子，要把革命军往哪里带？"

陈伯钧说："还说不是叛变投敌？"

呆了一会，陈浩对毛泽东说："毛委员，事情到了这个地步，把话挑明了也好。你这样干涉我们的指挥权，没办法干了，我向前委辞职。"

徐恕也跟着说："我也辞职。"

毛泽东吸了口烟，脸色格外严峻。停了片刻，他说："你们已经不是辞职不干的事了，我代表前委宣布，现在就解除你们的职务。"

陈浩一改过去沉默寡言的习惯，竟然大笑了两声："谢天谢地，毛委员恩准。我要是贪恋这个团长就是孬种。这里不革命，我去哪里不能革命？我马上就走！"

徐恕也说:"谁想回井冈山就回吧,我再也不去与土匪为伍了。"

毛泽东扫视了他们一眼,平静地说:"要走么,没那么简单,你们必须听候工农革命军的审查。"

随即命令将陈浩、徐恕、黄子吉一伙看押起来(后来在砻市处决)。[21]

这就是毛泽东"湖口挽澜"的故事。

湖口挽澜的意义远远超越一般的清除败类。从革命大局看,毛泽东维护了建立井冈山革命根据地的战略决策;从政治建军的意义看,毛泽东维护了党指挥枪的权威,在当时具有挽救革命的意义。陈浩的叛逃说明,当时不少人对毛泽东那超出经典革命道路而显得有些另类的决策很不理解。史料显示,陈浩至死都不承认自己背叛了革命,声称联系方鼎英只是想借道而过,主要是想脱离毛泽东的领导。他只承认自己违反了党纪军纪,承认自己不认同毛泽东建立井冈山革命根据地的决策。据当地史料记载,他是唱着《国际歌》走上刑场的,并请求给自己的遗体覆盖军旗,毛泽东也答应了陈浩的请求,给陈浩的遗体覆盖了工农革命军的军旗。还有史料说,当时有人为陈浩求情,请求免陈浩一死,让他戴罪立功。毛泽东的心情也很复杂,但他说当年诸葛亮挥泪斩马谡,为的是天下大计,我们今天为了维护党的纪律,保证革命成功,也要挥泪斩"马谡"。毛泽东的这些表现体现了革命的艰难和曲折,也体现了革命者超出常人想象的心理承受能力,革命的神圣性也就在其中……

1929年的重阳节,毛泽东是在福建上杭县城的临江楼度过的。庭院里黄菊怒放,汀江两岸霜花一片,尽收眼底,激发了他的诗情,他写下了《采桑子·重阳》：

人生易老天难老，岁岁重阳。今又重阳，战地黄花分外香。
一年一度秋风劲，不似春光。胜似春光，寥廓江天万里霜。[22]

这首词的字里行间透露出毛泽东对岁月流逝的感悟和高度的革命乐观主义精神。很难想到，此时毛泽东大病初愈。更难想到，三个多月前他黯然离开了红四军的领导岗位，被"贬"到地方工作，随之染上严重疟疾离职养病，处于身心憔悴的人生低谷期。但这就是毛泽东——越是遭遇挫折，他越富有激昂的诗情。在这首词里，我们可以鲜明地感受到他渴望出山搏杀的豪气。

果然，10天后，陈毅派人送来急件，传达中央指示，请毛泽东出山回到红四军前委主持工作。接着，陈毅和朱德又联名写信催促毛泽东尽快回红四军任职。在信中，朱德和陈毅都向毛泽东做了检讨，承认在三个多月前红四军第七次党代会上与毛泽东爆发争论，否定了毛泽东的大部分主张，并通过选举使毛泽东落选前委书记一职是错误的，诚恳地表示欢迎毛泽东回来主持前委工作。毛泽东也被朱德和陈毅的坦荡胸怀感动，立即动身回到红军的工作岗位，也对朱德和陈毅作了自我批评，称自己个性好强，说话方式不对，说了一些有失分寸、很伤感情的话，希望他们多多包涵。三位革命战友的手紧紧握在一起，一场号称"朱毛之争"的党内冲突化作"朱毛之和"。12月下旬，中国共产党红四军第九次代表大会在上杭的古田村召开，通过了古田会议决议。这是以毛泽东为首的中国共产党人探索中国革命道路的又一个重大历史硕果和里程碑。《毛泽东选集》收录了毛泽东起草的古田会议决议的第一部分，取名《关于纠正党内的错误思想》，目录如下：

> 关于单纯军事观点
> 关于极端民主化
> 关于非组织观点
> 关于绝对平均主义
> 关于主观主义
> 关于个人主义
> 关于流寇思想
> 关于盲动主义残余[23]

从目录可见，毛泽东系统地批判了红四军中存在的错误思想倾向，并提出了改进举措。中共权威党史著述这样评价古田会议的成果：

> 古田会议决议是中国共产党和红军建设的纲领性文献。它初步回答了在党员以农民为主要成分的情况下，如何从加强党的思想建设着手，保持党的无产阶级先锋队性质的问题；初步回答了在农村进行革命战争的环境中，如何将以农民为主要成分的军队，建设成为无产阶级领导的新型人民军队的问题。决议所规定的基本原则不但很快在红四军得到贯彻，后来在各地红军中也逐步得到实行。古田会议决议是党和人民军队建设史上的里程碑，具有十分重要的意义，产生了极其深远的影响。[24]

这段评价强调了毛泽东主持召开的古田会议的两大意义：一是在中共自身建设方面的意义，二是在人民军队建设方面的意义，而党的自身建设是排在第一位的。这说明，党的建设是根本性的，或者说，党的建设和军队建设是一体两面，相辅相成的。此外还要看到，强调党的建设和军队建设是针对中国革命无论是党组织还是军队组织主要是由农民构成的现实情况而来的。也就是说，中国革命的主要力量相对于革命要求而言是有着先天缺陷的，必须以党的组织建设和思想建设不断加强来弥补。这既体现了毛泽东实事求是的思想——不回避中国革命的现实尴尬，又体现了毛泽东强调人的主观能动性的思想——通过人的主观努力来弥补革命力量的缺陷。如特里尔所说，毛泽东不仅对改造农民充满信心，对待社会游民也"并没有完全把他们视为社会渣滓"，"毛泽东觉得自己能改造他们。他在1928年给上海方面写信说，他打算'加强政治训练以给这些成分带来质的变化'"。总之，既实事求是又发挥主观能动性，这两方面的结合，就是毛泽东思想的魅力所在，是毛泽东在中共群体中出类拔萃的原因所在。

说到此，有必要介绍一下古田会议召开的具体历史背景。

此时，中共的武装斗争已形成了不小的气候，初步开辟了赣南闽西革命根据地。1928年4月，朱德率领的南昌起义余部和湘南起义军一万多人和毛泽东在井冈山会师，成立了工农革命军第四军（后改称工农红军第四军），朱德任军长，毛泽东任党代表，红四军成为创建井冈山革命根据地以及中央苏区的基本武装力量。毛泽东也在领导红四军展开武装斗争中，积累了许多斗争经验，提出了许多富有创见的构想。遗憾的是，当时中共中央在大城市里指挥全国革命，还要听从遥远的共产国际的指令，脱离实际做出决策在所难免，加之思想路线上又是教条主义当家，比如对革命高潮和低潮的判断、对城市中心暴动和农村武装割据的判断，都是误判多多，毛泽东和中央的分歧时有发生。为此，毛泽东多次受到中共中央和湖南省委的批评甚至处分，其关于革命道路的创见很难得到中央的重视和认同。就一线作战的军队而言，也是以半无产阶级的农民为主要成分，还有小资产阶级、旧军人甚至游民成分，其思想觉悟和无产阶级相比是有差距的。毛泽东分析说，"红四军的大部分是从旧式军队脱胎出来的，便带来了一切旧思想、旧习惯、旧制度"，"游民、农民与小资产阶级成分中产生出来的个人主义，这与小团体主义、流寇思想、单纯军事观点等等是在一条路线基础上的"，"而与无产阶级的斗争组织（无论是阶级的组织——工会，与阶级先锋队的组织——共产党，或它的武装组织——红军）不相容的"。[25]因此出现了许多错误思想和行动，而毛泽东干预时，一些军事干部或抵触或敷衍，认为毛泽东小题大做，管得太宽了。从思想根源上说，就是不能充分理解党指挥枪的原则，对政治建军不重视。

比如朱德更倾向于从军事角度考虑问题，强调充分发挥军事机构和军官的指挥职能，主张在党的指导下军事机关应起核心作用，而红四军是书记"管理一切"，军事机关被架空了。毛泽东则坚持"党的绝对领导"，主张党对军队的过问没有禁区，"一切问题都要在各级党的会议上议决之后，才允许党员个人依照决议去执行"。公允地说，朱毛的分歧，"不是要不要党的领导的原则之争，而是党如何领导军队的方式之争；实质是如何处理军事领导和政治领导的关系，绝非个人权力之争"。[26]这种争论本来是有意义的，要是心平气和地探讨也不难达成共识，但问题是，朱德等军队干部在思想上受旧思维约束，政治上对毛泽东的主张理解不够深刻，沟通时双方都不够冷静。尤其是中央派到红四军的特派员刘安恭很反感毛泽东，多次对中央指示提出异见，上纲上线地认为，朱德是拥护中央的，毛泽东是反对中央的，不仅把争论扩大化、公开化、复杂化，还把争论性质歪曲化。并且刘安恭主持召开临时军委会议,决定由临时军委领导与指挥红四军,前委只管地方工作和作战行动方针,不得过问红四军的具体事务,从而引起了红四军内部激烈的冲突和风波。有学者这样介绍当时的情况:

下级党委规定上级党委的任务,严重违背了党的组织原则,毛泽东当然坚决反对。他认为,前委代表中央领导红四军及根据地内的一切事务,是军中的最高领导机关,体现了党对军队的绝对领导。刘把军委凌驾于前委之上,违背了党对军队的绝对领导的原则。为了解决这一问题,6月8日,毛泽东在上杭白砂主持召开前委扩大会议,讨论军委设置问题,与刘发生激烈冲突。他批评刘使党的"三个最大的组织原则发生动摇"……严重地妨碍了前委的领导。他愤激地表示,若此问题不解决就辞去前委书记的职务。刘却严厉指责:"你老毛自创原则,不服从中央调动!"朱德等人表态支持刘,林彪等人支持毛。

两种意见争执不下,难成共识。陈毅提议,就军委设置问题举手表决。终以36∶5的表决结果通过了毛泽东取消临时军委的提议,否决了朱德、刘安恭等5人的意见。刘所任临时军委书记兼政治部主任之职一同被取消。陈毅任政治部主任。前委批准了毛泽东辞去前委书记的请求,指定陈毅代理前委书记,主持红四军前委的工作。

然而,争论并未结束。朱德、毛泽东、林彪等人在红军刊物上分别发表文章阐明自己观点,更多人卷进争论中来。为统一思想,1929年6月,陈毅主持红四军在福建龙岩召开第七次党的代表大会,与会者40余人。本想以会议形式解决这"争",却到后来通过决议否定了毛泽东的大部分意见。这虽是集体意见,但陈毅基本上是赞成的。最后,在未经中央批准的情况下,会议改选了前委书记,由党中央指定的原前委书记毛泽东落选,陈毅当选。会后,毛泽东离开红四军,在贺子珍等人陪同下前往中共闽西特委驻地上杭县蛟洋指导地方工作。[27]

红四军的这场风波惊动了上海的中共中央。主持中央工作的周恩来、李立三等人十分重视,认真看了各方面的材料,还通知红四军派人来中央专门汇报。红四军派出陈毅来到上海,如实汇报了有关情况,其中包括毛泽东主动辞去前委书记的情况——主要是对刘安恭等人在部队削弱前委的领导权威,进行宗派主义性质的活动很不满,故而辞职,大家在劝说不下的情况下,只好同意毛泽东辞职。后来又出现第七次党代会否定毛泽东的许多主张,并把毛泽东改选了下去,进一步扩大了冲突。据说周恩来听完汇报,意味深长地问陈毅,你觉得自己能当得下这个前委书记吗?陈毅忙解释,自己的确没有魄力和能力领导红四军,一再声明自己当前委书记是"过渡内阁",也曾经请毛泽东回来工作,可毛泽东声称不把是非搞清楚他不回来。于是,周恩来和李立三对陈毅表明了中央的态度:第一是肯定毛泽东在红四军的做法是正确的,第二是务必请毛泽东出山主持红四军工作。也许有人会问,毛泽东在红四军的许多主张和做法和中央有关指示是有分歧的,那中央为何会转弯维护毛泽东呢?简单地说,中央从苏区和红四军的发展中也意识到,毛泽东确有雄才大略,苏区和红四军要继续发展壮大离不开毛泽东。

为解决红四军的党内分歧,争取毛泽东出山,中央决定由李立三、周恩来、陈毅组成专门班子,就红四军问题写出报告交政治局审议。这个工作进行了一个月,可见中央对红四军问题极其重视,也足见对毛泽东非常倚重。陈毅说,在此期间他认真研读了毛泽东给中央的几个报告和有关材料，发现毛泽东对中国革命确有真知灼见，这段时间等于进了一个月的培训班。由此可见，陈毅胸怀坦荡，敢于自我否定，向真理低头，是很不简单的。最后，由陈毅起草了一份中央解决红四军纠纷的指示信，全面肯定了毛泽东，落脚点还是请毛泽东回红四军主持前委工作。再后来就出现了陈毅和朱德双双向毛泽东检讨，恳请毛泽东出山以及古田会议的召开。

由此我们看到，中共探索中国革命道路的确艰难曲折，毛泽东在探索中国革命道路上可谓排头兵。他不受教条主义束缚的实事求是精神，他独具一格的思维方式和思想创见，他求索真理的坚定性和灵活性，都是常人不及的。包括他那湖南人特有的倔脾气，往往使他的同事难以接受，这也是人们往往跟不上毛泽东的思维反而容易和他发生冲突的原因之一。因此，不能把和毛泽东发生纠纷简单地理解为是对立面故意打压毛泽东，而要具体情况具体分析，在多数情况下，双方的冲突主要是因为认识差异而起。比如这次红四军发生的"朱毛之争"就是如此。顺便说一句，这次争论中激烈反对毛泽东的刘安恭，也是一位优秀的革命者，后来在战斗中壮烈牺牲。更让人意想不到的是，朱德和毛泽东会师井冈山，将部队整编为红四军后，红四军又有了一个通俗的别称——"朱毛红军"，这个通俗的称谓对于毛泽东进行中国革命道路的探索，意义非同寻常。

一是作为政治领导的毛泽东和作为军事主官的朱德总体上配合十分默契。朱德不是和毛泽东没有分歧，但是他胸怀坦荡，知错就改，他和毛泽东合作时，支持和配合是主要方面。毛泽东的许多建军思想，比如革命军队不仅是战斗队还是工作队和宣传队的主张，都在朱德的支持配合下得以实施。对于朱毛合作的意义，毛泽东非常重视,到晚年还一再说,朱毛是不能分家的。朱德也说,自己是离不开毛泽东的,还说,他一生中有两个老师,都是湖南人,一个是蔡锷,一个是毛泽东。这也意味着,毛泽东对中国革命道路的探索,很大程度上是在朱德的支持配合下,依托军队建设的平台展开的。

二是毛泽东对中国革命道路的探索,很大程度上依托他的军队工作经验和威望,如果缺乏在一线领导军队的经验,他未必能对中国革命道路有那么深刻的认知,如果缺乏军功业绩,他对中国革命道路的许多独到创见——由于和当时教条主义严重,脱离实际的中央包括湖南省委的认识有较大差距,想要得到认可,至少会经历更多曲折。比如中央请毛泽东重新回到红四军领导岗位,尊重毛泽东的意见召开古田会议,对红四军进行思想整顿并形成制度性的决议,要是毛泽东没有在红四军建立的功绩和威望,单纯地提出正确主张未必会受到这般重视,要是毛泽东没有朱德、陈毅这样有胸怀的合作者,他的正确主张在党内被认可也可能会经历更多坎坷。

三是可见中国革命的主要形态还是武装斗争,即以武装斗争为中心推动各方面的革命建设。抓住了武装斗争和军队建设这个纲,就能纲举目张,所以毛泽东担任红四军的领导,给他探索中国革命道路提供了一个很好的平台,而有了朱德、陈毅这样有胸怀的合作者,他的探索也就更加有驰骋空间,这也意味着,毛泽东思想是全党共同合作的结晶。更重要的是,毛泽东关于军队建设的主张,其意义超越了军队建设本身而对革命具有全局性的指导意义。

党指挥枪的故事,实在是启迪多多,意蕴深远。

引文注释

[1] 中共中央党史研究室第一研究部编：《共产国际、联共（布）与中国革命文献资料选辑（1917—1925）》，北京图书馆出版社1997年版，第321页。

[2] 张国焘：《我的回忆》第1册，现代史料编刊社1980年版，第294页。

[3][6][11][13] 毛泽东：《毛泽东自述》，人民出版社1993年版，第44、47、134、52—53页。

[4][22][25] 中共中央党史和文献研究院编：《毛泽东年谱（第一册）》，中央文献出版社2023年版，第133—134、285、276页。

[5][12] 中央文献研究室编：《毛泽东传（1893～1976）》，中央文献出版社2011年版，第117、151页。

[7][24] 中共中央党史研究室编：《中国共产党的九十年》，中共党史出版社、党建读物出版社2016年版，第91、120页。

[8] 中共湖南省委党史研究室：《中国共产党湖南历史·第一卷（1921—1949）》（上册），中共党史出版社2021年版，第186页。

[9]《农民运动》第8期，1926年9月21日。

[10]《湖南农民运动考察报告》，见《毛泽东选集》（第一卷），人民出版社1991年版，第16、21、17页。

[14] 秋收起义文家市会师纪念馆编：《红源》，第4页。

[15] 赖毅：《毛泽东同志在连队发展党员》，《井冈山革命根据地》下，中共党史资料出版社1987年9月版，第176页。

[16] 罗荣桓：《秋收起义与我军初创时期》，见《罗荣桓军事文选》，解放军出版社1997年版，第565页。

[17][19]（美）罗斯·特里尔：《毛泽东传》，中国人民大学出版社2010年版，第115、116、119页。

[18] 罗荣桓：《秋收起义与我军初创时期》，见《罗荣桓军事文选》，解放军出版社1997年版，第561页。

[20][21] 尹承烈：《毛泽东与茶陵》，湖南人民出版社2006年版，第37、44页。

[23] 毛泽东：《关于纠正党内的错误思想》，人民出版社1951年版，目录。

[26][27] 汤家玉：《陈毅化解党内矛盾的"三勇"谋略》，《党史文汇》2017年第12期。

第五章

毛泽东与中国革命道路（下）

本章继续探讨毛泽东对中国革命道路的求索。

我们将进一步感受到，教条主义是阻碍中国革命道路求索的大敌。摆脱教条主义，实事求是，一切从中国国情出发，充分调动人的主观能动性进行创新性的革命实践，是以毛泽东为代表的中国共产党人开辟中国革命道路的不二法门，也是中国共产党人以鲜血的惨重代价领悟的革命真谛。

南方苏区岁月

南方苏区岁月要从创建井冈山革命根据地算起。

井冈山地处湘赣边界罗霄山脉中段，大体包括湖南酃县（今炎陵县）、茶陵和江西宁冈、遂川、永新等县，总面积约4000平方公里。大革命时期，这一带有中共党组织和农民自卫军，群众基础较好；从农业经济条件看，山上山下都有村庄田地，也能满足军队给养筹措；从军事角度看，地势险要、森林茂密，便于部队据守周旋，加之交通不便，离中心城市较远，国民党统治薄弱，"进剿"很不方便，非常适合建立根据地。

毛泽东他们到来前，此地已被两支"绿林武装"占领，他们的首领一个叫袁文才、一个叫王佐，这两人是结拜兄弟，各有人马150余人。毛泽东的部队要上井冈山，袁、王肯定不会痛快接纳。果然，袁文才传话过来，请毛泽东"另找高山"。此时毛泽东手下有800人枪，许多是参加过北伐的正规军，要动武拿下这两支武装并不困难，许多军官也主张强取。可毛泽东却说："谈何容易！你们太狭隘了，度量太小啦。我们不能采取大鱼吃小鱼的吞并政策，三山五岳的朋友还多呢！历史上有哪个能把三山五岳的土匪消灭掉？"于是，毛泽东只带了数人去拜访袁文才。为表明合作的诚意，毛泽东主动赠送袁文才100条枪，还派出得力干部帮助袁训练部下，协助袁文才和王佐除掉宿敌。3个月后，袁文才和王佐终于被感化，不仅打开山门接纳了毛泽东，还带着人马接受改编加入了革命武装。

毛泽东为什么如此在意改造和收编袁文才和王佐这两支"绿林武装"？有学者分析，袁文才和王佐在大革命时期参加过暴动，营救过共产党人，袁文才还加入过共产党，和中共永新县委书记贺敏学及其妹妹贺子珍等共产党人都有密切联系，可说是中共的同路人，毛泽东相信改造他们并不困难。还有学者认为，毛泽东考虑到袁文才和王佐在当地有相当的群众基础，如果鲁莽行事，会失去民心。亦有学者分析，袁文才和王佐是地头蛇，熟悉当地情况，在游击作战方面很有经验，毛泽东要倚重他们进行武装斗争。这些分析都有一定的道理，如果再联系毛泽东的思维特点和情感倾向来分析，理解会更深入。

毛泽东的思维特点之一就是特别相信人的主观能动性，他坚信通过自己的主观努力，可以把具有游民性质的土匪改造过来。美国作家特里尔也发现了这一点。他写道，毛泽东"并没有完全把他们（游民）视为社会渣滓。他在提到游民时说，他们都是人，都有五官和四肢。如果要归类，那么游民是受压迫的人。毛泽东觉得自己能改造他们"。[1]党史专家陈晋则从哲学高度认为："在毛泽东那漫长的革命生涯中，他从来没有忽视过主观意志的能动性作用……他坚信物质变精神，精神变物质的转换规律，推崇'人定胜天'的传统观念，提出只要有了人，什么人间奇迹都可以创造出来。"[2]理解了毛泽东的思维特点，就更能理解他执意要收编袁文才和王佐这一决定的合理性了。如果再考虑到毛泽东的情感倾向，对其理解会更全面。毛泽东出身平民阶层，长期生活在底层民众中，对普罗大众有着根本性的亲和心愫。无论是阅读书籍还是在现实生活中，他都会本能地同情弱势民众，且非常敬重草莽英雄。所以，对待贫苦农民出身的绿林好汉袁文才和王佐，他有本能的情感认同，从而能宽容他们的种种不足。

收编袁文才和王佐，是毛泽东率领部队创建井冈山革命根据地的开篇。此后直到1929年1月，大约一年零三个月，史称井冈山革命根据地时期。在此期间，根据地军队和地方的党组织建设有了大发展，先后在茶陵、遂川、宁冈等县建立起了工农兵政府，开展了轰轰烈烈的分田分地土地运动，朱德率领南昌起义的余部、湘南起义农军和毛泽东在井冈山会师，建立了红四军，后又有彭德怀率平江起义的红五军主力700余人会师井冈山，革命军队人数过万，成为全国各革命根据地人数最多、战斗力最强的军队。与此同时，军队的"三大纪律、六项注意"军纪颁布施行，军队三大任务（第一，打仗消灭敌人；第二，打土豪筹款了；第二，做群众工作）明确建立，还有"敌进我退、敌驻我扰、敌疲我打、敌退我追"的游击战术也形成了，红军成功地粉碎了敌人的三次"会剿"。1928年夏，龙源口大捷，井冈山革命根据地进入全盛时期，割据面积达7200多平方公里，人口达50万人。以农民为主力军、以革命军队的武装斗争为主要形态、以农村根据地建设为环境依托、以土地革命为经济支撑，这几大革命要素初步而有机地结合在一起，"农村包围城市、武装夺取政权"的崭新革命道路大模样基本成型。1928年冬，毛泽东在给中央的报告中全面总结了井冈山革命斗争的经验，充满信心地指出，井冈山的斗争经验"在全国政治上有重大的意义。所以我们始终认为罗霄山脉中段政权的创造和扩大，是十分必要和十分正确的"[3]。

1929年1月，蒋介石任命何键为总指挥，集中湘赣两省6个旅约3万兵力，分五路对井冈山革命根据地进行第三次"会剿"。面对严峻局面，毛泽东、朱德等在宁冈县柏路村召开前委、湘赣边界特委、红四军军委、红五军军委联席会议。大家认识到，井冈山不仅在重兵的"会剿"下坚守困难，经济方面也难以满足军队供应，有必要分兵引开敌军兵力，减轻井冈山的压力，同时寻找新的根据地，这个决策来自"围魏救赵"的灵感。会议决定以彭德怀和滕代远带领两个团坚守井冈山，毛泽东、朱德率领红四军主力，向赣南一带进军。

1929年1月14日，毛泽东和朱德的队伍告别了井冈山。

冰天雪地中的井冈山渐渐模糊，寒风凛冽，白雪飘飘，刚满36岁的毛泽东和刚满43岁的朱德面色凝重而坚定。后来的故事表明，毛泽东和朱德这次出征，是向赣南、闽西亦即中央苏区的岁月走去……

1929年1月至1934年10月，中央苏区岁月。

这段岁月是井冈山岁月的延续，在党史上具有举足轻重的意义。多年艰苦卓绝的斗争，毛泽东、朱德等共产党人在赣南和闽西创建了当时中国最大的革命根据地，"农村包围城市、武装夺取政权"的中国革命道路也就是在此期间基本成熟和定型，这也是毛泽东思想的宝贵财富。

农村包围城市、武装夺取政权思想的提出，标志着中国化的马克思主义即毛泽东思想的初步形成。这是马克思主义在中国的创造性的运用和发展，毛泽东是马克思主义中国化的伟大开拓者。[4]

这段评述不仅揭示了毛泽东的主要历史作为，也揭示了中央苏区的主要历史价值。实际上，围绕着"农村包围城市、武装夺取政权"的中国革命道路，不断丰富而形成了一个完整的思想体系，无论是哲学观、政治观、伦理观、军事观、群众观、认识论、思维特点等诸多方面，都显示出独到的中国特色或者说毛泽东特色。不妨在历史的烟云中，撷取若干吉光片羽的段落，捕捉毛泽东在中央苏区岁月里继续求索和建构中国革命道路的主要行进足印：

片段一：古田会议的召开。古田会议的话题，上章有相当篇幅介绍，在此补充阐述一下古田会议和中国革命道路的关系。它给我们的启迪是，探索和执行中国革命道路，离不开党的领导和党的自身建设。比方说，没有党的领导，就等于航船没有舵手，乐队没有指挥，即使我们知晓前行的航向，也难以避免航道上的漩涡暗礁，即使我们知晓乐谱的旋律，也难以合奏出协和完美的乐章。而党的自身建设，则是保证党的领导能够胜任革命的要求，成为合格的舵手和指挥官。坦率地说，早期的中共，尤其中央领导层，在素质上离革命要求还有相当距离。从陈独秀到王明，他们因犯机会主义路线的错误，致使中国革命走了弯路，蒙受了不小损失。这固然和党年幼、需要成长有关，但更重要的原因是党的自身建设不够完善。因此，党的领导和党的自身建设就构成了执行中国革命道路的重要前提。这也是古田会议的思想光芒所在。

片段二：反对本本主义。其实质是反对教条主义。中国革命的种种曲折表明，在思想路线上，中共主要是犯了教条主义的错误，尤其是中央领导层脱离实际，照搬书本决策，从陈独秀到王明，基本如此。毛泽东旗帜鲜明地提出"反对本本主义"，就是提出了实事求是的思想路线，以保证能够探索出一条正确的中国革命道路。具体的举措就是调查研究。他的名言就是："没有调查，没有发言权。"可以说，毛泽东决策思想的形成基本都是调查研究的产物。大革命时期，他考察湖南农民运动；上井冈山之后，他踏遍苏区的山山水水，进行宁冈调查、永新调查、长汀调查、兴国调查、寻乌调查等，这些构成了毛泽东人生中一道独特的风景。他提出"反对本本主义"就是对调查研究工作的总结，这个观点出自他的一篇叫《调查工作》的文章（写于1930年5月）。1961年，这篇文章在革命文物中被找到并得以公开发表。毛泽东特意为此文写下说明："这是一篇老文章，是为了反对当时红军中的教条主义思想而写的。那时没有用'教条主义'这个名称，我们叫它做'本本主义'。"进一步分析，毛泽东推崇调查研究不仅强调了实事求是，还包含了群众路线和独立自主的思想，它们被称为毛泽东思想的三大"活的灵魂"。认真回味毛泽东对中国革命道路的求索和创建，眼前就会浮现他在峥嵘岁月里风尘仆仆展开调查研究的音容笑貌，中国的马克思主义也就在他调查研究的足迹下，在中国的贫瘠山沟里诞生。这是令教条主义者们感到不可思议的，这也回答了为什么是毛泽东而不是那些可以倒背马列的教条主义者领导中国革命取得了胜利。

片段三：反"围剿"。中国革命斗争的主要形态是武装斗争，苏区的政权建设和土地革命包括经济建设和文化建设等都是围绕武装斗争的需要展开。毛泽东的中国革命道路探索成果，很多都是在武装斗争中形成的。在中央苏区的岁月里，红军遭受国民党军"围剿"几乎贯穿苏区创建的全过程，大型"围剿"有五次，前三次是在毛泽东和朱德并肩指挥下粉碎的。毛泽东的许多闪光的军事思想也在反"围剿"的过程中形成，这将保证共产党人在中国革命道路上前行更有胜算。例如，"诱敌深入"的基本战略方针，运动战是反"围剿"的基本作战形式，歼灭战是反"围剿"的基本要求，要点是集中优势兵力，各个歼灭敌人，避强击弱、慎重初战，采取迂回包围，穿插分割，制造并抓住敌军在运动中暴露的弱点，出其不意地发动攻击，实行战斗中的速决战等战法，这些都是我军的宝贵思想财富。毛泽东总结说："等到战胜敌人的第三次'围剿'，于是全部红军作战的原则就形成了。"[5] 经过三次反"围剿"，中央苏区得到了大发展，总面积5万多平方公里，人口达250万，包括21个县，并成立了中华苏维埃共和国临时中央政府，红军达到10万人以上。1933年，中共临时中央亦迁入中央苏区。更重要的是，中国革命道路在此期间基本成熟和定型，以后面临的主要是发展和丰富的问题了。

毛泽东在南方苏区岁月创建多多，却不能说是春风得意。

从秋收起义开始，他的政治和军事决策经常是在中央或上级的反对和指责下施行的。可以说，他一方面与武装的敌人血肉作战，另一方面和党内教条主义领导人的思想作战，遭受两面夹击。比如在反"围剿"斗争中，他坚持的"工农武装割据"思想、"诱敌深入"战略战术等，就受到"左"倾冒险的中央领导人李立三严厉指责："在全国军事会议中发现了妨害红军发展的两种障碍：一是苏维埃区域的保守观念，一是红军狭隘的游击战略。最明显的是四军毛泽东同志，他有整个的路线，他的路线完全与中央不同。"[6]中共中央还在致红四军的信中批评毛泽东等人："你们现在完全反映着农民意识，在政治上表现出机会主义的错误。"强硬提出，"中央新的路线到达四军后，前委须坚决按照这个新的路线转变"，"如果前委有谁不同意的，应即来中央解决"。[7]

当时，这个"新路线"就是中共六大以后形成的李立三的"左"倾冒险错误。此前，中共中央则出现了以瞿秋白为代表的"左"倾盲动错误，特点是拼命地进行四处开花而没有胜利把握的武装暴动，毛泽东在秋收起义时被强令攻打长沙以及多点暴动也是典型表现。因此毛泽东在秋收起义中果断转兵，开辟井冈山革命根据地，也受到中央撤销其政治局候补委员和湖南省委委员的处分。1928年4月，瞿秋白的"左"倾盲动错误得到制止，随后中共六大召开。大多数学者认为，这次会议对中国革命的一些根本问题做出了基本正确的判断，李立三接替瞿秋白成为中共中央的实际负责人，也稳健地展开了两年工作，取得了相当成效。但是随着1929年资本主义世界爆发了空前的经济危机，国内新军阀之间爆发了中原大战、湘粤桂边战争等大规模内战，对红军的"围剿"放松，李立三的头脑便发热了。当然这背后还有共产国际的指令和理论支撑，特别是斯大林关于中国革命的"第三时期"理论，认为中国已经处于"苏维埃革命"的第三阶段，将在最近时期进入革命高潮。共产国际就是按照斯大林这个理论指导中国革命，这个理论也被当时的中共领导人视为神圣信条。

1928年，李立三在中共六大期间多次受斯大林接见，颇受斯大林器重，"左"倾思想急剧发展，甚至有点"走火入魔"。1930年6月，中共制定了《新的革命高潮与一省或几省的首先胜利》（即《目前政治任务的决议》）的中央决议，宣称新的革命高潮已经到来，无论是中国革命和世界革命"都到了大决战的前夜"；在行动上，则制订了以武汉为中心的全国总暴动和集中攻打中心城市的冒险计划，要求各路红军"会师武汉""饮马长江"。毛泽东接到的指令是攻打南昌、长沙等大城市。

时过境迁，李立三所做的决议不禁让人觉得荒唐，当时却代表着斩钉截铁的中央命令，何况中央还严厉地警告了毛泽东。朱德回忆说："我们别无选择，只有接受。"于是，毛泽东特有的虎气和猴气又表现出来了。所谓虎气，就是充分自信，特立独行；所谓猴气，就是在党纪允许的范围内变通处理。按郭化若将军的说法，"就是'推'字的文章"[8]，事实颇富戏剧性：毛泽东等带领部队开到南昌城外的赣江对岸，对天鸣枪，说是纪念南昌起义三周年，向敌人示威，然后给中央去信解释说，敌人不肯出城应战，攻城兵力不够，我们没法打，震慑敌人的目的已经达到，我们又在城外完成了宣传发动群众和筹款任务，收获还是很大的。不知道李立三看到毛泽东的信是何感受，估计是哭笑不得吧。

至于打长沙，毛泽东倒是动了真格。

1930年7月,先是以勇猛著称的彭德怀率红三军团趁湘军何键主力不在长沙之际,以8000人马击溃3万守军,攻占了长沙,何键狼狈逃亡,红军俘敌4000余人,缴枪3000余支和大批弹药,并成立了湖南省苏维埃政府,选李立三为主席(未到任),解救了一批被关押的共产党人,扩红数千人,筹款数十万元,可谓大捷。这也是土地革命时期红军唯一的一次攻占省会级中心城市,震惊了国内外。十天后,何键率大部队反扑而来,彭德怀审时度势,主动撤离长沙,与毛泽东的一军团会师,组建了红一方面军,朱德任总司令,毛泽东任总政委,共有3万人马(一说4万),士气高昂,在前委大多数人的主张下,决定再打长沙。

史料显示,毛泽东两次号令全军发动总攻,甚至采取战国时期齐将田单发明的"火牛阵"战法,将数百头牛尾巴上绑上燃烧物,点火后刺激群牛冲破敌军的电网防御,哪知群牛四处乱窜,反而乱了红军阵脚。围攻长沙整整16天,战线绵延30余里,打得天昏地暗,血肉横飞,还是没有攻下长沙,部队却损失不小,此时又闻敌军增援部队迫近,红军可能腹背受敌。毛泽东开会商议对策,决定暂时退兵株洲一带相机行事,并向中央报告战况。他总结说:"没有群众条件是很难占领中心城市的,也是很难消灭敌人的。"[9]此时,毛泽东已经放弃攻打长沙的念头,准备夺取吉安了。

但中央指令还是要打长沙,派周以栗作为中央代表来督促红一方面军行动,许多红军指挥官也主张继续攻打长沙。毛泽东和周以栗是老乡,相识于新民学会期间,一起参加过湖南农民运动。他和周以栗彻夜长谈,细说不打长沙的道理。周以栗终于被说服,反而帮助毛泽东说服要打长沙的指挥员接受打吉安的方案。

10月4日,红一军团在赣西十万群众和地方武装的配合下,一天内便占领了赣西南的政治经济文化中心吉安城，这是自1929年2月以来红军第九次攻打吉安并成功占领，可见攻占吉安一直是红军的战略性构想，与中央攻占中心大城市的构想虽有距离，但也相差不远。占领吉安后，成立了江西省苏维埃政府，扩军8000人，建立了工兵队，筹款60余万元，又连续攻克周边泰和、安福、吉水、峡江、新干、清江等地，赣江两岸数十个县的红色政权连成一片，开展土地革命，苏区得到扩大。这样的成就，想必鞭长莫及的中央也不好过分指责。

从打南昌到打长沙再到打吉安，毛泽东都是在李立三"左"倾冒险错误决策下戴着镣铐起舞，细细分析可以发现，毛泽东抵制错误路线有两大特点：第一是不突破政治纪律底线，第二是能保证行为后果有利于革命。这不仅需要变通的智慧，更需要实力支撑。所谓实力，就是能保证最后产生的效果是积极的、有利于革命的。毛泽东之所以屡受"左"倾错误的上级指责和处分，甚至在王明路线时期受到严厉批判被削军职，还能保留荣誉性的职务，且能在一些重大决策中发挥相当作用，主要原因就在于他的决策胜算较大，能力不可小觑。因此即使被削了军职，当红军作战受到挫折时，还要请他出山救火。

比较罗章龙与何孟雄就更能说明问题。此二人都是湖南人，均为中共创始人，亦是中共高级领导人，理论水平也很高。在李立三"左"倾错误和继之而来的王明"左"倾错误路线时期，他们对中央的错误决策都旗帜鲜明地提出了反对意见，理论上是正确的，态度比毛泽东更尖锐激烈，但他们却突破了政治纪律的底线。罗章龙以"中央非常委员会"的名义抵制王明担任中共领导人，犯了另立中央的严重政治错误。就实力而言，他们不像毛泽东，可以拿出扎实的革命业绩证明自己，所以他们都受到了严厉打击和处分。罗章龙被开除出党，至于何孟雄,据罗章龙说是受王明陷害被国民党抓捕杀害。[10]可见,如何抵制错误路线,毛泽东也提供了有益启示,只是旁人要学毛泽东的确很难。

再回到李立三。

1930年9月,共产国际突然传来指令,严厉批评了李立三的"左"倾冒险错误,随后中共召开了扩大的六届三中全会,主要解决李立三的问题。这当然和李立三"左"倾错误造成的严重后果有关。虽然"立三路线"全面推行仅三个月,但中共遭受的损失却非常严重。在国民党统治区,由于强行举行罢工、集会和暴动,革命力量遭到暴露,被国民党镇压,十几个省的地下党组织遭到严重破坏或全面破坏,许多共产党人和革命群众被捕杀;洪湖革命根据地、左右江革命根据地、皖西革命根据地等先后丧失。仅有中央苏区,由于毛泽东对错误路线的巧妙抵制,得到了壮大发展——这也反证了毛泽东的道路走对了。

奇怪的是,共产国际本来对李立三的"左"倾表现是抱欣赏态度的,怎么一下子转弯了?尤其是党的六届三中全会以后不到一个月共产国际又给中共来信,"提出李立三的路线是反国际的政治路线",批评周恩来等人对李立三的处理不够严厉,犯了"调和主义错误"。不仅对李立三的错误性质加码了,还拖累了周恩来等人。这是怎么回事?胡乔木有段话道出了其中玄机:

李立三的所作所为,与共产国际的指导思想有关。因为,共产国际认为当时世界革命正处于高潮。李立三受到了这种思想的影响,并超过了共产国际,要立即夺取政权。李立三认为苏联不了解中国的情况,并要求苏联红军出兵,开到中国来帮助中共。后来会议材料转到共产国际,共产国际的领导人看了后很惊讶,很不满,说这是立三路线,是错误的。[11]

原来,李立三不知天高地厚,竟然对苏联指手画脚,还胆敢要求苏联红军来为中国革命效劳,并狂傲地说:"等占领武汉以后,再用另一种方式和国际说话。"[12]这种狂傲的结果是,他受到了共产国际的严厉处分。对共产国际忠心耿耿的李立三无条件地接受了来自革命圣地莫斯科的批评,诚恳地检讨自己,承担了全部责任,黯然离开中央领导岗位,去了苏联交代问题,开始了他落难异乡15年的生涯。李立三绝没想到,自己的书生狂傲和三个月的冒险错误,会给自己后半生带来30余年的磨难。

接替李立三领导工作的是周恩来和瞿秋白,但他们仅仅是过渡:

1931年1月7日,在米夫的直接干预下,党的扩大的六届四中全会在上海召开。四中全会以批判三中全会的所谓对于"立三路线"的"调和主义"为宗旨,强调反对"依然是党内目前主要危险"的"右倾",决定"改造充实各级领导机关"。瞿秋白、周恩来等在会上受到严厉指责。原先不是中共中央委员、缺乏实际斗争经验的26岁的王明,不仅被补选为中共中央委员,而且成为中央政治局委员。扩大的六届四中全会后,中共中央的领导权实际上由得到米夫全力支持的王明所操纵。从这时起,以王明为代表的"左"倾教条主义错误在党的领导机关内开始了长达4年的统治。[13]

可见,党的扩大的六届四中全会是一次极不正常的会议,王明及其号称国际派的团队依仗米夫的权势,玩弄阴谋诡计,破坏党的组织程序极不光彩地上台，不仅是对中国共产党形象的抹黑，还大大加重了"左"倾教条主义错误，且带来了浓厚的宗派主义祸水。随着王明路线日益加强，毛泽东也日益被边缘化。毛泽东在南方苏区最后的岁月里，他非常孤独压抑。

从一九三一年赣南会议到一九三四年十月长征开始，整整三年内，毛泽东的处境是十分艰难的。尽管他出任中华苏维埃政府主席，实际上一直身处逆境，遭受着接连不断的批判和不公正对待。他许多行之有效的正确主张，被严厉地指责为"狭隘经验论"、"富农路线"、"保守退却"、"右倾机会主义"。在不短的时间内，甚至被剥夺了工作的权利。这种"残酷斗争，无情打击"又来自自己的党内。这是严峻的考验。[14]

严峻的考验不仅意味着对毛泽东个人的伤害，更是对革命的伤害。王明上台不久，九一八事变爆发，日本军队占领东北，导致中国的社会矛盾和阶级关系出现重大变化，要求革命对策也要有新调整。毛泽东敏锐地发现了中国革命的新动向，和朱德、贺龙、彭德怀联名向国民党官兵发出呼吁，倡议在停止进攻苏区、保证民众民主权利、武装民众三大条件下与国内任何军队订立对日作战协定。1933年下半年，第五次反"围剿"中，国民党军第十九路军将领蔡廷锴等在福建成立了中华共和国人民革命政府，并派代表与中共联系，谋求合作抗日反蒋。时任中华苏维埃主席的毛泽东持欢迎态度，热情接待了蔡廷锴方面的代表，还向中央建议，将红军主力突进到以浙江为中心的苏浙皖赣地区，将战略防御转向战略进攻，以扭转第五次反"围剿"的被动局面。毛泽东的这些主张不是被冷落，就是被否定，甚至遭到批判，其实这些主张已经包含建立抗日民族统一战线的大战略思想了。毛泽东作为中共群体中最富创意的思想家和革命家，在"左"倾错误压制下，思想之花的绽放受到很大压抑，这是非常遗憾的。结果则是第五次反"围剿"失败，红军被迫放弃中央苏区，进行战略转移。毛泽东后来苦涩地回忆说：

> 他们迷信国际路线，迷信打大城市，迷信外国的政治、军事、组织、文化的那一套政策。我们反对那一套过"左"的政策。我们有一些马克思主义，可是我们被孤立。我这个菩萨，过去还灵，后头就不灵了。他们把我这个木菩萨浸到粪坑里，再拿出来，搞得臭得很。那时候，不但一个人也不上门，连一个鬼也不上门。我的任务是吃饭、睡觉和拉屎。还好，我的脑袋没有被砍掉。[15]

我们应该庆幸的是毛泽东对中国革命道路的主要探讨，在王明路线统治之前基本成型，否则中国革命之路还不知道要经历怎样的波折。

长征与遵义

一送里格红军，介支个下了山
秋风里格细雨，介支个缠绵绵
山上里格野鹿，声声哀嚎
树树里格梧桐，叶呀叶落光
问一声亲人红军呀

几时里格人马,介支个再回山

…………

长征是一曲气壮山河的英雄颂歌。毛泽东在长征岁月里写下 8 首诗词,达到其一生中诗词写作的顶峰。其中,全景式展现长征也最广为传诵的是《七律·长征》:

红军不怕远征难,
万水千山只等闲。
五岭逶迤腾细浪,
乌蒙磅礴走泥丸。
金沙水拍云崖暖,
大渡桥横铁索寒。
更喜岷山千里雪,
三军过后尽开颜。[16]

熟悉长征的读者会发现,毛泽东没有提及最苦难也令毛泽东内心最为纠结和沉重的事件:在班佑草地边缘,他和重兵在握的红四方面军主帅张国焘几乎刀兵相向。要是搏杀果真发生,中央机关和红一方面军余部数千人极可能会全部覆没。当时是叶剑英及时报信,林彪如赵云般率部下做前锋奋勇开路,彭德怀如张飞般率部下决死断后,毛泽东和中央机关才脱离险境。红四方面军副帅徐向前也功不可没,他不同意对毛泽东追击,并用山西话坚定地说:"哪有红军打红军的道理!"陈昌浩也接受了徐向前的意见。徐向前说,陈昌浩是政治委员,有最后决定权,要是陈昌浩坚持要追击,他是难以阻止的。所以,毛泽东后来提及这段历史，称之为他生命中"最黑暗的时刻"。

由于毛泽东在诗中没有涉及这段经历，全诗便充满着乐观主义的豪迈，这种基调也构成了对长征精神的主流解读。长征抵达陕北，毛泽东在瓦窑堡继续朝着这个主流解读方向展开了论述，他激情满怀地说：

> 讲到长征，请问有什么意义呢？我们说，长征是历史纪〔记〕录上的第一次，长征是宣言书，长征是宣传队，长征是播种机。自从盘古开天地，三皇五帝到于今，历史上曾经有过我们这样的长征吗？十二个月光阴中间，天上每日几十架飞机侦察轰炸，地下几十万大军围追堵截，路上遇着了说不尽的艰难险阻，我们却开动了每人的两只脚，长驱二万余里，纵横十一个省。请问历史上曾有过我们这样的长征吗？没有，从来没有的。长征又是宣言书。它向全世界宣告，红军是英雄好汉，帝国主义者和他们的走狗蒋介石等辈则是完全无用的。长征宣告了帝国主义和蒋介石围追堵截的破产。长征又是宣传队。它向十一个省内大约两万万人民宣布，只有红军的道路，才是解放他们的道路。不因此一举，那么广大的民众怎会如此迅速地知道世界上还有红军这样一篇大道理呢？长征又是播种机。它散布了许多种子在十一个省内，发芽、长叶、开花、结果，将来是会有收获的。总而言之，长征是以我们的胜利、敌人失败的结果而告结束。[17]

显然，毛泽东是想把长征精神确立为中国共产党的党魂或党德，成为中国共产党人的最高道德境界和力量源泉。他相信，具有长征精神，就能达到做人的最高境界，就能无坚不摧、无往不胜、无所不能。

但是毛泽东对长征还有另外一些言论，是从反思的角度言及的。

1965年8月5日，毛泽东会见印度尼西亚共产党中央主席艾地时，他这样说："现在全世界都说二万五千里长征伟大，你们相信吗？我是相信，又不相信。那是因为犯错误，不得不跑，跑的结果，三十万人只剩下二万五千人。这时我们就得到教训。"[18] 这就是毛泽东特有的思维方式，总是辩证地看问题。他看到了长征的另一面，从而激发我们深刻反思。

必须承认，就发生学而言，长征是"左"倾错误路线所致的惨痛结果和付出的沉重代价，是错误路线危害革命的血泪见证。自1927年以来，中共创立的苏区损失百分之九十，白区党组织损失近乎百分之百，这是"左"倾教条主义领导人王明等人给革命带来的毁灭性灾难。不难想见，没有这场灾难，长征不会发生。按毛泽东的说法就是，长征就是因为中共领导人犯了大错误，红军"不得不跑"，更令人痛心的是，在长征中又损失了百分之九十以上的红军。毛泽东愤怒地说："教条主义害死人！他们不做实际工作，不接触工人、农民，却要指手画脚，到处发号施令。同国民党打仗，怎样才能取胜？农民为什么会革命？他们懂吗？"[19]

显然，长征精神和长征起因是密切关联又有着不同启迪的两个话题，对长征起因的反思亦即对王明的"左"倾错误进行审视，同样不可或缺。

李立三"左"倾冒险错误被纠正后不久，王明"左"倾教条主义错误又在中共中央占统治地位，这是由多方面因素造成的，是同共产国际直接干预分不开的。八七会议以来，党内存在着浓厚的"左"倾情绪，虽然几次受到批评，但始终未能在指导思想上得到认真清理。党的许多干部对革命充满热情，但理论准备和实践经验都不足。

当王明等人脱离实际地搬用马克思主义的词句来论证自己的观点，并得到共产国际代表全力支持时，许多人便对他们的错误主张失去清醒认识和抵制能力。这种状况，反映了党仍然处于幼年时期的一些特点。[20]

这段分析强调了共产国际在"左"倾教条主义错误中的主要责任，也强调了党内许多同志迷信共产国际，死守教条主义，是因为理论准备和实践经验不足，故而对王明等人的"错误主张失去清醒认识和抵制能力"，还强调王明等人的特点是"搬用马克思主义的词句来论证自己的观点"。这就意味着，王明等人和大多数迷信共产国际和教条主义的党员不同，他们的错误原因不能简单地说是理论准备和实践经验不足，正如毛泽东愤慨地指出，王明等人"只知牛头不对马嘴地搬运马克思、列宁、斯大林，搬运共产国际，欺负我党与中国人民对于马克思主义的认识水平与对于中国革命实践的认识水平的暂时落后而加以剥削"。[21]

资料显示，在莫斯科中山大学时，王明等人就自诩得马克思主义真传，形成了小集团，在留苏同学中屡兴论争，掀起波澜，打压不同意见者，"二十八个半布尔什维克"的称号即因此而来。同时，王明很会看风头，在苏联党内斗争中，跟斯大林派的势力走，攀附中山大学斯大林派的副校长——也是满口马列条文、才20多岁的米夫，博取了米夫的充分信赖。王明的两面人嘴脸，在留苏同学中屡受诟病。回国后，王明又被称为"国际派"领袖，高调撰文《为中共更加布尔什维克化而斗争》，讥讽中国的山沟里没有马列。他不仅自以为是，还野心勃勃地以拯救者姿态要改造党，采取拉拢、打击、利诱等方式，在党内拉帮结派，谋求上位。

在党的六届四中全会前夕，王明等事先知道共产国际对李立三的态度有变，立即发起批判李立三的活动，矛头还指向周恩来和瞿秋白，说他们搞调和，包庇李立三。他还串联一直反对李立三"左"倾错误的何孟雄、罗章龙等人一起改组党中央。米夫来到中国后，王明有了米夫支持，又与何孟雄、罗章龙划清界限，翻脸攻击何、罗分裂党。在米夫强烈要求下，党的六届四中全会召开，而且宣布只开一天，主要目的就是要火速把王明扶上台。会议严重破坏组织程序，不顾党内大多数反对声音，使普通党员的王明一天之内就进入了中央核心领导层。不久王明去了苏联，为了遥控国内，安排他的同学兼密友博古接任其职务——当党中央最高负责人。业绩平平、当时连中央委员都不是的博古时年仅24岁。直到3年后的党的六届五中全会，博古才被选为中央委员，又入选政治局常委，在组织条例上才符合当总负责人的条件。

王明的"左"倾错误，在思想路线上是教条主义，在组织路线上则是宗派主义。这两者密切结合，构成了王明"左"倾错误的整体。了解这一点很有必要，否则就难以理解王明"左"倾错误的严重危害，尤其是宗派主义这一涉及政治品质的危害。不是说此前的"左"倾错误没有宗派主义，而是说王明等的宗派主义格外严重、恶劣。他们在党内思想争论和组织整顿中，以宗派划线，顺者昌，逆者亡，上纲上线，歪曲事实真相和性质，公然喊出"残酷斗争、无情打击"的口号，以对待敌人的方式对待同志，尤其是在各根据地多次普遍展开的肃反严重扩大化，败坏了党的形象，破坏了党的团结，重创了革命的队伍，其产生的恶劣影响在中共历次错误路线统治中可谓登峰造极。

"肃反"，是中共历史上一个非常敏感、非常复杂，也非常沉重的话题。当时，确有国民党敌对势力的渗透现象，革命队伍内部也确有一些人被策反或作为败类在破坏革命，包括一些阶级异己分子、流氓地痞混进了革命队伍。他们掌握了一定权力，欺压百姓、侮辱妇女，抢劫民财，这是必须清理整肃的。但也要看到，"肃反"过程中出现了严重扩大化，导致这一结果的原因主要是中共高层领导的"左"倾错误决策。

王明的教条主义有两个突出表现，一个是"唯苏是从"。中共在毛泽东成为最高领袖之前，基本上是亦步亦趋地接受共产国际的指挥，在此期间中国革命的成败，从政治路线和组织路线上而言，共产国际要负主要责任。别看王明等对党内的同志颐指气使，但在共产国际面前绝不敢越雷池一步——"王明路线就是共产国际路线"。王明等的教条主义首先就表现为对共产国际的绝对迷信和服从，包括宗派主义的种种做派，都是从共产国际更具体地说是从苏联模式拷贝而来的，通俗言之就是"唯苏是从"。

王明教条主义的另一个突出表现就是"本本主义"，即一切决策都要从马列条文中寻找依据，否则就不知所措。表面上看他们熟读马列，只是有点迂腐而已，其实他们不过是滥竽充数的南郭先生。有学者考察博古学马列的经历指出，"博古在莫斯科大约三年时间里，系统学习马列书本的时间其实并不多"，"用博古自己的话来说，就是'在学习理论的口号下使学生去啃完全脱离实际的教科书'"，"只会用这些教科书上摘章寻句得来的马列著作中的只言片语，和俄国编写者根据政治需要归纳出来的生硬教条来判断一切"。[22]尽管他们对马列的掌握并不精深，但回到中国后就成了大理论家，吓唬没读过多少马列的国内革命实干家还是管用的。这种教条主义是一种羞辱中国革命的教条主义，所以毛泽东轻蔑地形容这帮教条主义者："墙上芦苇，头重脚轻根底浅。山间竹笋，嘴尖皮厚腹中空。"

不妨举一个实例。1933年1月，博古撤到苏区，作为中共最高负责人开始直接指导革命，在政治上立即发动批判"罗明路线"，在军事上全面推行"进攻路线"，以共产国际派来的军事顾问为名义，将德国人李德推出来决定红军的作战方针，此后李德的决策掌握了红军命运，一直到中央苏区在李德的决策下全面沦亡。其实李德并非共产国际指派来的军事顾问，他读过三年军事学校，也打过仗，但后来从事的是情报工作，来中国是作为交通员送达一笔救人经费。此时博古等人正要撤离上海去苏区，不能再纸上谈兵地指导革命了。于是博古就临时抱佛脚聘请在苏联就相识的李德当红军顾问，李德也顺水推舟地答应了。有学者认为，博古一是心中没有底气，军事上要依赖专家；二是觉得找一个洋顾问，又有共产国际作招牌，自己可以挟天子以令诸侯，镇住从枪林弹雨中打出来的富有实战经验的红军将帅。还有学者说，博古有意模糊李德来路不正，宣称李德是共产国际精心挑选指派而来，在红军中竭力推崇李德，压制红军将领对李德的质疑。学者的分析判断未必精准，但也基本符合事实，从后来李德给红军造成的严重损失看，他作为军事顾问是不合格的。对于李德是否胜任军事顾问一职，博古既没有认真考察也没有能力考察。他把李德捧为"太上皇"，小心翼翼地伺候，对革命是很不负责的，甚至有点儿戏。因此，说博古缺乏真才实学，尤其是缺乏领袖能力是不冤枉的。

分析王明路线可以发现，教条主义者坚信世界的真谛存在于理论教条中，因此，应该世界符合理论，而不是理论符合世界。就中国革命而言，他们认为中国革命是为了符合马列主义而诞生的。比方说，他们认为脚是为了穿鞋而诞生，因此必须削足适履。于是他们对一切不符合理论教条的现象进行讨伐和剿灭，极端表现就是"肃反"严重扩大化，以肉体消灭来维护理论教条不受异端侵犯，如同把脚削得鲜血淋漓塞进理论的鞋子里。结果既无法取得革命的成功也会导致众叛亲离，因此，教条主义者是非常孤立的。于是宗派主义便出场了，对异己的打击就更加理直气壮——这就出现了政治品质的异变，以宗派路线为取舍标准的残酷党内斗争就发生了。

再说一个小故事。1929年1月，国民党重兵"会剿"井冈山，在决定红军去向的会上，毛泽东传达了中共六大的一系列决议。但有一段决议，他跳过没有传达，因为袁文才和王佐也在现场，他不想让袁文才和王佐受到刺激。会后，他又召集有关人员留下，传达了那段中共六大决议。

原来这是中共六大通过的《关于苏维埃政权组织问题决议案》的一段指示："与土匪或类似的团体联盟，仅在武装起义前可以适用，武装起义后宜解除其武装，并严厉地镇压他们。这是保持地方秩序和避免反革命的头领死灰复燃。他们的首领应当作反革命的首领看待，即令他们帮助武装起义亦应如此。这类首领均应完全歼除。"[23]从马列主义角度而言，这既违背马列强调的以发展眼光看问题，也违背马列主张具体情况具体分析的思想，完全陷入了马列所反对的静止思维陷阱。

更令人哭笑不得的是，看了中共六大决议后，一些同志还表示说要坚决照办，立即干掉袁文才和王佐，遭到毛泽东、朱德、陈毅等人的坚决反对。毛泽东认为，袁文才和王佐虽然当过土匪，但现在已是我们的同志，而且都入了党，立了不少功劳，不能算旧账。为了对中央有交代，毛泽东把袁文才和王佐分开，他把袁文才调到红四军任副参谋长，实际是保护袁文才。没想到的是，毛泽东还是低估了"左"倾教条主义的顽固，也没料到事情发展的复杂性。袁文才发现这份要处决自己这类人的文件后，遂离队逃跑，使问题更加复杂化。最后结果是，一年后，袁文才和王佐都被当成反革命错杀。事后毛泽东得知他们的死讯，仰天长叹，终生都为之遗憾甚至内疚。在延安他接受斯诺采访时还深情地说："我在井冈山期间，他们是忠实的共产党人，是执行党的命令的。"[24] 新中国成立后，毛泽东回井冈山，还专门探望了二人的遗孀，远远地就亲切地叫"嫂子"，声声都是兄弟情。

错杀袁文才和王佐，激起了他们的部下哗变，井冈山革命根据地也因此丢失。

这样的悲剧令人感慨万千。袁文才和王佐被错杀，发生在王明"左"倾错误统治之前，不能归于王明的责任，这就更值得深思，"左"倾教条主义的错误，似乎更容易在激进的革命党群体中蔓延。这是为什么？毛泽东在延安整风时期曾经写过一篇文章，名字叫《驳第三次"左"倾路线》。他说：

> 我常觉得，马克思主义这种东西，是少了不行，多了也不行的。中国自从有那么一批专门贩卖马克思的先生们出现以来，把个共产党闹得乌烟瘴气，白区的共产党为之闹光，苏区与红军为之闹掉百分之九十以上……都是吃了马克思主义太多的亏。[25]

毛泽东这段话有些情绪化，却并非没有道理。其道理就是：即使是真理，一旦教条化，也可能酿成严重灾难。

长征最惨烈的一战就是湘江之战，发生于1934年11月27日至12月1日。

此战红军由出发时的86000余人，锐减到30000余人。也就是在湘江之战时，红军能和共产国际保持联络的大功率电台在激战中被损坏，此后一年多，共产国际再也无法指令红军，红军内部发生的变化也无法再请示共产国际。

中国革命起死回生的转折到来了。

一个多月后，遵义会议召开，博古和李德黯然下台，毛泽东被选为中共中央政治局常委，协助周恩来主管军事，成了在军事上真正拿主意的人。有学者认为，要是电台不损坏，共产国际得知遵义会议的内容，必然会保护博古和李德。那也未必，只不过会多了一个"婆婆"参与，事情会更复杂，周折更多罢了。电台损坏了，中国共产党人反而能够独立处理问题，而且更干脆利落。

其实，博古、李德等人处心积虑地打压排挤毛泽东，未必是共产国际的旨意。公平地说，共产国际对毛泽东还是比较欣赏的。资料显示，早在大革命时期，毛泽东就因为受到国际代表的赏识，在党的三大上被选入政治局；毛泽东的《湖南农民运动考察报告》也受到共产国际的称赞；井冈山革命根据地开创后，共产国际的报刊称之为"史诗般的行动"，称毛泽东和朱德是"极出色的领袖的名字"；临时中央剥夺了毛泽东的各项权力，共产国际却要他加入政治局。诸此种种表明，共产国际越来越对博古为代表的中共中央失望，"已经有多年成功指挥经验的毛泽东，无论如何要比那些只是有过纸上谈兵经历的领导人强"。[26] 有学者认为，共产国际已经有换"马"考虑了，只是还在等待时机，要是共产国际知道遵义会议要扳倒博古中央，很可能会支持毛泽东："从这时全力宣传毛泽东的情况看，如果这个时候莫斯科有机会指导中共中央并选择其总负责人，它是否会像遵义会议那样把张闻天推出来负总责，怕是要打一个问号的。"[27]

我们认为，湘江之战损坏了大功率电台的偶然事故，它的历史作用到底有多大，只能猜测，更重要的是要看到，湘江之战的严重损失，已经使全党全军一致地反思"左"倾错误路线的恶果，使纠正错误路线成为党心军心所向。一是博古和李德再也没有嚣张跋扈之气，他们也意识到，作为滥竽充数的南郭先生混迹为中央领导人的日子走到了尽头。"博古感到自己责任重大，一筹莫展。李德一面唉声叹气，一面却诿过于人。"[28]二是红军上下对博古和李德的怨怒之气普遍蔓延开来。刘伯承如是回忆：

> 广大干部眼看反五次"围剿"以来，迭次失利，现在又几乎濒于绝境，与反四次"围剿"以前的情况对比之下，逐渐觉悟到这是排斥了以毛泽东同志为代表的正确路线，贯彻执行了错误的路线所致，部队中明显地增长了怀疑、不满和积极要求改变领导的情绪。这种情绪，随着我军失利日益显著，湘江战役达到了顶点。[29]

全军一片怨言之时，毛泽东也在做两位重要人物的工作，他们是中央政治局委员张闻天和王稼祥。两人都是博古的留苏同学，也算"国际派"，不过却对博古的教条主义和宗派主义做派十分不满。毛泽东明白，要合法地改变中央的错误路线，这两个人的支持非常关键。此时中央随红军行动的政治局委员和候补委员共10人，博古、张闻天、周恩来、陈云、毛泽东、朱德、王稼祥、刘少奇、凯丰、邓发，他们的态度最重要。这10人中，大多数和博古关系都一般，对博古和李德也有不同程度的不满。可要他们主动要求博古下台也不容易，如果张闻天和王稼祥能够主动提议，局面就不一样了，大多数人就可能赞成通过。张闻天这样回忆：

> 长征出发后，我同毛泽东、王稼祥二同志住一起。毛泽东同志开

始对我们解释反五次"围剿"中中央过去在军事领导上的错误。我很快地接受了他的意见，并且在政治局内开始了反对李德、博古的斗争，一直到遵义会议。[30]

长征这一路来尤其湘江之战后，党内争论没停息过。通道有转兵之争，黎平又出现了北进湘西和西进遵义之争，就这样一路争到黔北重镇遵义。奇怪的是，薛岳的追兵却在遵义周边停止了"追剿"，说是蒋介石命令，红军下一步意图去向不明，要静观其变再采取军事行动，于是便静观了半个月。红军从而得以休整并召开了名垂青史的遵义会议。

到达遵义后，博古也感觉到周边气氛不对，于是做了不少工作，想拉人保卫自己所把持的中央，相关细节有不少版本，但这都无关大局。这个大局就是，博古、李德等人已经失去党心和军心，下台是大势所趋。1935年1月15日，遵义会议召开，这时国民党军队开始进攻遵义，号称四十万大军三面包抄而来，会议就在遵义城外的红军战士英勇阻击下开了三天，中国革命的命运完成了大逆转。

一九三五年一月，中央政治局在长征途中举行遵义会议，事实上确立了毛泽东同志在党中央和红军的领导地位，开始确立以毛泽东同志为主要代表的马克思主义正确路线在党中央的领导地位，开始形成以毛泽东同志为核心的党的第一代中央领导集体，开启了党独立自主解决中国革命实际问题新阶段，在最危急关头挽救了党、挽救了红军、挽救了中国革命，并且在这以后使党能够战胜张国焘的分裂主义，胜利完成长征，打开中国革命新局面。这在党的历史上是一个生死攸关的转折点。[31]

1935年1月19日，毛泽东随中央机关撤离遵义，此时，他已经是红军的无冕统帅了。或者说，毛泽东时代开始了。

这应该是个激情澎湃、值得欣然赋诗的日子。但毛泽东没有作诗，也许他回首来路——白区党组织百分之百被破坏，红区热土百分之九十丧失，红军几十万将士倒在血泊之中，换来他成为统帅，只有沉重，毫无喜悦。也许他展望未来——黔北高原，西风凛冽，长空雁叫，大军如何走出绝境，更忧心忡忡……

应该这样记住遵义会议：中国共产党人以14年的艰辛跋涉和求索，付出白区党组织百分之百被破坏，苏区热土百分之九十沦丧，共产党人、红军将士和革命群众上百万伤亡，换来了四个大字——

实事求是。

统一战线与民族革命

红军在长征中一直高喊一个口号：北上抗日。

这个口号在当时恐怕很少有人相信。大多数人相信红军是在逃亡，"北上抗日"不过是一个博取人们同情心的宣传口号。但这只能说明红军有心无力，不等于红军作为中华儿女缺乏报国赤子心。早在九一八事变发生后，1932年4月15日，中华苏维埃共和国临时中央政府主席毛泽东发表《对日战争宣言》，指出："中华苏维埃共和国临时中央政府特正式宣布对日战争，领导全中国工农红军和广大被压迫民众，以民族革命战争，驱逐日本帝国主义出中国，反对一切帝国主义瓜分中国，以求中华民族彻底的解放和独立。"这既是中共抗日态度的显示，也是抗日统一战线思想的雏形。只是由于国民党的"围剿",中共抗日的愿望没有实现,相关的思想未能展开。

红军到达陕北后,日军进一步入侵华北,举国上下抗日的呼声更加高涨。湖南人田汉作词、云南人聂耳作曲的《义勇军进行曲》已经响彻神州大地。1935年11月,共产国际又派中共驻共产国际代表团成员张浩(林育英)来到陕北,传达了关于建立反法西斯统一人民阵线的决议精神,毛泽东和朱德随即发表了《抗日救国宣言》,提出愿与一切抗日反蒋者订立停战协定,进而组织抗日联军和国防政府的主张。12月,中共又召开瓦窑堡会议,讨论联合包括民族资产阶级在内的广泛社会群体共同抗日问题。在会上,博古仍引经据典地认为,"中间势力是最危险的",反对联合民族资产阶级抗日。毛泽东则列举实例证明,在民族危亡之下,不仅民族资产阶级甚至大资产阶级也有抗日愿望,他激愤地说:"难道这样做,就是对祖宗不忠,对祖宗不孝吗?"[32]博古哑口无言。毛泽东在辩论中驳斥了博古教条式对待马克思主义的陈词滥调,这是很意味深长的反问。在毛泽东心灵深处,祖宗传下来的江山,中华民族的利益,是高于一切的。

与此同时,中共和"围剿"陕北红军的东北军主帅张学良、十七路军总指挥杨虎城进行了深入接触,抓住张学良丢失东北的负罪感、东北军将士打回老家的复仇感,还有刀客出身的杨虎城的豪侠气概和民族情怀,达成了停止内战、共同抗日的秘密协议。1936年4月,周恩来和张学良会谈,告知张学良一个新消息,中共已在琢磨"抗日反蒋"的态度,考虑"逼蒋抗日"或"联蒋抗日"的可能了。张学良高兴地说:"你们在外面逼,我在里边劝;我们对蒋介石来个内外夹攻,一定可以把他扭转过来。"[33]不久,中共在公开文件中不再提"讨蒋""反蒋抗日"的口号,着手"联蒋抗日"的工作。

中共建立抗日民族统一战线，最初的口号是"抗日反蒋"。这意味着，以蒋介石为代表的南京政府是在统一战线之外的。这既和中共对中国革命性质的认识有关，也和蒋介石的态度有关。1927年国共分裂后，中共展开土地革命，进行武装斗争，就是要推翻蒋介石的南京政府，不反蒋，谈何革命？就蒋介石的态度而言，此时蒋介石的口号是"攘外必先安内"。也就是说，南京政府首先是要消灭中共，然后再考虑抗日，可见中共的"抗日反蒋"是被蒋介石逼出来的。但不管怎样，只要国共刀兵对峙，就有内战，中华民族就难以形成抗战的最大合力，就难以抵御强大的日本帝国主义。中共审时度势，深刻意识到这一点，以民族大义为重，考虑放弃"抗日反蒋"的口号。此外，苏联和南京政府秘密签订了互不侵犯条约，对国民党的态度也发生了转变。共产国际也向中共提出"联蒋抗日"的意见，这也是促使中共态度转变的一个原因。

1936年12月12日，东北军主帅张学良和十七路军总指挥杨虎城突然发动兵谏，在西安扣押了蒋介石，要求蒋介石停止内战，联合包括中共在内的一切抗日力量，一致抗日，并电告中共，请中共一起参与处置蒋介石。一时间举世震惊，舆论大哗，史称西安事变。

西安事变之前，中共代表潘汉年已经去南京和陈立夫进行了谈判，陈立夫开出的合作条件是，陕北政权必须取消，红军只留3000人，师长以上一律解职或出国，半年后按才录用。这样苛刻的条件，使得谈判搁浅。没想到张学良和杨虎城突然以这样激进的方式来逼蒋抗日。对此，中共是不知情的。西安事变发生后，中共立即召开政治局会议紧急磋商。会上，张国焘的态度最为激进，主张灭蒋抗日，不怕引起内乱。毛泽东并不主张杀蒋介石，他说："又要反蒋，又不反蒋，不把反蒋与抗日并立。"他希望胁迫蒋介石就范，形成最好的局面:"我们应以西安为中心的来领导全国,控制南京,以西北为抗日前线,影响全国,形成抗日战线的中心。"[34]但毛泽东没固执地坚持自己的意见,而是全权委托周恩来,让他按照逼蒋抗日、和平解决的原则去处理西安事变。富有外交才华的周恩来果然不辱使命,以中华民族利益的大局为重,迫使蒋介石做出了"停止剿共,联红抗日"的承诺。西安事变和平解决,抗日民族统一战线因此建立,国共两党开始了第二次合作。

1937年2月9日,《中共中央给中国国民党三中全会电》宣告,只要满足中共提出的五项要求(一、停止一切内战,集中国力,一致对外;二、言论、集会、结社之自由,释放一切政治犯;三、召集各党、各派、各界、各军的代表会议,集中全国人才,共同救国;四、迅速完成对日抗战之一切准备工作;五、改善人民的生活),中共愿意作如下保证:一、在全国范围内停止推翻国民政府之武装暴动方针;二、苏维埃政府改名为中华民国特区政府,红军改名为国民革命军,直接受南京中央政府与军事委员会之指导;三、在特区政府区域内实行普选的彻底的民主制度;四、停止没收地主土地之政策,坚决执行抗日民族统一战线之共同纲领。[35]

中共的电报获得举国欢呼,这不仅显示了中共抗战的诚意,使国共合作成为可能,民族抗战的力量更加强大,而且显示了中共巨大的让步和妥协,这是要有政治胸怀和代价担当的。这四项保证意味着,首先,中共停止了阶级斗争的革命主张,将民族利益置于阶级利益之上;其次,土地革命十年来流血牺牲的成果和恩怨一笔勾销,生死冤家共御外辱;再次,中共领导穷苦人翻身解放的革命转化为民族解放的革命。就对中国革命道路的解读而言,也可以说,中国革命道路首先是中华民族独立和解放的革命道路。于是,我们对中共的性质又有了更丰富的解读，它不仅是无产阶级的先锋队，同时也是中国人民和中华民族的先锋队。后一句话，在中国共产党的第十六次全国代表大会上被写入了党章，它的思想源头则可以追溯到抗日民族统一战线的建立。

又要说到一个湖南人的故事了。

那要追溯到1934年7月，红军长征前夕。中央决定由萧克率领的红六军团从湘赣苏区先行突围西征，与湘西的贺龙红军会师，为中央红军的大转移打前站，同时留下一部分干部组成湘赣省委，坚持在湘赣边区打游击。湘赣省委副书记兼省苏维埃主席谭余保被留下了。从此，谭余保带着部队，以老家茶陵为依托，在湘赣边境深山密林中整整坚持了三年。直到国共第二次合作，陈毅进山来找谭余保的部队，告知了他国共又要进行第二次合作，要将他们的游击队整编为新四军，谭余保一听大怒，立即把陈毅绑了，斥责陈毅是叛徒。陈毅解释说这是党的指示，谭余保还是不信，说我们那么多血都白流了吗？还掏枪要毙陈毅。陈毅毫不畏惧，也讲了自己三年游击战出生入死的坚守，说共产党人要以民族大义为重。谭余保看陈毅大义凛然，深感佩服，也被陈毅的道理说动，却坚持要去吉安城的新四军办事处一探究竟再做最后决定。就这样，陈毅被绑了四天。了解实情之后，谭余保让人把自己绑起来，给陈毅赔罪。陈毅一把按住他说，你警惕性高，忠于党，做得对！两人都流下了热泪。这个故事既说明了共产党人对革命的坚定，也说明了他们的民族担当。

1937年初春的一天，延安的山头泛出点点嫩绿。

美国记者史沫特莱来到了凤凰山毛泽东有些潮湿的窑洞里，听毛泽东讲西安事变的故事。毛泽东对统一战线有这样的解释："中国共产党倡导的是民族战线，包括全民族一切党派及一切阶级，只除汉奸在外,这比起法国或西班牙的人民阵线来广泛得多。"[36] 毛泽东还强调说,要利用每一分钟来争取大多数。

"争取大多数",可谓毛泽东对统一战线最通俗的概括。这句话看似普通,却是他在经历了许多坎坷之后才获得的。毛泽东是一个特立独行的人,脾气倔强,不够圆通,因此在早期遭受了许多打击。直到遵义会议,他才深有体会地对贺子珍说:"办什么事都要有个大多数啊!"贺子珍说:"毛泽东在遵义会议以后,有很大的变化……特别是更善于团结人了。"[37]

细细分析,"争取大多数",由毛泽东的经验之谈逐渐演变为他的重要思想认知。这表现在他对农民的认知,即以占全国人口绝大多数的农民为革命的主力军;也表现为他对抗日民族统一战线的认知,即除汉奸以外的一切阶级,都是抗日要团结的力量;特别是在包括抗日在内的对敌斗争方式上,他又创造性地提出了"人民战争"的概念,这更是别开生面的思想突破。

早在南方苏区的岁月里,毛泽东就意识到:"因为革命战争是群众的战争,只有动员群众才能进行战争,只有依靠群众才能进行战争。"[38]1937年5月7日,他在延安召开的全国党代会上又以《为争取千百万群众进入抗日民族统一战线而斗争》为题,作了结论报告。同年10月25日,他接受英国记者贝特兰采访又指出,"战争的进行没有人民参加又是不能胜利的",政府所忧虑的"应是人民的不起来和对于战争的冷淡"。同年11月12日,他又在延安就上海、太原失陷后的形势作报告,在报告提纲中写下:

我们主张全国人民总动员的完全的民族革命战争,或者叫作全面抗战。因为只有这种抗战,才是群众战争,才能达到保卫祖国的目的。

国民党主张的片面抗战，虽然也是民族战争，虽然也带着革命性，但其革命性很不完全。片面抗战是一定要引导战争趋于失败的，是决然不能保卫祖国的。

这是共产党的抗战主张和现时国民党的抗战主张的原则分歧……[39]

毛泽东的这个报告指出了中共与国民党抗战道路的根本差异：是依靠政府抗战还是依靠人民抗战，是依靠精英抗战还是依靠群众抗战，是依靠少数人抗战还是依靠大多数人抗战。这不仅是抗战的道路问题，也是中国革命的道路问题。后来的历史表明，共产党之所以得天下，最根本的原因就是坚持了依靠人民、依靠群众、依靠大多数人的革命斗争道路。相反，国民党之所以失天下，就是脱离了人民、脱离了群众、脱离了大多数人。因此，毛泽东提出的统一战线理论，不仅惠及抗战还惠及中国革命，是对中国革命道路的进一步总结。

我们说蒋介石的抗战是依靠政府、依靠精英、依靠少数人的抗战，不是说蒋介石拒绝发动人民，拒绝人民支持，他说过："如果战场一开，那就是地无分南北，年无分老幼，无论任何人，皆有守土抗战之责任，皆应抱定牺牲一切之决心。"[40] 这种态度显示了蒋介石明确的抗战立场，也显示了他并非不懂得发动人民的重要性。问题是，蒋介石始终坚持抗战要按照他的决策展开，而他的决策中又包含着对日妥协退让，包含着军事决策的严重失当，包含着对人民意志的严重忽视甚至蔑视。比如卢沟桥事变发生后，他的决策是"不屈服、不扩大、应战而不求战"，这就严重违背了人民意愿，挫伤了人民的抗日积极性，也助长了日寇嚣张气焰。从这个意义上看，他显然是脱离人民的，是不信赖、不依靠人民的。抗日战争中，蒋介石的妥协退让一直为广大人民所不满与诟病。他甚至提出了愿意割让东北，以长城为界，和日本达成妥协停战的严重丧权辱国构想，这难道不是严重违背乃至背叛人民意愿的构想吗？还有与日交战中，自炸花园口黄河大堤，阻止日军推进，致使豫、皖、苏三省44县沦为泽国，80多万老百姓被淹死；火烧长沙城，致使湘楚文化名城沦为一片废墟，3万（一说3000）市民死难，数十万市民流离失所；等等。这难道不是严重漠视人民、草菅民命的举措吗？国民党的抗战是不顾及广大人民群众死活的抗战，因而只是维护国家政权的抗战，与大多数人民群众有严重隔阂是不争的历史事实。

更重要的是，蒋介石的决策中还包含着浓厚的宗派主义色彩，对嫡系中央军偏袒维护，对非蒋系军队特别对中共友军利用算计。抗战中，他始终对中共发动民众怀有戒心，生怕中共和民众结合发展壮大。对中共的态度是"防共、限共、溶共"乃至"剿共"，小摩擦就不说了，大的反共高潮就有三次。最严重的一次是皖南事变，国民党以八万军队设伏对新四军展开"围剿"，致使新四军大部壮烈牺牲或被俘。一直代表中共和蒋介石政府联络，以克制宽容、温和儒雅著称的周恩来听闻此事后怒发冲冠："千古奇冤，江南一叶；同室操戈，相煎何急？！"对中共如此防范打压，说明了蒋介石的极度不自信——他怕放任中共发展，民心会越来越偏向中共。说到底，还是蒋介石只维护少数人利益，对大多数人的利益漠不关心。更具讽刺意味的是，蒋介石不仅难以收复天下民心，连国民党阵营的党心都无法统一，不仅党内派系林立，勾心斗角，还出现汪精卫叛离重庆，倒向日寇，在南京成立伪政权，20名国民党中央委员加入汪伪政府的情况。抗战期间，国民党方面叛逃降日的将领高达70人，带走国民党叛军至少50万人，还不包括汪伪政府的汉奸武装118万人（一说200万），其中大部分是原国民党军人。这样的事实摆在面前，怎么能不让广大民众心寒齿冷？因此，说国民党的抗战严重脱离人民，严重背离民心，毫不过分。

似乎是必然，已经回国参加抗战的王明又对毛泽东的统一战线思路提出了质疑。他自以为是地相信自己是贯彻共产国际的旨意，更自以为是地认为自己是中国的马列教父，便抓住共产国际提出"一切经过统一战线""一切服从统一战线"的说法做文章，又想玩当年把李立三拉下马那一套把戏，对毛泽东发难。按照王明的主张，就是要中共一切服从国民党，服从蒋委员长，国民党要怎么抗战就怎么抗战，中共的义务和作为就是服从配合蒋委员长。如果这样做就放弃了中共在统一战线中的独立自主权和领导权，任由国民党来主宰中共命运，其结果便是，中共会被国民党以各种花招吃掉，抗战也会因为国民党脱离人民的片面抗战或者失败，或者付出极高昂的代价，这就等于要共产党陪着国民党跳火坑。我们当然不能说王明心地恶毒，是在陷害共产党，只能说王明个人野心膨胀，又在犯教条主义错误。当然毛泽东是绝不会答应的，于是党内又出现了反对王明右倾错误的小插曲。这时的毛泽东和共产党已经不是江南苏区时期的毛泽东和共产党了。1938年3月，中央派任弼时去莫斯科汇报中国情况，同时接任王稼祥担任中共驻共产国际代表，任弼时和王稼祥向共产国际详细地汇报了中共进行统一战线的有关做法。9月，中共扩大的六届六中全会在延安召开，回国后的王稼祥传达了共产国际的指示，"国际认为中共的政治路线是正确的"，"在领导机关中要在毛泽东为首的领导下解决"。[41]王稼祥还带回了季米特洛夫一句非常关键的话：其他人如王明，不要再争当领导人了。这句话是王稼祥私下对毛泽东转达的，毛泽东也没有张扬。总之，王明的右倾错误得以制止。

就在王明还在强调"一切服从统一战线"的时候，毛泽东又发表了《论持久战》，从军事战略角度提出了他对抗战的研判，文中又一次表露了他的人民战争思想，命题是"兵民是胜利之本"。他认定，战胜日本帝国主义，主要取决于中国人民的大联合程度。《论持久战》发表后，在国内外引起了不小的反响。周恩来还特意向国民党的战神白崇禧推荐，白深为赞赏，又向蒋介石推荐。在蒋介石的支持下，白崇禧把《论持久战》的精神概括为"积小胜为大胜，以空间换时间"，由军事委员会通令全国，作为抗日战争的战略指导思想。这种概括白崇禧完全是从军事角度总结的，对于《论持久战》里的人民战争思想，他完全忽略了，也就是因为这种忽略人民的做法，让国民党后来丢掉了江山。

毛泽东的人民战争思想就是争取大多数。具体来说就是两点：第一，为大多数人谋利益；第二，依靠大多数人干革命。我们不谈政治信仰，只谈政治谋略，只要政治家赢得了大多数人的衷心拥戴和支持，少数人只能随波逐流，若想反抗，只能是自取灭亡。这么简单的道理，王明之类的教条主义者是不会明白的，他们痴迷地认为，理论的完美性决定一切，只要按照完美的政治理论亦步亦趋，就必定取得政治斗争的胜利，所以他们只知道按照教条来干革命。他们不明白，理论再完美如果不能为大众的利益服务，不能为大众所接受，就什么也不是。全于蒋介石所代表的国民党，他们是为少数人谋利益，也依靠少数人去进行政治斗争，他们认为少数人是社会精英，有权有势，可以忽略大多数人。总而言之，毛泽东走的政治道路是为大众也依靠大众的道路，王明等走的政治道路是为理论也依靠理论的道路，蒋介石等走的政治道路是为小众也依靠小众的道路。

明白上述区别，再论及抗日战争，不同道路优劣立判。王明等奉行的教条主义道路就不用说了，他们一无所成，只是历史笑话。而毛泽东主张的人民战争道路成效显著。全国抗战八年后，中共得到了极大发展。全国抗战开始时，中共军队只有五六万人，根据地局限于陕甘宁边区，总面积约13万平方公里，人口约200万，设36个县和1个特区。抗战胜利后，中共领导的军队约132万人、民兵260余万人，解放区有19个，面积近100万平方公里，人口近1亿。虽然相比国民党军队422万人而言中共自然处于弱势地位，但和八年前比已是天翻地覆，如果说八年前国民党都没法消灭中共，此时就更加不可能了。在抗日战争中，中共主要是敌后作战，是在敌占区日伪军的重重包围下，闪展腾挪发展起来的，靠的就是发动和依靠大多数的民众，靠的就是和老百姓的鱼水情深。

在中华民族危亡之际，中共提出了抗日民族统一战线。对于国民党取得的抗战胜利战果，毛泽东和中共也都及时致电或发表文章给予祝贺，这就叫做以民族利益为重。

1939年10月，他在给《共产党人》的发刊词中这样总结：

统一战线问题，武装斗争问题，党的建设问题，是我们党在中国革命中的三个基本问题。正确地理解了这三个问题及其相互关系，就等于正确地领导了全部中国革命。

⋯⋯⋯⋯⋯⋯

十八年的经验告诉我们，统一战线和武装斗争，是战胜敌人的两个基本武器。统一战线，是实行武装斗争的统一战线。而党的组织，则是掌握统一战线和武装斗争这两个武器以实行对敌冲锋陷阵的英勇战士。这就是三者的相互关系。[42]

我们发现，在以农民为革命主力军的基础上，毛泽东又汇聚了更丰富的斗争力量。他相信，在统一战线中只要坚持党的领导，中国革命不仅会有主心骨还会更有人民性，革命目标的实现更加有保证。

这就是毛泽东的胸怀，也是毛泽东的智慧。

在延安走向成熟

西安事变后，红军从东北军手里接管了延安。

是湖南人江华带领红一团接管延安的。进驻时，延安城里还有地方保安团和南京政府委任的县长。对此，红军没有武力驱赶，因此便出现了保安团和红军战士同时在城门前站岗盘查过往行人的有趣现象。十几天后，保安团和县长无声无息地消失了。中共中央进驻延安。

1937年1月13日，毛泽东从保安来到延安。离开保安前，他起草了《关于蒋介石声明的声明》，对蒋介石同意合作抗日表示赞许，声明中共将全力合作共同抗日，还与蒋介石相约要"言必信，行必果"。罢笔后，毛泽东和中央机关的同事冒着寒风，踏着黄土高原厚厚的冰雪向延安进发。行李中，最引人注目的就是书。

从西安事变到1939年底国民党掀起第一次反共高潮前，可称为国共合作的第一个阶段，双方的合作总体看比较融洽，也可称为国共合作的"蜜月期"。这给毛泽东腾出精力进行理论思考提供了有利环境。其实，红军长征到达陕北安顿下来后，毛泽东就进入了理论学习和思考状态。几次和教条主义者的斗争，他没少吃那些夸夸其谈的"马列主义理论家"的亏，按毛泽东的话，就是被"欺负"，他决心恶补马列主义理论，结合自己的革命实践，得出自己的理性判断，反击挂羊头卖狗肉的教条主义者。

为此,毛泽东托人从各种渠道收集马列著述以及古今中外的相关经典名著,包括他在新民学会时期就接触过的王船山著述。有趣的是,他还特意收集了《孙子兵法》认真研读。原来,在遵义会议时,时任中共中央政治局候补委员、红九军团中央代表的凯丰讽刺毛泽东说,你不过凭着《三国演义》和《孙子兵法》打仗,有什么了不起?毛泽东很受刺激,反驳说,我怎么会靠《三国演义》和《孙子兵法》打仗呢?《三国演义》倒是看过,《孙子兵法》我根本就没看过。毛泽东对凯丰的讽刺一直耿耿于怀,所以到达陕北后,他就想专门看看《孙子兵法》。毛泽东是个心高气傲的人,他对人大度宽容,更多是出于高傲——不想和对手一般见识。可是像凯丰这样刻薄地伤他自尊的言行,他也很难释怀。张国焘也说过一件事,1924年他和毛泽东同船去香港,船上一帮流氓拔出刀子向他俩索要钱财,张国焘不想和流氓纠缠,想息事宁人。毛泽东却被流氓的挑衅激怒,挽起袖子要和流氓玩命,好不容易才被张国焘劝住。特里尔将这个细节写进了《毛泽东传》,评价说:"毛泽东在政治上不像张国焘那么左,但是当个人受到挑战时,他比张国焘更火爆。"[43]这就是毛泽东。了解了这一点,我们也就理解了为什么毛泽东向延安走去时,行李中满载书籍。

这一段时期,毛泽东完成了《论反对日本帝国主义的策略》(1935年12月)、《中国革命战争的战略问题》(1936年12月)、《中国共产党在抗日时期的任务》(1937年5月)、《为争取千百万群众进入抗日民族统一战线而斗争》(1937年5月)、《实践论》(1937年7月)、《矛盾论》(1937年8月)、《反对日本进攻的方针、办法和前途》(1937年7月)、《抗日游击战争的战略问题》(1938年5月)、《论持久战》(1938年5月)、《中国共产党在民族战争中的地位》(1938年10

月)、《统一战线中的独立自主问题》(1938年11月)、《战争和战略问题》(1938年11月)、《中国革命和中国共产党》(1939年12月)、《新民主主义论》(1940年1月)等著作。这些著作涉及中共的政治路线、军事路线、思想路线。特别是毛泽东创造性提出的"新民主主义"的完整理论,"这在马克思主义中国化的历史进程中是一次飞跃,是一件前人没有做过的事情。它不仅回答了当前时局中提出的种种问题,而且回答了中国现阶段民主革命和未来建设新中国的一系列根本问题"[44]。它"标志着毛泽东思想得到多方面展开而趋于成熟"[45]。

可以想见,毛泽东在完成了这一系列关于中国革命的理论阐释后,那根紧绷的弦应该有了片刻的放松。秋收起义以来,他对中国革命道路的勤奋求索,在求索路上的艰难坎坷,以及为此而受到的种种打击和委屈,都在富有独创性的文字中得以表白和释怀。他可以同马克思等先哲对话了,也可以向同僚宣扬了,更可以向那些羞辱过自己的教条主义者反击了。

按理说,此时他又该写诗了。但很奇怪,全面抗战八年中,毛泽东似乎没有写过诗词(也许没有公开披露)。勉强算,便是给作家丁玲的一首《临江仙·给丁玲同志》了:"壁上红旗飘落照,西风漫卷孤城。保安人物一时新。洞中开宴会,招待出牢人。纤笔一枝谁与似?三千毛瑟精兵。阵图开向陇山东。昨天文小姐,今日武将军。"[46]这首词是1936年12月30日毛泽东以军用电报拍给在前线体验生活的丁玲的。当时,他正在写《中国革命战争的战略问题》,想必是写得酣畅淋漓,心情不错。再加上丁玲不仅是能吃辣椒的湖南老乡,还是蜚声文坛的女作家,毛泽东自然是很高兴的,就有了电报传诗词的佳话。可是,1940年1月,当他写完更具有理论性突破的《新民主主义论》时,武汉、广州等重要城市已经相继沦陷,抗日战争进入战略相持阶段,情况就

大不一样了:

> 战略相持阶段到来后,日本侵略者在坚持灭亡中国的总方针下调整侵华策略:逐渐将日军主要兵力用于打击敌后战场的八路军和新四军;对国民政府,从以军事进攻为主、政治诱降为辅转变为以政治诱降为主、军事打击为辅;在占领区内,加紧扶植傀儡政权,建立和发展汉奸组织。[47]

在这样的背景下,汪精卫伪政权于1940年3月成立了,国民党集团内投降、分裂、倒退活动日益严重。蒋介石集团由于日寇进攻压力减弱,抗日态度日趋消极,反共倾向日趋严重。国民党顽固派大造取缔共产党的舆论,说什么中共应"以救民族救国家为出发点",放弃马克思主义和社会主义,皈依三民主义,说到底就是皈依国民党。此外还发动了袭击中共的军事行动,掀起了第一次反共高潮。对于国民党顽固派的反共军事行动,中共进行了有力还击。同时,毛泽东发表了《新民主主义论》等文章,在理论上也给予反击。毛泽东向世人宣告,中共抗日,为民族解放而战斗,绝不会改变马克思主义信仰和党的无产阶级性质,也绝不会放弃将来要把革命推向社会主义的目标。毛泽东这样定义:"所谓新民主主义革命,就是在无产阶级领导之下的人民大众的反帝反封建的革命。"[48]这就意味着,包括抗日战争在内的现阶段中国革命,尽管依然是资产阶级民主主义性质,却是"新式的特殊的资产阶级民主主义的革命"。其新意就在于:第一,它是在无产阶级领导下展开的,亦即也是共产党领导的;第二,它是发动广大人民群众参加的,亦即它是区别于国民党片面抗战路线的;第三,它将进一步向社会主义社会发展,亦即民族独立和解放只是它的必要阶段。

这就把共产党和国民党的根本区别开来了,并且强调了共产党的独立性和领导性,强调了人民的大众性,也把党的阶级性和民族性有机地统一起来了。

毛泽东这是公开向国民党政治亮剑,这样的政治底气,蒋介石是没有的。蒋介石和日本人打了十年仗,一直不敢对日宣战断交,还念念不忘回到卢沟桥时的态势就停战。却要求共产党尊他为中华领袖,否则就取缔、"围剿"共产党,1940年断了八路军的军饷,对陕甘宁边区进行全面经济封锁,1941年又发动了震惊天下的皖南事变,策划了40万重兵偷袭延安的阴谋。欺友怯敌的蒋介石,叫毛泽东与共产党人如何服气?如何接受国民党的领导?

毛泽东不光提出了新民主主义,还在陕甘宁边区推行新民主主义。这就是著名的"三三制"。毛泽东说:"判断一个地方的社会性质是不是新民主主义的,主要地是以那里的政权是否有人民大众的代表参加以及是否有共产党的领导为原则。因此,共产党领导的统一战线政权,便是新民主主义社会的主要标志。"[49]一时间,延安"一没有贪官污吏,二没有土豪劣绅,三没有赌博,四没有娼妓,五没有小老婆,六没有叫化子,七没有结党营私之徒,八没有萎靡不振之气,九没有人吃磨擦饭,十没有人发国难财"[50],成为中华大地最干净的地方。数万热血青年——大都是富贵人家的少爷小姐,跋涉千山万水奔向延安。延河之滨,响彻着湖南人吕骥谱曲的《抗日军政大学校歌》的歌声:

黄河之滨
集合着一群中华民族优秀的子孙
人类解放

救国的责任

全靠我们自己来担承

……

这是毛泽东领导的中共曾经创造过的社会小气候。毛泽东为此而自豪,这也是他充满道路自信、敢向国民党政治亮剑的底气所在。

延安整风无疑是延安岁月里最重大的政治事件之一。

一般说法是,延安整风长达三年。亦有说法,从1941年5月毛泽东发表《改造我们的学习》开始,到1945年4月中共六届七中全会通过《关于若干历史问题的决议》为止,延安整风总共四年。后一种说法包括了延安整风的酝酿期,更能体现延安整风的复杂性和丰富内涵。

此时,中共的党员已过80万,90%是全国抗战后加入的新党员,青年党员又是主体,党员中小资产阶级或半无产阶级出身的青年知识分子又是大多数,所以进行一场马列主义思想教育是党建的必然要求。但延安整风在烽火连天的战争中持续四年之久,且由毛泽东亲自发动并主持,就不是一般的党员思想教育,而是中共历史上一次划时代的思想和组织大整顿。

就思想而言,延安整风主要是针对教条主义或者说主观主义。遵义会议以来,对革命造成很大危害的"左"倾教条主义错误虽然得以终止,却并没有得到彻底清算,反而以另一种形式给中共带来伤害包括给毛泽东领导全党带来了不少干扰。

其实,"左"倾和教条主义是有区别的。教条主义既可以表现为"左"倾,又可以表现为右倾。在新的历史条件下,教条主义又以右倾的形态表现出来，即以王明为代表，主张严守共产国际的教条，"一切经过统一战线"，"一切服从统一战线"，对国民党妥协退让，放弃中共在统一战线中的独立自主权和领导权，导致了中共的被动处境。这当然又涉及共产国际对中共进行脱离实际的指挥和约束，也包括苏联出于国家利益，希望中国能成为阻挡日本军国主义可能进犯苏联的屏障，依赖蒋介石而压制中共。斯大林认为：中国共产党和毛泽东是不行的，只有国民党和蒋介石才有能力，"蒋介石即使不能打退日本的侵略，也能长期拖住它"[51]。所以斯大林要求中国共产党放弃扩大苏区和红军，无条件地联合国民党，拥护蒋介石，建立抗日民族统一战线。

在这种背景下，顾忌中共壮大的蒋介石集团发动了第一次反共高潮。被击退后，仍不甘心的蒋介石集团又准备谋划更大的阴谋。毛泽东通过各种情报分析得出，蒋介石可能会和日本人勾结，全面"剿灭"中共武装，便主张先发制人，派15万精兵插入国民党军后方，以应对国民党吃掉中共的企图。此时，中共已有50万军队，有了一定的自卫能力。但这样一来，就可能导致国共彻底分裂，使中共背上破坏抗战的骂名，抗战大局也必然会受到影响。事关重大，毛泽东也吃不准，便向共产国际报告，果然收到紧急制止的指令，同时苏联也给蒋介石施压，使局面得到缓解。但不久又爆发了皖南事变，江南新四军军部和直属纵队大部牺牲或被俘。

毛泽东痛心疾首之余，更坚定了对蒋介石集团的斗争态度，但共产国际还是要求中共维持与蒋介石集团的合作关系，毛泽东只好打落门牙往肚里吞。一些学者认为，这对毛泽东是个很大的刺激，他深感中共在共产国际约束下，难以独立自主地展开中国革命，而党内相当多的同志又唯共产国际马首是瞻，缺乏独立自主的觉悟和勇气，尤其是王明，更是以共产国际"钦差大臣"的身份自居，不愿在延安工作，去了武汉主持长江局工作，让武汉俨然成为第二个中央，在毛泽东面前指手画脚，还拒绝刊发毛泽东的《论持久战》等文章。同时，抗战以来，毛泽东与共产国际有分歧的主张，党内的支持并不给力，毛泽东关于中国革命的重要理论总结往往没有受到足够的重视。比如对其重要文章《新民主主义论》，主管宣传的中央负责人只是当成一般的宣教文章对待。这都说明，党内的教条主义并没有退场。

此外，在延安一些知识分子比较密集的场所，纸上谈兵的风气也很流行。毛泽东说，要不是整风，他都不敢去中央党校作报告。这也说明，教条主义的虚浮之气在党内颇盛，诸此种种势必影响正确决策的推行。在党内进行一次大的思想整顿，根除教条主义的祸害，统一全党思想，推广理论联系实际、实事求是的新风气，在组织上保证政令畅通，使中共在马克思主义中国化的道路上独立自主地、充满自信地进行中国革命——这就是毛泽东发动延安整风运动最根本的原因。若干年后，毛泽东也直言不讳地承认："整风实际上是整苏联的风，是批判斯大林和第三国际的错误，但是关于斯大林和第三国际我们是一字未提。"[52]

1941年5月，毛泽东在延安干部会议上作了《改造我们的学习》报告，明确提出了反对主观主义，倡导实事求是，将马克思主义的普遍原理和中国革命的具体实践相结合。值得说明的是，毛泽东反对的主观主义是一个更具包容性的概念，包括教条主义和经验主义在内，但主要是指教条主义，在大多数场合也是针对教条主义而言。报告中还明确地指出了教条主义的重点人群——"很多留学生"，实际就是指王明之类的"国际派"。按理说，稍有政治头脑的人都该警觉，可是延安各界的反应太迟钝了，几乎无人重视。毛泽东失望之余也意识到了问题的严重性，这是要用重锤敲打了。

9月10日至10月22日,政治局扩大会议召开,史称"九月会议"。会上分发了毛泽东主持编辑的《六大以来》,系统梳理了党的六大以来党内"左"倾教条主义危害事实。中共高级干部这才重视起来。博古、张闻天、王稼祥等都承认了自己过去的错误,只有王明自我感觉良好,不仅把责任推得干干净净,还检举博古的临时中央是不合法的,说博古在上海主持中央工作,是便于和共产国际联系的权宜之计,到了苏区后就应该交权给周恩来等人,可是博古班子没有提出交权,周恩来也没有坚持原则。

按王明的说法,博古的临时中央就这样瞒天过海统治了全党四年。这对全党是具有欺骗性的,全党被一伙骗子骗了四年,革命还受了那么大的损失,自然是要追问个究竟的。博古、张闻天等当事人如实进行了详细的解释,声明博古的班子确实得到了共产国际的承认,同时指认,王明也是承认者之一,并且一直赞同博古临时中央的路线,包括对毛泽东的打压。这样一来,王明的两面人嘴脸就暴露了。王明恼羞成怒,"反而攻击中共中央自抗战以来的方针是太'左'了。他指责毛泽东的《新民主主义论》和《陕甘宁边区施政纲领》是只要民族资产阶级,不要大资产阶级,这是不好的。认为目前应当以国民党为主,我党跟从之。建议中共中央声明不实行新民主主义,同蒋介石设法妥协。最后表示决心同中央争论到底,到共产国际去打官司"[53]。王明态度突然这么强硬,和共产国际来电报指责中共对蒋介石不够妥协有关,他想依仗共产国际,再玩狐假虎威的把戏。可大家都看穿了王明的嘴脸,站在了毛泽东一边,揭露了王明的两面派行径。王明本不是一个意志坚定的人,只是善于拉大旗作虎皮而已,一看众叛亲离,不仅态度软了,还撑不住病倒下去,此后一直称病治疗。不愿痛打落水狗的毛泽东也把精力转向了全党整风。

1942年2月1日，毛泽东在延安的中央党校作《整顿党的作风》报告，几天后又在中央宣传干部会议上作了《反对党八股》的报告，标志延安整风正式开始。他指出："反对主观主义以整顿学风，反对宗派主义以整顿党风，反对党八股以整顿文风，这就是我们的任务。"对于整风的意义，毛泽东强调的是要实现"队伍是整齐的，步调是一致的"[54]，也就是达到思想统一、组织统一、行动统一。

整风运动从延安开始，有一万多名干部参加，重点对象是党的高级干部。主要方法就是批评和自我批评，对他人和自己的"三风"问题进行不留情面的揭发和检讨，切实地纠正，当然必要时还包括处分。但处分的原则是"惩前毖后、治病救人"，是"打倒两个主义，把人留下来"。毛泽东还说过："研究党史上的错误，不应该只是恨几个人，如果只恨几个人，那就是把历史看成是少数人创造的。"[55]

对于延安整风运动的历史成效，主流的评判是这样的：

通过整风运动，实现了在以毛泽东同志为核心的中共中央领导下全党新的团结和统一，为抗日战争的胜利和新民主主义革命在全国的胜利，奠定了重要的思想政治基础。[56]

延安整风运动结束的标志是中共扩大的六届七中全会，该会从1944年5月21日开始至1945年4月20日结束，会期将近一年，这也是令人惊讶的会期纪录，可见其间的波澜跌宕。

延安整风过程中也出现了一些引起历史学家激烈讨论的问题，比如整风中出现了整人现象和冤假错案。对此该怎么看？我们依据所见史料，以延安文艺界整顿和对王明的处理为例，试进行粗浅简要的分析。

延安文艺界在整风中受到整肃是一个偏离了整风运动原定轨迹的事件。本来整风主要是针对党内高级干部，可是某些基本不懂政治又有浓厚小资情怀、以人性论为美学标榜的文艺工作者却以参加整风的姿态，发出了不和谐的声音。他们针对延安的社会不平等和人情淡漠之类的现象展开抨击，而且语带冷嘲热讽，颇有道德审判之感。这引起相当一批包括军队在内的领导干部的反感。毛泽东看了有关文章和墙报，一开始并不很在意，明确说这不是什么大问题，还嘱咐老干部要爱护这些知识分子。但是后来反对者的声音越来越大，康生把问题提到政治局会议上，毛泽东才重视起来，决心整肃延安文艺界。

但是毛泽东的态度很谨慎，他向萧军、欧阳山、草明、艾青、刘白羽、何其芳、丁玲、罗烽等文艺家代表广泛征求意见。这些文艺家在回忆录中也一致承认，毛泽东的态度很友善。在三次座谈会上，针对毛泽东的观点，萧军等诸多文艺家也进行了反驳，毛泽东还给萧军写信，坦率承认："延安有无数的坏现象，你对我说的，都值得注意，都应改正。"[57] 这都说明，毛泽东并不想以打压清洗的方式对待文艺家，整风中民主讨论的气氛并没有消失。从后来的组织处理看，除了王实味，其他主要的"问题"文艺家，如萧军、丁玲、艾青、罗烽等并没有受到太过分的打击。从中得到的启迪有二：第一，毛泽东并不是抱着组织清洗的目的发动整风运动的；第二，毛泽东并没有把文艺界作为整风重点。

作为政治家，毛泽东十分重视宣传武器的使用，强调文艺为政治服务，为群众服务，希望文艺家能够配合现实政治的需要进行创作，他在延安文艺座谈会上阐述的文艺观就是如此。其实这也在情理之中，我们不可能要求毛泽东及中共在战火纷飞的抗日战争年代，在政治命运胜败未定的危机关头，把延安建设成艺术圣都佛罗伦萨。而相当多的延安文艺家正是因此和毛泽东发生了艺术观和文化观的错位。相当多的延安文艺家在对红色命运和底层大众的关怀上，确实还是小学生。从这个意义而言，对他们的警示是有现实意义的，这一点也得到了大多数延安文艺家的认同。

随着整风运动的发展，又出现了"审干"，又称"抢救运动"，涉及组织上的处理整顿，许多冤假错案也因此出现。王实味的问题也被上纲为敌我矛盾，他还被认定组织了"反党五人集团"，最后惨遭错杀。延安文艺界相当多的人因各种名目遭到组织整肃。

据知名党史学家石仲泉提供的数字，延安整风时有1.5万人因"特务"指控受到审查，这个数字已经超过了参加整风运动的干部人数，表明延安社会已经普遍地卷入整风运动。我们必须注意到，第一，此时国民党方面很关注延安整风动向，发表了很多追捧王实味等人的文章，并大做政治文章，借以攻击延安。第二，安保部门此时也传来情报，称国民党要掀起第三次反共高潮，有大批特务向边区渗透。再加上毛泽东的阶级斗争意识很强，这就使"毛泽东最初设定的延安整风的对象逐渐开始发生转移"。[58] 当毛泽东意识到整风出现偏差后，立即进行了纠正。他说："整个延安犯了许多错误，谁负责？我负责。""我是党校的校长，党校也搞错了，如果在座有这样的同志，我赔一个不是，因为搞错了。"[59]

但王明就认为整风是一场精心设计的"肃反"运动。整风中，躺在医院养病的他向来探望的多位中央领导人探问整风动向（主要是对他的处理情况），同时挑拨说，整风就是要整掉一批共产国际的追随者。

其实，史料显示，毛泽东本来还想安排王明回书记处工作。但得知王明这些背后的小动作后，他极为反感，并讲了一些愤激之言，"这批人自封为'马克思主义理论家'","其宝号里面尽是些假马克思,或死马克思,或臭马克思,连半个真马克思,活马克思,香马克思也没有,可是受骗的人不知有几千几万,其亦可谓惨也已矣"!还说王明等人是"流氓式的武断与威胁","使用的手段是异常毒辣的","真是所谓不识人间有羞耻事"!此时康生又火上浇油,声称经严密调查,"延安存在着一个右倾机会主义集团,专门散布对蒋介石的幻想来破坏党,王明、博古、张闻天和周恩来等都是其中的成员"。[60] 结果对王明的定性就成了"投降主义","实质上是国民党在共产党内的代表,是大地主大资产阶级在无产阶级队伍中的反映"。[61]

毛泽东不是神,他只是一个出类拔萃并有着鲜明个性的革命领袖。他的倔强个性也是双刃剑,其火辣辣的斗争精神成就了他的一往无前,也导致了他有时会有冲动之举。但这就是毛泽东,如果革命要倚重毛泽东开拓创新、出奇制胜的大智慧,那么也要承受他个性带来的结果。这是我们理解毛泽东不可忽略的尺度,用概念化的完人标准去理解毛泽东是不得要领的。

话又回到整风。整风结束后,在党的七大上,毛泽东依然在全党做工作,使王明和博古还有李立三被选上中央委员,王稼祥被选为中央候补委员,张闻天被选为中央政治局委员。这说明毛泽东确实兑现了"打倒两个主义,把人留下来"的承诺,体现了五湖四海般的政治襟怀。

延安整风以四年时间对全党尤其是领导干部在政治、思想、组织上进行了一次马克思主义中国化的大洗礼,其意义全面而深远,中国道路在这场大洗礼中深深地植根于中国共产党人的心中。高举毛泽东的思想旗帜,沿着马克思主义中国化的道路往前走,是此后中共坚定不移的信念。

1945年4月23日，这是个春意盎然的日子。黄土高原披上了绿装，延安的宝塔山上，银白色的九层明代古塔巍然耸立，山下的延河水潺潺向东南方向的黄河流去，喜庆的太平鼓也响起来了，中共七大在延安杨家岭中央大礼堂隆重召开。走进会场，主席台上方的红色横幅上写着"在毛泽东的旗帜下胜利前进"，这标志着以毛泽东为象征的中国革命道路已经成为全党共识，这是中国共产党人经历14年革命实践的思想硕果，而毛泽东则是求索这条中国革命道路的排头兵。

中共七大之后仅仅四年，中共摧枯拉朽，以排山倒海之势夺取了全国政权，红色中国巍然屹立于东方。所有人都难以否认，没有中共七大的成果，这个举世震惊的历史局面不可想象。

此后，一首湖南民歌响彻神州：

浏阳河

弯过了九道湾

五十里水路到湘江

江边有个湘潭县

出了个毛主席

领导人民得解放

……

引文注释

[1][43]（美）罗斯·特里尔：《毛泽东传》，中国人民大学出版社2006年版，第121、87页。

[2]陈晋：《毛泽东的文化性格》，中国青年出版社1991年版，第221—222页。

[3]毛泽东：《井冈山的斗争》，见《毛泽东选集（第一卷）》，人民出版社1991年版，第81页。

[4][13][20][45][47][56]中共中央党史研究室编：《中国共产党的九十年》，中共党史出版社、党建读物出版社2016年版，第123、145、145—146、247、205、253页。

[5]中央文献研究室、中国井冈山干部学院编：《毛泽东在江西革命斗争时期的著作选编》，中央文献出版社2010年版，第135页。

[6]李立三在中共中央政治局会议上的发言记录，1930年6月9日。

[7]中共中央致红四军前委信，1930年6月15日。

[8]郭化若：《郭化若回忆录》，军事科学出版社1995年版，第31页。

[9][16]中共中央党史和文献研究院编：《毛泽东年谱（第一册）》，中央文献出版社2023年版，第313、475页。

[10]罗章龙：《王明是怎样篡夺最高领导权的》，见人民文学出版社：《新文学史料》丛刊1981年第1期。

[11][12]李思慎、刘之昆：《李立三之谜——一个忠诚革命者的曲折人生》，人民出版社2005年版，第211—212页。

[14][28][32][33][34][35][36][37]中央文献研究室编：《毛泽东传：1893～1976》，中央文献出版社2011年版，第336、339、382、408、419、418、428—429、430、348页。

[15]毛泽东接见一个外国共产党代表团的谈话记录，1965年8月5日，见中央文献研究室编：《毛泽东传：1893～1976》，中央文献出版社2011年版，第325—326页。

[17]毛泽东：《毛泽东选集（第一卷）》，人民出版社1991年版，第149—150页。

[18]张素华：《毛泽东谈长征》，《毛泽东思想研究》2016年第1期。

[19]王行娟：《贺子珍的路》，作家出版社1985年版，第171页。

[21][22][25][26][27][52][58][60][61] 杨奎松：《毛泽东与莫斯科的恩恩怨怨》，江西人民出版社1999年版，第35—36、28—29、17、21—22、137、123、128、133、135页。

[23]《中共党史教学参考资料》（一），人民出版社1957年版，第179页。

[24] 毛泽东：《毛泽东自述》，人民出版社1993年版，第55页。

[29] 宋日昌：《刘伯承回忆录》，上海文艺出版社1981年版，第4页。

[30] 张闻天延安整风笔记，1943年12月16日。

[31]《中共中央关于党的百年奋斗重大成就和历史经验的决议》，2021年11月11日中国共产党第十九届中央委员会第六次全体会议通过。

[38] 毛泽东：《关心群众生活，注意工作方法》，人民出版社1951年版，第1页。

[39] 毛泽东：《上海太原失陷以后抗日战争的形势和任务》，见《毛泽东选集（第二卷）》，人民出版社1991年版，第387—388页。

[40] 茅家琦等：《中国国民党史》，江苏人民出版社2018年版，第411页。

[41] 中央文献研究室编：《文献和研究》（一九八六年汇编本），人民出版社1988年版，第68、89页。

[42]《共产党人》发刊词（一九三九年十月四日），见《毛泽东选集（第二卷）》，人民出版社1991年版，第605—613页。

[44][49][50][53][55][59] 中央文献研究室编：《毛泽东传：1893～1976》，中央文献出版社2011年版，第562、613—614、616、643、646、664—665页。

[46] 艾克恩编纂：《延安文艺运动纪盛1937.1—1948.3》，文化艺术出版社1987年版，第6页。

[48] 中共中央党史研究室：《中国共产党历史》上卷，人民出版社1991年版，第558页。

[51] 袁南生：《斯大林、毛泽东与蒋介石》，湖南人民出版社2005年版，第378页。

[54] 中央文献研究室、毛泽东研究组编著：《开国领袖画传系列：毛泽东》，辽宁人民出版社2018年版，第221页。

[57] 毛泽东著，中央文献研究室编：《毛泽东书信选集》，人民出版社1983年版，第174页。

第六章

一寸湖湘一寸血

在毛泽东求索中国道路的同时，湖南人民也在书写历史。

在中共领导的中国革命史上，湖南民众的投入程度，革命的激烈程度，三湘大地的红色覆盖程度，都堪称典范。革命、人民、土地三者融为一体，构成了湖湘独特的红色历史和地理造型，一寸湖湘一寸血，更丰富和深化了我们对"湖南为什么这样红"的认知。

红旗卷起农奴戟

中共领导的革命，以工人运动掀开了序幕。

1921年10月，从上海归来的毛泽东踌躇满志地走向了毗邻湖南的江西安源煤矿。随后湖南党组织和毛泽东又派李立三、刘少奇来到安源，发动一万多名路矿工人罢工并取得胜利，这是中共领导的工运取得的第一次胜利，也标志着中共领导湖南革命的开始。与此同时，罗章龙、李维汉、邓中夏、何孟雄、郭亮、罗学瓒、夏曦等湘籍早期党员纷纷以从事工人运动开始其革命生涯。

当时湘区工运汹涌澎湃：

湘区产业工人仅有湖南第一纱厂、湖南造币厂、湖南黑铅炼厂、常宁水口山铅锌矿、新化锡矿山锑矿、安源煤矿、株萍铁路、粤汉铁路的工人总计约有174200人。但在全国第一次工运高潮中，湘区的工人运动有如潮水，汹涌澎湃，独具特色。

湘区的工人运动大体可分为四个阶段：1922年9月前，是发动和组织阶段，创办工人夜校，组织工会；1922年9月至1923年3月，是为改善工人生活条件、保障劳工基本权利而斗争阶段；1923年3月至11月，是工人运动与反帝反封建斗争结合、与农民运动初步结合，继续向前发展阶段；1923年12月至1925年5月，是湘区工人运动处在两个高潮之间，酝酿大革命阶段。[1]

但整个湖南的产业工人包括安源煤矿工人在内仅仅17万人，当时全国的产业工人也仅仅200万人。现实抛开革命教科书给中共上了一课：依靠工运取得革命成功，此路行不通。

事实正是如此。自1923年2月发动的京汉铁路工人大罢工失败后，中国工运转入低潮。湖南也一样，在赵恒惕"悍然出兵镇压水口山工人运动和岳北农工会……全省第一次工运高潮乃于1923年11月走向低潮"[2]之后，国共合作的大革命开始了。与此同时，农民运动开始勃兴，中国革命朝着以农民为革命主力军的方向演进——这是一次划时代的革命转折。

大革命时期的农民运动以湖南、广东、湖北、江西四省最为红火。至1926年底，湖南农会会员已达200万人，能直接领导的群众已达1000万人，全省一半农民已经组织起来。同期，广东农会会员达80万人，湖北农会会员达20万人，江西农会会员达5万余人。至1927年5月初，全国17省200余县都爆发了农民运动，农会会员达915万人，湖南有70余县成立了农会，会员激增到600万人，占全国农会会员的三分之二。比较可见，湖南是大革命时期中国农民运动最为兴盛火爆的省份。《中国共产党湖南历史》如是说：

> 特别是湖南的农民运动，在全省形成一个前所未有的农村大革命高潮。这场震惊中外的斗争，是在国共合作的旗帜下，实际上由中共湖南区委独立领导，通过国民党湖南省、县农运特派员的名义去发动组织的，并在1927年四五月间发展到农民自动夺取地主土地的新阶段。这是中共湖南区委领导湖南人民进行革命斗争历史上光辉灿烂的一页，对后来湖南乃至全国的革命斗争都产生了深远影响。[3]

这种深远影响主要有二：第一，使中共意识到农民力量的磅礴深厚，从而领悟到"国民革命即是农民革命"，"农民是国民革命的主力军，要完成国民革命，非使农民参加不可，也就非解决土地问题不可"。[4] 这就为中国革命道路的形成奠定了革命力量的坚实基础。第二，湖南农民运动中，农民武装起来成立了农民自卫军，有力地支持了北伐。1926年6月，北伐军叶挺独立团首战湖南攸县，面对六倍之众的敌军，取得大捷，此后在湖南境内一路摧枯拉朽，进入湖北才碰到硬仗。唐生智总结说，主要是得到湖南农民全力配合所致。但更重要的是，大革命失败后，中共发动的武装斗争中，湖南农民积极响应，以农民自卫军身份加入红军，切切实实成了革命的主力军。可以说，湖南农民运动是中国革命武装斗争的前奏和大演习。

红旗卷起农奴戟，这是大革命时期湖南一道绚烂红色风景。

至1927年4月，湖南全省75县，除湘西外均建立了农民自卫军，持枪农民自卫军常备力量达到4.5万人，非常备力量（称梭镖队）人数更多，有些县达10万人之众。湘潭韶山农民自卫军有梭镖4000多支、枪支180多条，湘潭、衡山县实现了每个青壮年农民都有梭镖，衡山县农民共有梭镖8万余支、各种枪支500余条。这种局面，势必遭到反革命势力的镇压，农民自卫军与反革命势力的武装冲突也在大革命时期爆发。

1926年12月，国民党湘东保安司令罗定在攸县土豪劣绅的重金收买下，将攸县草田乡农协委员长罗震抓捕至醴陵枪杀，并陈尸醴陵县城渌江桥上示众——这是湖南省最早发生的杀害农民领袖事件之一。

中共醴陵县委书记罗学瓒立即组织调查事件真相，由于罗定的湘东保安司令系北伐军第八军军长唐生智委任，罗学瓒将调查结果上报唐生智，要求惩办凶手，却遭到敷衍拒绝。于是罗学瓒和毛泽东商议，决定一面继续和唐生智交涉，一面组织农民自卫军，由潘疆爪为总指挥，武装讨伐罗定。这时，毛泽东与唐生智的交涉有了突破，北伐军同意派一个营的部队来介入此事。罗定得到消息，自知难逃惩办，遂率领部队向攸县老巢逃窜。罗学瓒、潘疆爪等当机立断，指挥醴陵、攸县、茶陵农军近万人多路追击堵截，走投无路的罗定只得率部逃往湘西。以罗定为首的反革命武装退出湘东后，湘东农民运动如火如荼，尤其是醴陵，农会会员发展到20万人，全县百分之九十的农民都投入了农运。

随着湖南农民运动大潮日益汹涌，国民党的乡村阶级基础受到严重动摇。1927年4月12日，蒋介石首先在上海对共产党人举起了屠刀。湖南国民党右派亦蠢蠢欲动。4月底，何键在其35军军部对部下下达反共动员令，矛头直指农民运动："现在只有学蒋介石在京沪一带的做法，设法迅速制止共产党的活动，才能救得我们自己的身家性命。"5月21日夜，何键部下、以独立三十三团团长许克祥为首的一批反动军官在长沙发动了对共产党人和革命群众的大抓捕和大屠杀，史称马日事变。许克祥部下还编了这样的歌谣："巴巴头万万岁，瓢巴鸡婆要枪毙，男女学生一头睡，养出儿子当纠察队。工会你莫凶，三十三团用炮冲，农会你莫恶，我们要你的脑壳。"[5]一时间血雨腥风，在马日事变后半个月，湖南全省死难者过万人，被捕者无数。

面对血腥大屠杀，中共湖南省委决定展开反击。湖南省农协代理委员长柳直荀担任总指挥，发动全省农民自卫队和工人纠察队组成十万余人的武装队伍，分四路攻击长沙。第一路是湘潭、湘乡、宁乡的工农武装，以郭咏泉等为指挥；第二路是醴陵、株洲的工农武装加安源工人纠察队，由罗学瓒、潘疆爪等指挥；第三路是长沙东乡、浏阳的工农武装，由杨福涛、潘心源等指挥；第四路是长沙西乡农军，由易子义等指挥。此外还有衡山等地的工农武装一万多人作为预备队，随时策应。5月23日开始，各路大军先后扑向长沙，浏阳义勇军3000人一度打到长沙城外。罗学瓒等率领的人马亦打到易家湾，与敌军酣战。这时传来了由共产国际代表鲍罗廷提出、中共中央总书记陈独秀签署的紧急命令,所有工农武装立即停止进攻,全部撤退,和平协商解决国共纠纷……

这就是马日事变后十万工农扑长沙的壮举。由于这次壮举的主要力量都是农民自卫军,学者认为,这"是大革命时期湖南农民运动发展的最高峰",还说:"参加进击长沙战斗撤退转移后保存下来的各地工农武装,成为中共湖南组织继续领导武装斗争的重要力量。"[6]

大革命失败后,中共领导的武装斗争开始了。

湖南各地的起义此起彼伏,最令人关注的大规模起义有湘赣边界秋收起义、湘南起义、桑植起义和平江起义。

秋收起义我们已做过介绍,在此要补充的是,秋收起义6000人的部队大部分都是农军,起义以湘东地区为中心,最出色的战绩就是起义部队第二团在醴陵4000名农民自卫军的配合下攻下醴陵,并建立了红色政权——中国革命委员会湖南醴陵分会,这是湖南第一个苏维埃革命政权。三天后,二团撤离醴陵,醴陵农军3000人加入秋收起义部队。此后半年里,中共醴陵县委组织农军与"围剿"的敌军展开了上百次战斗,发动了两次年关暴动,暴动农军达4万余人,开辟了游击区和苏区乡,建立了苏维埃政权,一度占据了近半个醴陵县,人口达22万。醴陵被誉为"全省最先进、最激烈的模范县"。

在秋收起义期间,还有湘南地区数千农军、湘西地区麻阳等地数千农军、湘北地区华容等地数百农军都举行了起义,有力地策应了秋收起义主力。"唤起工农千百万",不仅是口号,还是活生生的现实。尽管这些星星点点的暴动如昙花一现,大都不成气候,带有农民起义的种种盲动性,却昭示着湘人激烈的民性以及三湘大地的红色基因。

要论起义规模浩大，当数湘南起义。

1927年底，朱德、陈毅率领南昌起义的余部近千人转战湘南。正好朱德在云南讲武堂的同学、滇军同僚、时任国民党军十六军军长的范石生率部驻扎湘南一带，朱德立即和同情革命的范同学取得联系，受到了范石生的热情款待。范石生不仅给朱德的人马发了军饷和冬装，还默认朱德以十六军的名义行动。这样近乎荒唐的局面，只有在那个风雨飘摇的年代才会出现，也由此可见国民党的军队管控犹如一盘散沙。朱德与中共湘南地区党组织取得了联系，决定发动农民起义。

起义从智取宜章县城的传奇故事开始。

1928年1月11日，宜章富豪子弟、中共秘密党员胡少海打着国民党十六军团副旗号衣锦还乡，率领起义先遣队开进只有地方民团数百人防守的宜章城，受到地方官员和豪绅夹道迎接，随后朱德、陈毅也领兵进入县城。次日晚，宜章县县长和当地豪绅设宴为朱德、胡少海接风。在酒宴上，朱德、胡少海和手下突然拔枪相向，将他们全部逮捕。与此同时，陈毅、王尔琢带领部队迅速解除了县团防局和警察局的武装，打开监狱，放出革命人士和无辜群众，兵不血刃地拿下了宜章城，揭开了湘南起义序幕。时为1928年1月12日。

15日，起义部队召开了群众大会，公审枪毙了新老县长和9名民愤极大的土豪劣绅。接着，朱德、陈毅对部队进行整编，成立了工农革命军第一师，将参加暴动的宜章农军编为宜章独立团，并于乐昌坪石以诱敌深入的战术，一举击溃"进剿"起义部队的国民党许克祥部，军威大振。在中共的发动下，湘南各地农民纷纷轰轰烈烈地暴动起义。"一时间，革命烽火燃遍湘南，武装起义席卷20余县，参加的群众上百万，声震湘、粤、赣三省，呈现了'红旗漫卷南天乱，湘南这边红一遍'的新局面。"[7]

武装起义的直接成果是政权建设和土地革命。1928年3月,湘南工农兵苏维埃政府成立,8个县建立了苏维埃政权,推出了一系列政策,土地革命无疑是最得民心的政治举措。"各县苏维埃政府组织开展了轰轰烈烈的土地革命运动。据宜章、郴县、耒阳、永兴、桂阳、资兴、汝城、桂东八县的统计,共插标分田69万多亩,约占总田地面积的20%。插标分田最多的是郴县,全县有田32万亩,插标分田18万亩,达到60%。"[8]

湘南起义是中共领导下规模最大的武装起义。从起义的革命基础和规模态势看,在湘南地区进行革命武装割据,建立红色苏区的条件非常好。所以,中共中央和湖南省委一直想重点经营湘南,对毛泽东在湘赣边界建立根据地的设想不以为然,多次敦促毛泽东向湘南发展。然而,湘南地区最终只维持了短短3个月的红色武装割据,并没有形成大气候。原因除了国民党调集重兵对湘南地区进行"会剿"之外,也和中共湘南特委受到"左"倾盲动主义的干扰,推行了某些盲动的政策有关。1928年三四月间,在湖南、广东两省国民党军队的联合进攻下,朱德、陈毅只能率部撤离湘南地区,向井冈山转移,便有了后来的朱毛井冈山会师。朱德感慨地回忆说,"湘南起义发动了群众,这个方向是对的","如果政策路线对头,是可能继续扩大胜利,有条件在某些地方稳得住脚的,但是由于当时'左'倾盲动路线的错误,脱离了群众,孤立了自己,使革命力量在暴动之后不久,不得不退出湘南"。[9]

湘南起义虽然失败了,但它为井冈山根据地的发展壮大提供了具有主力军性质的军事力量,湘南起义部队走上井冈山时,正规军有2000人,农军有一万人,还有一大批杰出的军事指挥人才。除了后来在战火中牺牲的王尔琢和受到错误处分的陈光等名将外，开国将帅中就有3位元帅、2位大将、6位上将、12位中将和少将来自湘南起义，可谓将星云集。燎原大火熄灭，星星之火仍在，野火烧不尽，春风吹又生，在后续的革命历史中，湘南的红色故事不断推陈出新，口口相传……

朱德率领湘南起义部队走向井冈山的时候，南昌起义的总指挥贺龙也回到老家湘西北桑植，发动了桑植起义。贺龙是取道湖北武汉向老家桑植进发的，沿途受当地中共组织邀请策动起义。1928年1月，他在鄂西、湘北一带策动了农民起义，2月，又进入湘西石门策动起义，未果，这才和周逸群等人进入桑植。和当地党组织接上头后，他利用自己在家乡的人脉和威望，联络旧部，宣传发动群众。一个多月后，他召集了一支3000余人的队伍，其中包括大姐贺英、胞妹贺满姑、族兄贺炳南的地方武装1000人，原部属王炳南等部1000人，当地人称之为贺家军。中共湘西北特委决定，以这支人马为基础组建工农革命军，由贺龙任总司令，周逸群任党代表，贺锦斋和王炳南分任一师和二师师长，下辖两个团，其实总兵力仅三个团。这也是当时中共组织起义的惯用策略，虚报队伍的规模，以壮大声势。

1928年4月2日，贺龙的起义军攻占了桑植，建立了桑植革命委员会。何键闻报贺龙又在桑植出现，非常重视，立即电令驻守湘西的陈策勋部会同黔军驻湘西的龙裕仁部进行"围剿"。陈策勋也是桑植人，毕业于云南讲武堂，还曾为贺龙部下，也是一员悍将。贺龙加入共产党后，陈策勋与贺龙分道扬镳，回湘西担任了桑植保安团长，反共相当坚决。陈策勋和龙裕仁两部联手，对刚刚组建的贺龙部队进行猛烈攻击，贺龙部被击溃。贺龙这才明白，这些队伍都是听自己的名声来投靠的，根本不知道革命为何物。他长叹："这些兵都是乌合之众，来得容易，垮得也快。"

贺龙发动的桑植起义，三起三落，其间他还建立了红四军，人马一度过千，影响不小，却并没有成大气候。主要原因就在于，其军队人员成分良莠不齐，缺乏革命觉悟，也就没有战斗力。这期间还发生哗变，部下竟然向贺龙打黑枪，要提贺龙的头去投靠国民党。贺龙手下干将钟慎吾、黄鳌、贺锦斋先后牺牲，周逸群也告别贺龙去了鄂西发动革命。

大半年下来，贺龙的部下只剩下90人，在大雪飞飘的山野里过起了野人般的生活。这时大姐贺英领着马队，冒着飞雪找到了弟弟，带来子弹、食物和银元，还有一番尖锐的开导："你想想，过去人家提着脑袋跟着你，图的是升官发财，而今你跟上共产党，为穷人打天下，这些人明白这个道理吗？你总要有个东西把人家的心拴住呀！"贺龙苦笑："我入党晚，就知道跟着共产党干革命，共产党的道理，我还真说不出来多少，要是周逸群在，我就不会到这一步。"

贺龙面临的尴尬也正是毛泽东要全力解决的问题，就是党指挥枪的问题，就是支部建在连上的问题。这时古田会议还没有召开，毛泽东的建军思想虽然闪现了灵光，却并没有成为红军的共识，这样看来贺龙的困境也并不令人感到奇怪。但是贺龙并没有动摇革命信念，依然坚守在冰天雪地的深山老林。大姐的话，贺龙也听进去了，他把部下中14个党员召集起来，成立了党支部，自己担任书记，还派卢冬生下山去找党。

第二年开春，卢冬生带着周逸群的亲笔信和党的指示回来了，要求贺龙带着人马去鄂西开展新的革命斗争。当天，贺龙集合人马上路，回眸春暖花开的家乡山山水水，坚定地说："我贺胡子一定会打回来的!"

与桑植起义大约同时爆发的是平江起义。

平江地处湘东北,北接湖北,东接江西,西南接长沙,西北接岳阳,是湘鄂赣三省交通要冲,历史上即为兵家必争之地。大革命时期平江农运红火,农会会员有30万人之多,秋收起义余贲民率平江工农武装1200余人组建了起义军第一团,并任起义军副师长(余洒度为师长),可见平江革命武装是秋收起义的主力部队。1928年1月,中共湘鄂赣边特委成立,旨在将湘、鄂、赣边界12县区域开辟为武装割据的苏区,平江被列为起义的中心发动地。

1928年6月,新任湘鄂赣边特委书记滕代远来到平江,伺机发动起义。这时国民党军独立第五师第一团团长、秘密加入中共才数月的彭德怀向滕代远报告,驻守平江国民党部队中的黄公略等多名中共党员身份暴露,敌人将要展开抓捕。滕代远亦从上级接到此消息,并接受了发动起义的指令,便和彭德怀商定,以彭德怀的第一团为基本力量发动起义。

7月22日,在彭德怀、滕代远等领导下,平江起义正式发动。上午11时,湘军独立第五师第一团驻城部队全副武装,在城郊天岳书院广场整队集合。士兵委员会总代表李灿宣布起义,彭德怀作动员讲话。下午1时,全城枪声大作,两小时后,城内敌对武装2000人全部被解除武装,县长等主要官吏被捕,600多名政治犯从监狱中被解救出来,黄公略、贺国中等也率部加入起义,起义部队达到2500余人。7月24日,起义部队召开了5万民众参加的大会,宣布成立工农红军第五军,彭德怀为军长,邓萍为参谋长,滕代远为党代表。同日,中共平江县委负责人胡筠带领游击队来到县城,决定成立由胡筠任主席的平江县工农兵苏维埃政府。随后公审枪毙了40余名反革命首要分子。7月29日，国民党湖南省当局派八个团进攻平江，激战一天后，红五军主动撤离平江城，此时部队减员到700余人。

红五军撤离平江县城后，在湘鄂赣边区一带与敌人展开了周旋作战，部队有所发展壮大，一直坚守到12月，接到湖南省委指示，向井冈山转移。彭德怀率红五军主力800余人走向了井冈山，黄公略继续坚持游击战。《中国共产党湖南历史·第一卷（1921—1949）》（上册）这样记载：

平江起义是在中共湖南省委直接领导下，通过国民党内部兵变成功发动的一次武装起义，沉重地打击了国民党的反动统治，有力地支持了井冈山的斗争，为湘鄂赣边党组织的恢复发展和根据地的开辟创造了有利条件。[10]

客观地说，平江起义是一次仓促的起义。因此以上评论强调了平江起义的意义深远，一是支持了井冈山的斗争，二是促进了湘鄂赣革命根据地的建立。这两大意义要结合后来的历史才能深刻理解。彭德怀上井冈山后，不仅成为红军的一员神勇大将军，其率领的红五军也发展壮大为红三军团，成为中央红军的两大主力之一。其间他又率部杀回湘鄂赣边区，为开辟湘鄂赣革命根据地建立了奇勋。还值得一说的是，平江起义大大地激发了平江的革命人才潜力，突出的表现就是，平江涌现了63位开国将军，成为全国著名的将军县，是三湘大地一个耀眼夺目的红色地标。

大革命失败以后，中共展开武装斗争，在湖南发动的几次武装起义都以农民为主力军，即使是有工人、军人甚至知识分子身份的革命战士，也都带有浓厚的农民习性，其间起义经历种种曲折乃至失败，原因多少都和农民的阶级属性有关。这也体现了半无产阶级农民的种种思想和阶级缺陷。但这是中国革命必须经历的道路，按马克思的说法，这是"必要的和不可避免的"。从而更令人感叹中国革命的曲折和艰难，感慨那些引领山农走上革命之路的启蒙者肩上的沉重负担，这当然也表明了中国革命更多灵与肉的挣扎。令人欣慰的是，在革命的历练中，这些湖湘山野农夫大都脱胎换骨蝶变为红色战士，既完成了革命的使命也完成了自我的升华。因而"红旗卷起农奴戟"，便更富有生命的穿透力。

寸土千滴红军血

中国革命史上，湖南是一片罕见的红色土地。

据不完全统计，土地革命十年中，有40万以上湖湘儿女参加了红军或地方工农革命武装，查明在册的烈士有10万人以上，被杀害的共产党人和革命群众超过100万人，血沃三湘大地。土地革命十年，湖南及周边先后形成了五大苏维埃革命根据地：井冈山革命根据地、湘赣革命根据地、湘鄂赣革命根据地、湘鄂西革命根据地、湘鄂川黔革命根据地，基本上从东西南北四面环绕三湘大地。当时湖南行政区划为75县，有40余县建立了红色政权，可谓湖湘半壁红烂漫。按今天的行政区划，可将五大苏维埃革命根据地的湖南红区分类如下：

第一板块——围绕罗霄山脉的井冈山、湘赣、湘鄂赣苏区：

平江县、浏阳市、醴陵市、渌口区、攸县、茶陵县、炎陵县、安仁县、永兴县、资兴市、桂东县、汝城县、北湖区、苏仙区、宜章县、桂阳县、嘉禾县、耒阳市、临武县、岳阳县、君山区、岳阳楼区、临湘市、云溪区、湘阴县、汨罗市、长沙县

第二板块——围绕武陵山脉的湘鄂西、湘鄂川黔苏区：

桑植县、石门县、慈利县、永定区、武陵源区、龙山县、永顺县、保靖县、沅陵县、华容县、岳阳县、湘阴县、南县、安乡县、鼎城区、武陵区、桃源县、汉寿县、澧县、赫山区、资阳区、桃江县、沅江市、临澧县、津市

第三板块——在五大苏区影响下阶段性的苏维埃政权区：

韶山市、湘潭县、隆回县、宁远县、新田县、溆浦县、通道县、武冈市、蓝田县、绥宁县、祁阳市、江华县、衡山县、衡阳县、邵阳县、新宁县、城步县、新邵县、洞口县、双峰县、道县、邵东市、常宁市、东安县、花垣县、望城区、宁乡市、湘乡市、南岳区、衡东县、衡南县、祁东县、安化县、娄星区、冷水江市、涟源市、新化县、吉首市、古丈县、泸溪县、凤凰县、芷江县、新晃县、会同县、辰溪县、靖州县[11]

琳琅满目的名单，构成了星罗棋布的红色地标，显示三湘大地极其壮观的红色版图，五大革命根据地的发展脉络更是彰显了波澜壮阔的红色历史。

井冈山革命根据地是中国革命第一个农村根据地。1927年秋收起义后，毛泽东率领起义军余部在湘赣交界的罗霄山脉中段井冈山收编了袁文才、王佐地方武装，创建了井冈山革命根据地。全盛期包括湖南的茶陵、炎陵，江西的宁冈、遂川、永新、莲花等地，横亘数百里，总面积7200平方公里，人口50万，红军过万人。井冈山革命根据地的建立标志着"农村包围城市，武装夺取政权"的中国革命道路正式

形成，还标志着中国第一支新型人民军队的形成。其间，酃县水口的军队建党，是支部建在连上的首次落实；建立的茶陵县工农兵政府，是井冈山革命根据地第一个红色政权；炎陵中村的插标分田，是井冈山革命根据地土地革命的开篇；还有朱毛会师、彭毛会师、龙源口大捷等，都是井冈山革命根据地乃至中国革命历史上的重大事件。总之，井冈山革命根据地是中国革命的摇篮之地。1929年1月，由于敌军重兵"围剿"以及革命根据地的物资供应受限，毛泽东、朱德率主力红军撤离了井冈山，彭德怀继续坚守根据地。一个月后，井冈山失守，彭德怀率部突围，余部转入艰苦的游击战，井冈山革命根据地的历史结束。

湘赣革命根据地是在井冈山革命根据地基础上恢复发展起来的。井冈山失守后的1929年5月，彭德怀率红五军800余人回师湘赣边界，在游击队配合下收复了遂川、宁冈、永新等县城，茶陵、酃县、攸县、醴陵等湘东地区再兴革命高潮。此后，彭德怀领导的红五军扩展为红三军团，于1930年7月下旬一举攻下长沙，十天后撤出又和红一军团联手再攻长沙，虽未得手，但红军声威四震，并移师攻克吉安，赣西南根据地连成一片。但国民党在两次"围剿"苏区失败后沿着赣江一线布下重兵，将赣西南根据地分成江东和江西两大块。与此同时，重建后的湘东特委将各地方武装组建为湘东独立师（后发展为红六军团），相继攻克了安仁、茶陵、酃县、资兴等县城，进一步扩大了湘东南红色区域和革命武装。1931年5月，中共中央决定将湘东南红色区域和赣西南根据地的赣江以西区域连成一片，建立湘赣省，由王首道任湘赣临时省委书记，袁德生任临时省苏维埃政府主席，张启龙任副主席并负责组建省军区工作（这几位湘赣省主要领导人都是湖南人），后形成了以永新为中心的湘赣新苏区，全盛时包括湖南的醴陵、攸县、茶陵、酃县、安仁、资兴、耒阳、郴县和株洲直属区，江西的萍乡、莲花、永新、安福、吉安、遂川、宁冈等共25个县和1个直属区，纵横各300余里，总面积28万平方公里，人口近百万，苏区武装力量13700余人。1934年8月，随着红六军团撤离苏区西征，湘赣苏区沦陷，由茶陵人谭余保任湘赣临时省委书记，率游击队继续坚持游击斗争。

湘鄂赣苏区位于湘东北、鄂东南、赣西北边界地区，包括湖南的平江、浏阳及湘阴、岳阳部分区域，湖北的阳新、大冶、通城、通山、崇阳以及蒲圻、咸宁、鄂城一部分，江西的修水、铜鼓、万载以及武宁、宜丰、宜春、奉新、高安、萍乡、瑞昌一部分，共计20余县（全盛时达40多县），东西300公里，南北600公里，人口300余万。红军和地方武装1.6万人。湘鄂赣苏区的开辟和平江起义密切相关。平江起义后，彭德怀率主力去了井冈山，黄公略和当地党组织坚守湘鄂赣边界斗争，先后建立了平江、修水、浏阳等红色政权。1929年8月，彭德怀率红五军回师湘鄂赣边一带，与黄公略部队合编，仍为红五军，很快开创了湘鄂赣边的武装割据局面。1930年6月，红五军和红八军合编为红三军团，人马近两万，相继攻占通山、崇阳、岳阳，进至平江地区，甚至一度攻占长沙，更促进了湘鄂赣苏区的壮大。此后红三军团进入中央苏区作战，但湘鄂赣苏区格局已经形成，党员有4万余人，地方红军等武装也近两万人，并具有发动上百万农民暴动的实力。次年，湘鄂赣省苏维埃政府成立，省会一度驻平江长寿街，辖苏区30余县，这都可见平江起义和红五军在开辟湘鄂赣苏区中的关键作用。1934年10月，红军长征后，湘鄂赣苏区也随之沦陷，但依然有中共武装坚持游击斗争。

湘鄂西苏区是在周逸群和贺龙领导下创建的苏区。桑植起义受挫后，贺龙于1929年1月攻下了鹤峰，后又攻克了桑植，建立了红色政权。至1930年5月，苏区发展到周边纵横两三百里的区域，红四军也壮大到4000多人。与此同时，周逸群领导的鄂西特委也开辟了以洪湖为中心的根据地，组建了红六军，全军7000人。于是中央和湖北省委决策,让红四军向红六军靠拢进一步扩大根据地。1930年7月，红四军和红六军会师公安，组编为红二军团，贺龙为总指挥，周逸群任政委，兵力达1万余人。同时湘鄂西苏维埃联县政府成立，这标志着以洪湖地区为中心的湘鄂西苏区正式形成，纵横千余里，全盛期辖30余县（一说58县），分洪湖、湘鄂边、巴（东）兴（山）秭（归）、襄（阳）枣（阳）宜（城）、鄂西北五块，基本连成一片，红军2万余人，地方武装力量近5万人，人口300万以上。1931年3月，夏曦接替邓中夏主持湘鄂西苏区工作，开展大"肃反"，湘鄂西苏区遭到重创。1932年秋，湘鄂西苏区在敌军第四次"围剿"下丧失。

湘鄂川黔苏区是1934年10月贺龙领导的红三军与任弼时、萧克领导的红六军团会师后开辟的，会师后红三军恢复红二军团番号，与红六军团创建新的根据地。该根据地以湘西的永顺、桑植、龙山、大庸（今张家界）为中心辐射贵州、四川、湖北周边省10余县地域，存在仅一年，但牵制了数十万敌军，减轻了中央红军长征转移的压力。1935年11月，红二、六军团开始长征，湘鄂川黔苏区沦陷。

苏区每一寸土地都是用鲜血浇灌的。

在湖湘革命英杰中，满门忠烈的现象比比皆是。毛泽东有6位亲人牺牲，张平化（湖南炎陵人）有7位亲人牺牲，何长工（湖南华容人）有40多位亲人牺牲。贺龙家族最为壮烈，亲人中有109位烈士，家族宗亲中有2060人殉难。在湘西苏区，还流传着贺龙家族中76位红色寡妇的故事,说的是她们的丈夫都跟着贺龙参加了红军,或牺牲,或跟随部队长征杳无音讯。这76位贺家媳妇,无一改嫁,或自杀殉节,或在苦难的岁月中病故,或踏上漫漫寻夫路失踪,或痴情坚守到白发苍苍……

这是另一种内涵的悲壮牺牲,不妨列举数人如下。

陈小妹,贺文倍之妻。丈夫1929年在战斗中牺牲,陈小妹身怀六甲,只身走进莽莽山林给丈夫收尸。几天之后,她在当地山民的帮助下,在山壑间的一条小溪边发现了丈夫的头颅——尸身已不见踪迹。她小心翼翼地用围裙把头颅包住,像抱小孩一样抱回了洪家关,安葬在她从家门口可以看得见的椅子台。此后,她每天都要站在家门口,凝望一阵丈夫的坟茔。这一望,整整望了59年。

戴桂香,贺锦斋的结发妻。丈夫1928年在战斗中牺牲,此后戴桂香守寡67年。丈夫的坟离家仅20米,她每天都要在丈夫坟前坐一坐。乡亲们经常听见她自言自语地说这样一句话:"老公,我在等你,我在等你呀!"1995年,享年95岁的戴桂香去世。

守寡时间最长的是贺文汉的妻子刘幺妹,一个"寡"字让她守了整整74年。其实,贺家族规是比较开明的,寡妇都是可以改嫁的。但是,她们还是选择了坚守,这坚守中显示出了贺氏家族潜移默化的忠烈家风。

史料记载,1935年底,贺龙带着3000名子弟兵离开家乡时,曾向乡亲父老承诺,革命成功后,自己一定会回来看望乡亲。可是,贺龙一直没有兑现承诺,新中国成立以后,他只在北京接待过来自家乡的父老乡亲,却从没有回过洪家关。据说,他怕听到家乡父老的锥心之问:贺胡子,你当大元帅回来了,我们的丈夫呢?我们的儿孙呢?贺龙的女儿贺捷生在接受采访中这样说:"父亲带出去那么多子弟都没有回来,他很难过,那时候很多人给他写信,找他们的孩子,找他们的哥哥，找她们的丈夫，那些信就像雪花飘一样的，我父亲每次看到桌子上的信件心里都是很难过的，他的眼睛都是红红的……父亲再也没回到过桑植，一个重要原因，就是无法面对那么多失去亲人的父老乡亲。"

贺捷生是在襁褓中跟着父亲长征的，可谓长征中诞生的红色生命之花。后来她也成了将军，是一位知名的军旅作家。她笔下的作品，都是对红色情怀的绵绵述说。贺家还有一位小红军，叫向轩，参加长征时年仅9岁，是长征中年龄最小的红军。他的母亲就是贺龙的妹妹贺满姑，红军的双枪女杰，于1928年在战斗中被捕。当时向轩才两岁，和哥哥、妹妹一同随母亲被关入大牢。是大姨贺英托人把他们三兄妹从牢中解救出来。不久母亲被敌人凌迟处死，英勇就义。向轩跟随大姨贺英长大，7岁就参加了儿童团，开始革命生涯。1933年5月6日凌晨,他和大姨贺英在睡梦中一起遭到国民党团防队突袭，突围时贺英身中三枪倒地，牺牲前把两支手枪交给向轩，说："孩子，莫哭，快去找红军，找大舅去，报……仇……"[12]就这样，7岁的向轩在大姨掩护下逃亡，带着手枪加入了红军。两年后，他又跟随大舅贺龙参加了长征。从此，向轩开始了戎马生涯，南征北战，身上有26处枪伤，右眼被打瞎，多块弹片残留在身体里。1955年，他被授予中校军衔，后晋升为上校，荣获三级八一勋章、三级独立自由勋章、三级解放勋章。

改天换地，流血牺牲，自古皆然，可是自三皇五帝到于今，可见过这样的流血牺牲么？革命者血流成河亦泪流成河，却依然信仰不移，红旗不倒，这样的流血牺牲，怎不惊天地、泣鬼神！

湖湘儿女用鲜血书写的革命故事，如漫山遍野的烂漫山花，向我们述说着湖南为什么这样红的内在奥秘……

五大革命根据地中，湘鄂川黔革命根据地规模最小、历史最短。

开辟湘鄂川黔革命根据地的关键一战，叫十万坪大捷。那是1934年11月，红二、六军团会师后，在永顺十万坪山谷地带打了一场漂亮的伏击战，击溃敌军一个旅加一个团，歼敌上千人，俘虏敌军2000余人，一举扭转了红军的被动局面，拉开了湘鄂川黔苏区建设的序幕。这场大战的中心战场，原来选择在十万坪地带的龙家寨。战前贺龙来前线勘察地形，望着人口房屋稠密的龙家寨皱起眉头说，这里老百姓和房屋太多，我们不能把这里当中心战场，再往山谷里推几里路吧！还有一个细节，为了诱敌，贺龙烧掉了县城通往十万坪方向的一座桥，掏出了800大洋补偿当地群众，还指示部队，战后要派人修复此桥。于是，在十万坪大战中，参战的就绝不仅仅是红军了，当地一首歌谣如此唱道："龙家寨，十万坪，老百姓个个是红军。满街放的绊马绳，白匪跑也跑不赢。"[13] 所以，十万坪大捷又有了人民战争的意义。在湘西苏区，还流传着这样一首歌谣：

睡到半夜深，门口在过兵。
婆婆坐起来，侧起耳朵听。
不要喝茶水，又不喊百姓。
只听脚板响，不听人做声。
爹爹回家门，说给大家听：
"你们不要怕，这是贺龙军；
媳妇你起来，门口点个灯。
挂在大路边，同志们好行军。"[14]

这首充分展现人民群众拥戴红军鱼水深情的歌谣不仅进入了多部文学史著述，还衍生出多种音乐和美术作品，成为经典。史料还显示，湘鄂川黔革命根据地存在的时间为395天，以湖南湘西桑植、龙山、永顺、大庸四县为中心，先后建立了周边四省10个县的红色政权，苏区人口约200万人，3万多民众参加了红军，9万多民众参加了游击队和赤卫队，20余万民众参加了支援红军的作战，一万数千军民壮烈牺牲，其中有名有姓的烈士达6700人。1934年10月24日，红二、六军团在贵州木黄会师，两军兵力共7000余人，一年后，红军已经壮大到近两万人。1935年11月19日，红二、六军团主力1.7万人从桑植撤离苏区，当月扩红数千人，苏区民众泪眼相送，一眼望去，全是老人、妇女和儿童。红军主力撤离时，红十八师3000余人留守断后，掩护主力撤离。该师与十万敌军周旋激战20天，12月8日，红十八师完成牵制任务，从龙山撤离湘西追赶部队，部队竟然还有3000余人。不用说，这是湘西儿女给红军输送血液的结果。1936年1月9日，红十八师终于追上了主力部队，此时全师仅剩600余人。红十八师作战英勇被称为红二方面军的绝命后卫师。

　　历史在悄然述说，没有革命者的浴血奋战，就没有遍地苏区，就没有人民解放，而没有人民的支持，就更难以想象苏区和革命的存在。

　　1984年，纪念红军长征胜利50周年前夕，《经济日报》驻云南记者站站长罗开富决定重走长征路，沿途进行采访报道，发生在湖南汝城的"半条被子的故事"就是在此行中播扬全国的。那是一个晴朗的冬日，罗开富来到了汝城一个乡村：

　　我是中午走到沙洲村的。一开始我就注意到一位裹小脚的老人不远不近地跟着我，看着我。我看出她想跟我说什么……

事情原来是这样的：这位老人名叫徐解秀，今年84岁。50年前的昨天晚上，3位女红军和她一块睡在厢房里，4个人盖着她床上的一块烂棉絮和一条红军的被子，第二天（1934年11月7日）下午3点多她们走时，把一条被子剪了一半给她。她不忍心，也不敢要。3位红军对她说：红军同其他当兵的都不一样，是共产党领导的，是人民的军队，打敌人就是为老百姓过上好生活。

在她们互相推让的时候，红军大部队已开始翻山。她和丈夫朱兰芳送她们走过泥泞的田埂，到了山边时，天快黑了。她不放心，想再送一程，因为是小脚，走路困难，就让丈夫送她们翻山。谁知她们这一走，从此没了音讯。年年这几天，她总要在与她们分别的山脚下等好久。前些天，听村里人说红军要来了，她喜出望外。今天才知道，是采访红军路的记者来了。她问我："你能见到红军吗？"我答："能见到。"她说："那就帮我问问，说话要算数呀，说好了，打败了敌人要来看我的呀！"她说到这里，脸上已流下了泪水。我和在场的人都沉默着，眼角也都湿了。[15]

这个故事，最初以《三位红军姑娘在哪里》为题在《经济日报》头版发表，罗开富在报道中强调了这个故事的核心主题："什么叫红军？什么叫共产党？共产党就是自己只有一条被子也要给穷苦人半条的人。"

这篇报道立即受到邓颖超、康克清、蔡畅三位女红军前辈的关注，她们一面要罗开富代为转达对徐解秀老人的慰问："我们也想念老区的大爷、大娘、大哥、大嫂们！"一面敦促有关部门寻找那三位女红军和徐解秀丈夫的下落，可惜一直没有结果。2016年，在纪念红军长征胜利80周年大会上，习近平总书记又深情地讲了这个故事。"半条被子的故事"如今家喻户晓。

后来媒体人又继续挖掘"半条被子"的故事,得知徐解秀老人的丈夫送红军后还是回来了,但是却因为收留红军住宿受到了国民党的迫害,被打得皮开肉绽。当地老百姓凡是同情支持红军者都受到国民党的严厉报复。这说明人民与红军的鱼水情深也正是人民对革命的奉献——人民也是自己只有一条被子也要给红军和共产党半条被子的人。汝城是爆发过湘南起义的革命老区,在烽火连天的革命年代,全县先后有近5万人参加了革命,2460人为革命献身,定为烈士的有484人。红军长征期间,国民党在汝城布下了第二道封锁线,碉堡修得漫山遍野,但是红军的铁流还是如同洪水决堤般地席卷而来,冲破了敌军的封锁,整整16天,8万大军过境汝城。这除了红军的英勇,也和汝城的人民对红军的支持分不开。陈云在回忆录《随军西行见闻录》中这样记载他的汝城印象:

即如红军入湘南时,资兴、郴州、宜章一带,为昔年毛泽东、朱德久经活动之区域,居民受共产党之宣传甚深,故见红军此次复来,沿途烧茶送水,招待红军。我在行军时见每过一村一镇,男女老幼立于路旁观者如堵……据由管理科长代我招来之侠子云:"前几天我们街上早在传说红军要来了,我们村上前五年受那个李区长害的三十余家,就秘密商量,暗中监视李区长的行动。前天早晨团防退出文明司时,这三十余家百余男女即在离镇二十余里之某村中,捉获李区长,前日上午十二点钟即把李区长送到红军司令部,而且还领了一连红军上山搜出团防的长短枪二十余枝。现在这三十余家有五十一个人都当红军了。"他又继续说:"红军来了,我们穷人才有一口饭吃,不说别的,像我这样当挑伕,每两天工钱就一元,而且先付十天工资安家。我家里那两个村子上前昨两天即有八十八个人去当红军挑伕了。"湘南农民之相信共产党有如此之深,而且不是一处。[16]

据不完全统计,红军过汝城时,有数百青年参加了红军,有数千人为红军当过挑夫或为红军烧茶做饭,留宿红军更是家家户户为之——"半条被子的故事"就是一个生动的案例。可以说,是汝城人民把红军安全地送出了第二道封锁线。如果要用被子的比喻,那么人民和红军、共产党就是盖一床被子的人。湖南为什么这样红,就是因为湖南人民和共产党可以盖一床被子。

不是么?

冒着敌人的炮火前进

起来,不愿做奴隶的人们!
把我们的血肉筑成我们新的长城!
中华民族到了最危险的时候,
每个人被迫着发出最后的吼声。
起来!起来!起来!
我们万众一心,
冒着敌人的炮火,前进!
冒着敌人的炮火,前进!
前进!前进!进!

这首歌,叫《义勇军进行曲》。1934年春,加入中共才两年的湘籍戏剧家田汉决定写一部抗日救亡的电影剧本,但他刚完成基本梗概的写作就因为宣传赤化被国民党当局抓捕入狱。另一位共产党人、浙江籍戏剧家夏衍接过了田汉的大纲,完成了电影剧本《风云儿女》的写作。1935年,安徽籍的左翼导演许幸之执导该片时提出要写主题曲,在狱中的田汉得知后便在香烟盒包装纸的背面写下以上歌词传了出来。这时经田汉介绍入党的云南籍音乐家聂耳主动要求谱曲,于是,这首叫作《义勇军进行曲》的歌曲就诞生了。随着电影《风云儿女》的播放,《义勇军进行曲》响彻中华大地,其影响力远远超过了电影,成为中华民族的国魂之歌。1949年以后,《义勇军进行曲》成为中华人民共和国的代国歌,1982年被正式定为国歌。

回溯历史,1937年卢沟桥事变的爆发,标志着全民族抗日战争的开始。《中国共产党湖南历史·第一卷(1921—1949)》(下册)这样写道:

1937年7月卢沟桥事变的爆发,标志着日本帝国主义全面侵华战争以及中华民族全面抗战的开始。民族矛盾很快成为中国社会的主要矛盾。在中国共产党的倡导和全国人民的呼吁下,国民党和共产党第二次合作,结成了抗日民族统一战线……湖南人民掀起了抗日救亡运动的高潮。[17]

1937年11月,60岁的徐特立和近50岁的王凌波从延安出发,回湘开办八路军驻湘办事处(也称通讯处,后与新四军办事处合署办公)。12月,八路军驻湘办事处在长沙公开挂牌成立,与秘密活动的中共湖南省委共同开展湖南的抗战活动。此时国民党"和平将军"张治中主政湖南,任省主席,湖南的国共合作出现了比较融洽的局面。

1938年初，湖南各地坚持游击斗争的中共武装全部整编为新四军，投入了抗日斗争。在八路军驻湘办事处的交涉下，国民党当局释放了政治犯，中共遭到严重破坏的党组织或恢复或重建，各种抗日社团纷纷涌现，抗日救亡的宣传活动和募捐活动如火如荼地展开。

1938年4月16日—22日，各抗日团体积极响应中共湖南省委的号召，举办全省兵役宣传周活动。在动员大会上，社会各界代表纷纷表示：广泛动员与支持青年人参军参战，义不容辞，国家兴亡，匹夫有责。各抗日团体还出动宣传队深入各地，发动青年参军。广大民众踊跃报名，妻送夫，母送子，保家卫国，涌现出许多感人肺腑的画面。湘乡青年教师李基初毅然投笔从戎，临行告别父母：假如我死在战场上，敌人还未歼灭，领土还未收复，那么，我请你们把弟弟再送到前线来。浏阳县在兵役宣传周内报名参军的青年就有1000多人。保靖县900多名青年响应号召，自动报名参军。衡阳城乡工人报名参军的有1000多人。铜官、益阳工人有20多人报名参军。全省各地还有130多名有志青年克服重重艰难，直接奔赴延安参加八路军。据统计，全民族抗战期间，湖南征募兵员达210多万人，仅次于四川，居全国第2位。

9月，中共湖南省委在武冈县塘田镇创办了塘田战时讲学院，专门培训基层抗战干部。讲学院聘请了国民政府司法院副院长覃振任院长，湖南省参议会议长赵恒惕任学院董事会董事长，张治中为名誉董事，吕振羽任副院长，为实际主持人。院部秘密建立中共党组，吕振羽任书记，下辖党支部。全院教师大多是从文抗会等抗日救亡团体和外来干部中选派的。他们大多是中共党员和进步分子，其中还有著名的学者、教授和作家。如文学家张天翼、语言学家曹伯韩、哲学家李仲融、文艺理论家王西彦、著名国学家吴剑丰、自然科学家陈润泉以及游击战术教师游宇、杨卓然等。在历时仅仅7个月的时间里，讲学院就培训了干部250多人，被誉为"南方的抗大"。毕业的学员分布在湖南全省各地，成为抗日救亡和抗日游击战争的骨干，并涌现出了郑奎田、谢国安等一批为国捐躯的热血青年。

为支持前方抗日将士，中共湖南党组织在全省积极组织募捐活动。1937年12月，中共宁乡县委组织宁乡第一女校师生为前方将士开展募捐活动。学生课余分头出发，向城乡各界募捐。学校将募到的现金买了200多斤棉花，一共做了被套、棉絮齐全的被盖20床，棉背心100件；还买了100条毛巾，50双力士鞋，由全校师生列队，敲锣打鼓，抬送到县抗敌后援会。这次募捐活动产生了很大的影响，类似的募捐活动很快遍及三湘大地。醴陵抗敌后援会妇女工作部在全县组织"捐献一物"运动，共募集近万元光洋、万件衣物、鞋袜。攸县网岭、新市等地为筹集物资，组织了"人人救国团"。攸县抗敌工作团在县城湘东剧院举行游艺募捐大会。汉寿县抗日宣传站组织青年学生宣传队和歌咏队，深入到驻西竺山的九十三军后方医院，为伤兵进行宣传和慰问演出，并举办抗日书报"义卖献金"活动，为抗日将士募捐。

10月，周恩来、叶剑英带领国民政府军事委员会三厅机构抵达湖南，湖南的抗日社会动员进入高潮。八路军驻湘办事处一直工作到1940年。据不完全统计，八路军驻湘办事处接收转运各种抗日物资5万余件，举办培训班招收学员680人，培训人员2200人，营救人员65人，接待国内外人士2万余人，还转送一部分湘籍共产党人的子女及亲属、烈士遗孤到延安，其中包括毛泽东的侄子、任弼时的女儿、彭德怀的侄子、徐特立的儿子儿媳、王凌波的儿子女儿等。从湖南走出去的热血青年许多都成为优秀的革命骨干。

全民族抗战期间，随着战事的发展，大批文化机构和文化人向湖南迁徙，湖南一度成为中国的文化高地，这大大促进了湖南的文化提升。1937年10月后，南开、北大、清华等高校迁往长沙，组建了长沙临时大学——西南联大的前身。接着，北平民国大学、南京国立戏剧学校、国立杭州艺专、唐山交大、北平交大等也迁入湖南。中华书局、商务印书馆、生活书店、新知书店、中央日报社、国际新闻社、东方杂志社等著名文化机构也迁湘。一时间，湖南文化名流云集，达1500人之多，著名的有：郭沫若、茅盾、闻一多、朱自清、胡愈之、张奚若、吕振羽、翦伯赞、范长江、张天翼、谭丕谟、曹禺、田汉、阳翰笙、郁达夫、沈从文、郑君里、艾青、周立波、谢冰莹、王彦西、张曙、丰子恺、张乐平、张伯苓、黄炎培、曾昭抡、陈垣、陈寅恪、冯友兰、金岳霖、叶公超、吴俊升、陈子展、朱光潜、王力、贺麟、汤用彤、钱穆、郑天挺、潘光旦、薛暮桥、刘开渠、杨东莼、廖沫沙、许涤新、孙伏园、李剑农、蒋牧良、熊佛西、吴祖光等。这是湖南现代史上文化的高峰岁月。于是，一个以文化为亮点的轰轰烈烈的湖南全民抗战局面形成。塘田战时讲学院校歌如此唱道：

我们是迎着大时代的巨浪，
勇敢热情的青年聚集一堂，
加紧学习，奋勇救亡，
在这里锻炼得意志成钢，
把思想武装，
实行抗战救国的主张，
争取中华民族的解放。
同学们起来，
走向光明的路上！

我们是创造新中国的健将！[18]

激昂的歌声中，大批湖湘男儿走向了战火纷飞的战场，大批湖湘女子走进了救死扶伤的战地医院，大批湖南商家和民众慷慨解囊……此时的湖湘儿女，不分阶级，不分贫富，不分性别，不分老幼，大家只有一个共同的身份——炎黄子孙！

在抗日战争中，湖南和江西还有鄂南同属第九战区。

1938年10月，武汉失守。一个月后，日军南下侵占了湘北门户重镇岳阳、临湘，湖南成为正面迎敌的前线战地。在将近7年的烽火岁月中，中日两军在三湘四水反复拉锯，先后经历了3次长沙会战与常德会战、长衡会战、湘西会战6次大规模血战。1945年4月至6月，中国军队在长达两个月的湘西大会战中取得胜利。两个月后，日本天皇宣告投降。湖南成为中华民族战胜日本侵略军的终战之地。

湖南的抗战传奇，永垂青史。

1938年11月11日，湘北门户重镇岳阳沦陷，日军进城后大肆烧杀奸淫掳掠。死里逃生的难民和溃败的军队蜂拥南逃，长沙城乱成一团。早在一个月前，武汉失守，蒋介石跟着败军撤到长沙，断定日军必会南进，便决定长沙大疏散，并制订了自以为得意的"焦土战略"：一旦长沙失守，便火烧长沙城，给日军留下一片焦土废墟。现在岳阳失守，当局草木皆兵，一边加紧疏散机关、企业和居民，一边开始实施烧城计划，在长沙主要街道摆放了密密麻麻的汽油桶和煤油桶，房屋墙上用石灰刷满了"焦"字，全城人心惶惶。

13日晚，也就是岳阳失守的第三天，长沙城内流言四起——日军打进长沙了！执行放火任务的部队慌了神，立即向上级请示。慌乱中，据说是误听了电话指令的部队开始纵火。半夜时分，长沙陷入一片火海，睡梦中的长沙居民在火中惊醒，仓皇夺路而逃。一位老妪惊恐中跳入水缸中避难，活活淹死；一位堂客抱着孩子也跳入水缸中避难，竟双双被大火烧热的水活活煮死；医院的重伤员无力逃生，只能坐以待焚；还有数十位居民逃入防空洞，被浓烟呛死；逃难中被踩踏致死者更多……

大火烧了三天三夜。葬身大火者数千人，全城90%房屋被焚，数十万居民流离失所，两千年历史的楚南文化古城一片焦土，经济损失据说超过10亿，其实难以计算。这就是震惊世界的长沙"文夕大火"（当日电报代日韵目是"文"，大火发生在夜里，故称"夕"）。事后才知道是当局惊慌失措，误听流言，渎职酿成惨案。蒋介石亲临长沙处理善后，枪毙了长沙警备区司令酆悌、长沙警察局局长文重孚、警备二团团长徐昆，省主席张治中被撤职。对于灾民的补偿是50万元救济款，据说每人只有五块大洋。周恩来率领三厅的抗日宣传团队120人组成救灾突击队，积极参与了善后救灾工作。救灾队员田汉悲愤写诗云：

长驱尘雾过湘潭，乡国重归忍细谈。
市烬无灯添夜黑，野烧飞焰破天蓝。
携雏擎妇人千百，整瓦完垣户二三。
犹有不磨雄杰气，再从焦土建湖南。[19]

长沙是第二次世界大战中毁坏最严重的城市之一，"文夕大火"与"花园口决堤""重庆防空洞惨案"并称为中国抗战史上三大惨案，亦是湖南人民在抗日战争中为中华民族作出的巨大牺牲之一。

"文夕大火"熄灭10个月后的1939年9月中旬,日军第十一军司令官冈村宁次率10万兵马向长沙进攻。日军从赣北、鄂南、湘北三路南侵,志在"一个星期占领长沙"。此时长沙已无城可守,中国军队和长沙居民用血肉筑成了新的长沙城。此战,中国军队有30万兵力参战。湘北主战场的战斗于9月18日在新墙河前线打响。日军进攻部队以第六师团为主力,共5万人;中国守军是关麟征的第15集团军,扼守最前沿的是52军赵公武师和覃异之师。日军先以密集炮火轰击两小时,接着步兵开始进攻。亲历者这样记述新墙河前哨战:

8时许,步兵开始进犯。敌、我不断增援,相持至19日拂晓后,金龙山、斗篷山两处阵地因比较突出,工事全被敌炮轰毁,守兵赵公武部胡春华营自战斗开始即誓死坚守阵地,已与敌相持达3昼夜。在战斗中,除7个负重伤的士兵先后退出阵地外,其余自营长以下全部与阵地共存亡,无一生还。黄昏前,阵地陷入敌手。

20日晨,敌集中大部炮兵火力轰击雷公山、草鞋岭一带阵地,敌步兵亦各增至一个联队,更番猛犯,激战至22日黄昏。守备草鞋岭阵地的覃部史思华营已伤亡过半,覃异之以电话命令史:"如无法支持,不得已时可向东靠。"史回答说:"军人没有不得已的时候。"坚守不退,以身殉职。同日晚间,新墙河北岸警戒阵地全部被敌突破。[20]

这就是第一次长沙会战中血战新墙河的壮烈故事。

如要细说,更是血肉横飞,血流成河。第一次长沙会战历经24天,中方公布的战果是日军伤亡3万余人、中方伤亡4万余人(薛岳私下承认近6万人),日军终于撤兵原驻防地,故为大捷。日方则称己方伤亡3600人、中方伤亡约5万,退兵是战役目的达成后主动回防。

中日双方的战果究竟怎样，这是史家要研究的问题，但长沙没有沦陷是不争的事实。这其中一个重要原因，就是湖南民众奋勇参战极大地牵制了日军。资料显示，湘北出动4万民众累计破坏公路1230余公里，敌军过处周边15公里的牲畜粮食全都运走。靠空运物资难以为继的日军，遂到民间抢劫粮食，焚烧了数百个村镇，杀戮了近万民众，强奸妇女无数。因此，是湖南军民共同保卫了长沙。

1941年9月，日军调集12万人第二次进攻长沙。中国军队出动了30万人顽强抵抗。由于战役中指挥失误、各部队之间协调不力、通讯电报被破译等，日军一度攻占了长沙。中国军队损失极为惨重，尤其是从江西赶来增援的王牌74军遭到重创，但最后还是迫使日军退了兵。

这又要说说王耀武74军的春华山争夺战了。该军组建于淞沪抗战期间，多次和日军交手，使日军吃了不少苦头，号称虎贲铁军。日军占领长沙后，闻讯74军赶来增援，日军司令阿南惟几心中大喜，决定全力吃掉该军，便弃长沙而围攻74军。两军在长沙城外30公里处的春华山展开激战。74军57师余程万部和58师廖龄奇部浴血搏杀，57师步兵指挥官李汉卿率千余官兵与敌展开白刃战，全部阵亡。薛岳唯恐74军被全歼，急命74军撤退。此战使日军的战斗力也遭到了严重消耗，日军再攻占长沙时已有些力不从心，加之日军后方宜昌遭到第六战区中国军队攻击，7000日军被歼，向阿南惟几求救，入湘日军北撤退回了大本营。长沙城又一次免遭沦陷。

战后中方公布的战果是中方伤亡17426人，日军伤亡48327人；日方公布的战果是中国军队遗弃尸体5.4万具、被俘官兵4300人，日军伤5184人、亡1670人。显然双方战报都有很多水分。更可靠的资料显示，中国军队74军58师伤亡55%，57师伤亡40%，第37军60

师伤亡50%，140师伤亡30%，第4军102师伤亡45%，第10军3师伤亡35%，含失踪1万余人，总共损失近7万人。[21]而仅从长沙未遭沦陷而论，中国军队可谓惨胜。

1941年12月，太平洋战争爆发，日军进攻香港。为牵制中国军队南下援助香港英军，日军第11军司令阿南惟几又率10万大军，分两路进犯长沙，第九战区军队30万人迎战，这是第三次长沙会战。薛岳以"天炉战法"对敌，即发动民众破坏敌军交通和补给线，坚壁清野，军队沿途拦截，消耗敌军，诱敌深入至伏击区，重兵围歼之。此次战役，中国各参战部队比较成功地贯彻了"天炉战法"，历时一个月，终于取得了会战大捷，被认为是一场军事和政治的完胜。但不能忘记的是，这场胜利同样得到数十万湖南民众支持，破坏交通、坚壁清野、抢救伤员、劳军，报信、带路，都是湖南民众义无反顾地承担了这些重任。

战后中方公布战果，日军死亡和重伤5.6万余人，轻伤和溃逃者无数，中方伤亡近3万人。日军公布日方伤亡为6000余人。然而日军惨败是不争的事实，第3师团师团长战役中被免职，战后日军11军司令官阿南惟几被调任。薛岳在此战中声威大震，被誉为"战神"。满目疮痍的长沙经受战争的洗礼成为巍然屹立的英雄之城。

1943年11月初，为遏制中国军队组建远征军出国作战，日军11军司令横山勇指挥10万军队，以湘西战略重镇常德为中心，向中国军队发动进攻。中方第九战区和第六战区出动21万军队迎战，史称常德会战。此战历经近两个月，极为惨烈，其中最为壮烈的战例是常德城保卫战。74军57师余程万部8000余人，在4万日军疯狂进攻、飞机大炮的狂轰滥炸包括毒气弹的攻击下，坚守常德城16个日日夜夜，多次与冲进城内的日军展开白刃战。战斗到最后，师长余程万带领仅存的200人突围求援,与援兵会师后仅剩80余人。余程万带领80余人和援兵又奋勇杀回常德城,此时日军已经在其他中国军队的反攻下撤去,余程万率部进入城内,只见常德城内尸横遍野,一片废墟,居然有数百中国军队的幸存伤兵挣扎着从死尸堆里奇迹般地爬出,泪流满面地向军旗敬礼……

此战中方公布的战果是歼灭日军4万余人、自损6万余人,150师师长许国璋、暂编第5师师长彭士量、预备第10师师长孙明瑾等殉国。日军公布的伤亡数据是日方死亡1274人、伤2977人。

1944年春夏,日军为打通中国东北至越南河内的南北大陆交通线,发动了规模空前的豫湘桂大战。日军总计出动兵力51万,号称史无前例。对于中国军队而言,这是1938年以来规模和破坏力最大的一次战役,数十万士兵和无数平民伤亡。

在湖南境内发生的战役叫长衡会战,也称第四次长沙会战。1944年5月27日,日军第11军司令横山勇指挥10万大军,分三路两线南侵,中国军队出动30万人,以长沙为重心布阵迎敌。此战日军不是以歼灭中国军队有生力量为目的,而是要拔除南北大通道沿线的中方据点,战局也就大不一样。20天后,日军攻到长沙城下,与守军激战3天,攻陷长沙,随之南下进攻衡阳。衡阳为湘南战略重镇,贯通京广,连接湘桂,且建有可以直飞日本本土的美军轰炸机基地。日军志在必得,中国军队也构筑了坚固工事,誓死坚守。战事气壮山河:

……战斗从6月20日打响,日军先后出动4个半师团的兵力,在飞机、大炮等强大火力的掩护下,一次又一次地向守军阵地攻击。军长方先觉指挥守城官兵,以高昂的斗志和顽强的精神,在留城百姓的支援下,与来犯的敌人进行殊死搏斗。他们先是在城市周围的山头阵地与敌人反复厮杀,继而在城内与敌人展开激烈巷战。顶着烈日高温,冒着枪林弹雨,在外援不力、内力不足的情况下,第十军官兵坚持苦战47个昼夜,打死日军约2万人,打伤日军近6万人。既打破了日军原计划7天之内打通湘桂线直抵滇缅的美梦,也创造了抗战以来中国军队固守一座城垣时间最长的战例。

8月7日,1.6万余人的守城部队仅存1200余人,军长方先觉等向国民党最高当局最后发电称:"敌人今晨由北门突入以后,既在城内展开巷战,我官兵伤亡殆尽,再无兵可资堵击。职等誓以一死为报国家……来生再见。"8日拂晓,在日军攻陷城内大部阵地,而增援的部队受阻不前的情况下,方先觉率余部放下武器,衡阳陷落。[22]

衡阳失陷后,日军继续向湘南、湘西南进犯。至此,全省78个县市有55个县市失陷,大半壁湖湘山河沦丧,芙蓉国里遍地血花……

湖南最早沦丧的土地是湘北的岳阳和临湘,时长7年。

据不完全统计,岳阳县98000栋房屋沦为瓦砾,遭日军屠杀致死的民众和轮奸致死的妇女41000多人;临湘县被毁的房屋40000余栋,被日军屠杀的民众和轮奸致死的妇女25906人。岳阳、临湘南部,有一条108公里的新墙河东西贯穿流过,是湘北地域人民的母亲河,也是湘北战场最前线,一度被称为"东方马其诺防线"。

左宗棠故乡湘阴县就在新墙河以南。从1939年底至1944年,日军四次跨过新墙河南进,湘阴首当其冲,四次沦陷。

第一次沦陷,湘阴发生了"城关惨案"。敌机一颗重磅炸弹当场炸死100余人,笥正街40余户人家成为"绝户",商铺集中的东正街全部毁坏,北门外战地医院里六七百伤兵在炸弹中身亡。仅有4000人口的湘阴县城，1700居民惨死。日军海军陆战队登陆营田小镇，烧杀10余天，又残杀或活埋了800余名无辜百姓。在白雪塘，日军枪杀了37人，最小的仅1岁，3位妇女被轮奸后裸身示众。在新市街，日军一次就杀掉500余人。

第二次沦陷，日军登上青山岛，将守岛驻军一个营全部消灭，将营长刘儒卿剥皮处死，屠杀了岛民500余人。也就是这次沦陷，日军在县城遭到中国军队一个营的顽强阻击。他们打退日军9次进攻，后被日军投放毒气弹南北夹击，全营阵亡。营长曹克仁被俘，被日军钉在木架上，挖去双眼，砍断双臂，浇上汽油，活活烧死。曹营长至死叫骂不绝。

第三次沦陷，只有短短十几天。中国军队阻击得很有章法，步步诱敌深入，取得第三次长沙会战大捷。湘阴人民配合中国军队，给日军造成了很多牵制。日军对湘阴又是报复性的烧杀，湘阴一片焦土，但人民生命损失明显低于前两次沦陷。

第四次沦陷，中国军队惨败，长沙、衡阳相继失守，大部分湖湘山河被日伪统治，湘阴上万难民逃亡，田地荒芜，万户萧疏，日军奸淫杀戮成为家常便饭。在木架坪，日军抓获了36名当地百姓，推下河中，一个一个地淹死。在华丰垸，他们一次就杀了108人。

湘阴四次沦陷的惨烈故事，是抗战中湖南百姓的血泪缩影。据不完全统计，在日军侵占湖南期间，无辜百姓惨死者92万、重伤者170余万，合计262万之多。其间日军在常德进行细菌战实验，死于鼠疫的民众达3万余人，被烧毁的房屋和损毁、抢劫的财物更是不计其数。国家沦亡，生灵涂炭，这也就是要国共合作、同仇敌忾、抗日救亡最简单的理由。

还是以湘阴为例。日军占领湘阴后，建立了伪政权。左宗棠宗族中一个叫左钦彝的后人，曾为国民党政府官吏，后还乡当了乡绅，在日军胁迫下出任伪县长。但他民族心未泯，在共产党的感召下暗中为中共抗日游击队工作，使自己组织起的3000余人的保安队配合八路军南下支队打击日军，最后率部起义，加入了中共的游击大队。他自豪地说，自己没有辱没先祖左宗棠的声名。这样的故事还有很多很多，全民族抗战八年，湖南许多帮会、绿林都投入了抗战。在湘潭还出现了一支由僧侣组成的上百人的游击队，队长叫碧吾和尚。

总之，抗战时期，湖南民众不分男女老幼，全都义无反顾地投入了保家卫国的战斗。"若要中华国果亡，除非湖南人尽死"，这就是湖南人对中华民族的承诺。湖南人还有这样一种信念："楚虽三户，亡秦必楚。"[23]

1945年4月，与日军的最后一次大决战——湘西会战又在湖南打响。

日军出动10万人，中国军队出动20万人，以何应钦为总指挥、王耀武为总司令，沿雪峰山一带200公里的战线展开了决战。此时中国军队基本换上了美式装备，并随着空军的壮大取得了制空权，兵力也占优势，于是雄心勃勃，志在必胜。此战双方殊死搏杀55天，不仅军队奋勇杀敌，湖南民众也踊跃参战，两万湘西民工自带干粮日夜抢修芷江机场，数千民工累死病死在工地，洞口民工抢修战时公路，数百民工在开山炸炮中罹难。至于抢修工事、运送弹药、抢救伤员、运送军队、给军队烧水做饭等，更是男女老幼齐上阵。其间还有多支中共游击队配合主力部队牵制骚扰日军，日军可谓陷入了中国人民抗日战争的汪洋大海。

湘西会战基本上是中国军队掌握了主动权，最后中国军队取得全胜。据不精确统计，此战，日军伤亡达3万余人，中国军队伤亡2万余人，创下了抗战中罕见的中国军队伤亡低于日军的战例。此战之后，日军再也没有能力发动进攻。

两个多月后,日本正式宣告无条件投降。1945年8月21日,日本侵华日军副总参谋长今井武夫飞抵湘西会战伤心之地芷江,向中国军队乞降,掀开了日军受降序幕。1945年9月15日,湘西会战日军最高指挥官坂西一良中将在岳麓山下的湖南大学礼堂正式向中国军队司令官王耀武递上降书,并献上了自己的军刀。

历史应当记住,全面抗战八年,湖南民众以血肉之躯配合中国军队的历次军事行动,付出了262万余人伤亡的惨重代价。

拥抱和平

多少让人有些意外,以激烈斗争精神著称的湖湘和平地走进了新中国。

话要从1948年7月说起。此月,湖南又回到了湘人主政时代。醴陵人程潜走马上任湖南省政府主席,同时兼任四个重职:长沙绥靖公署主任、国民党省党部主任、省保安司令、省军管区司令。回湘之后,他迅速招兵买马,四个月内以各种方式掌握了号称10万人马的军队。程潜是同盟会元老,毕业于日本陆军士官学校,陆军一级上将军衔,任过陆军总长、战区司令等军事要职,深谙枪杆子的硬道理。程潜此举,要是再往前追溯心理根源,又多少和毛泽东有关。

抗战胜利后,毛泽东赴重庆谈判,拜访自己当新军时的长官程潜。毛泽东劝老长官参加副总统竞选,成功了就主持和平,如没选上,就争取回老家湖南。1948年4月,程潜参加副总统竞选,在钩心斗角的选战中,蒋介石为孙科拉票,动员程潜把自己的选票让给孙科。被惹恼的程潜宣布退选，并把自己获得的选票让给了李宗仁，随后回到了湖南。这一切当然不能说是完全按毛泽东的思路走，但是程潜和毛泽东有共鸣应该是没错的。因为他们都是湖南人，是不甘心命运被人摆布的。在老家湖南，程潜人脉广泛，做个"湖南王"并非奢望。

蒋介石也意识到了这一点，他之所以同意程潜回湖南，也就是想利用程潜在湖南有基础又不甘人下的心态，以其牵制在湖南的桂系势力。自李宗仁当上副总统后，加强了桂系经营，白崇禧担任了华中"剿总"的总司令，湖南属于白崇禧的统辖范围。白崇禧有意把湖南打造成拱卫老家广西的屏障，自然不会让程潜坐大。加上湘桂两系有宿怨，蒋介石都看在眼里，让程潜回湖南和白崇禧互相牵制，他可坐收渔翁之利。不用说，蒋介石对程潜也不放心，也怕程潜坐大，便安插了许多亲信在程潜身边，以分散程潜权力，尤其是军权。程潜虽说号称拥兵10万，但真要调动并不容易。总之，程潜夹在蒋系和桂系之间，日子并不好过，纵有一腔"湖南王"的抱负，要实现却很难。

程潜的尴尬处境，中共地下党敏锐地把握住了，他们对程潜进行了认真分析。早年程潜参加同盟会，跟随孙中山推翻清王朝，推翻袁世凯，参加北伐，在抗日战争中坚决抵抗日本侵略，革命表现都有可圈可点之处。国共分裂后，他在国民党内部的党争中一度受到排挤，被削兵权，因而并没有带兵在第一线"围剿"过中共，比起何键之类的国民党将领，程潜和中共的仇怨要淡得多。在国民党派系中，程潜既不属于蒋系也不属于桂系，就是在湘系中也自成一派。况且，他和许多共产党人还有私交,例如毛泽东。在重庆谈判时，他和毛泽东见面，对毛泽东的大智大勇深表钦佩，还很关心毛泽东的安全，建议毛泽东早日离开重庆，以免遭遇不测。诸此种种都表明，程潜不仅有进步的一面，还有开明的一面，是一个识时务的政治家。于是，中共湖南省工委决定，成立专门的策反小组，对程潜展开统战策反，争取湖南和平解放。

说到此，必须要介绍一下当时中共湖南地下党的省工委书记周里。

周里（1903—2000），湖南炎陵人，富家子弟出身，21岁就读衡阳的省立第三师范，接受了革命启蒙，回家后首先对家族展开革命，要把家产分给穷苦农民，在家族中引起轩然大波。1927年，在大革命失败后的一片白色恐怖中，24岁的他毅然加入中共，此后一直在湖南坚持革命斗争。抗日战争期间，他秘密奔赴重庆，在周恩来安排下接受了秘密工作培训，此后潜回湖南，担任了中共湖南省工委书记。他坚定地执行中共对湖南地下工作的方针："隐蔽精干，长期埋伏，积蓄力量，以待时机。"他潜伏于三湘四水的茫茫百姓之中，默默无闻地工作，其人生故事充满传奇：

> 他一时是肩扛着布匹的"布把子"（流动布商贩），一时又是身背药箱的"游方郎中"（无固定坐诊的中医师），一会叫许崇德、唐积德，一会又称唐光前、唐裕后，丝毫不露任何破绽。就是在湖南地下党的内部，周里的真实姓名和党内职务，也仅限于极少数高层负责人知道。大多数能接触到周里的地下党员，只知道他是唐先生，是领导。在周里任中共湖南省工委书记的6年又8个月的时间里，湖南的国民党特务机关，从来不知道有中共湖南省工委这么一个地下组织在活动，更不知道其首脑叫周里。[24]

周里在从事地下斗争中，经常出没的秘密据点是长沙城内的熊子烈家。熊子烈也是富有传奇色彩的地下党员，大学文化，曾任湖南省保安司令部军官，还当过税务局局长。第一次国内革命战争期间，经中共特科刘道衡争取加入中共。在中共特科领导下，他长期从事地下情报工作，同时负责对国民党上层人物的统战，曾利用在国民党政府担任的职务，在资金上给中共提供了很大的帮助，被李克农称为"大老板"。熊家来往的人物，许多是国民党要员，谁都没想到中共湖南地下党的省工委书记也在其中。有一段时间，周里和同是地下党员的妻子常杏云就住在熊家。有趣的是，同住在熊家的还有一位国民党军统特务，他整天叫嚷着要抓共党，还向周里吹嘘自己的本事如何了得，惹得周里和熊子烈哈哈大笑。

周里主持湖南的地下党工作近七年，功勋卓著。有关资料显示，1944年，湖南全省与地下省工委保持联系的党员只有15人、干部2人。到1949年8月，湖南和平解放前夕，中共湖南省工委领导的地下党员已发展为1.5万人，党领导的游击武装发展到4万多人，并且基本上实现了对国民党系统的渗透和掌控，除了毛人凤的军统特务系统和白崇禧在湖南的亲信系统外，其他全都被地下党策反。当然，湖南的地下党取得的彪炳史册的成绩就是策反了程潜和陈明仁，实现了湖南的和平解放。

策反程潜的过程跌宕起伏，如同一部精彩纷呈惊心动魄的大戏。

从时间看大约一年，经历了重点策反程潜到策反程潜和陈明仁两位国民党湖南主官的变化，涉及国共两党包括其他方面的各色人物。这个期间还因涉及不同系统的中共地下党组织分别做程潜的策反工作而引起误会，差点发生流血冲突的事件。在此以湖南省工委的行动为主线概要叙述。

1948年7月，程潜就任国民党湖南省政府主席后，中共湖南省工委成立了统战策反小组，由地下党员、湖南大学讲师余志宏任组长。

余志宏是醴陵人，且和程潜有亲戚关系，主要负责对程潜的策反。余志宏受命之后又把程潜的族弟、同情中共的程星龄从台湾接回长沙一起参与游说程潜的工作。他们决定先发动有进步倾向的程潜的友人一起来劝谏程潜，于是举办了一次座谈会和一次聚餐活动。与会者分析政局，得出一致结论，国民党大势已去，内战不能再打下去了，只有顺应历史潮流，与中共合作才是出路。程潜果然被友人们的分析打动，开始收敛此前坚决反共到底的高调，谨慎地询问程星龄，有什么办法可以和中共沟通。

这时已到了1949年元旦，中共已经取得了东北战场的大捷，新华社发布了毛泽东撰写的新年献词《将革命进行到底》，还宣布了一批国民党要员名单，名单中的人被列为战后要清算的战犯，程潜也赫然在列。于是程潜情绪又起波动，他激动地说："投降我是不干的！"程星龄和程潜的顾问方叔章力劝程潜不要轻易动摇，建议程潜提出湖南和平起义的意向，看中共态度怎么样，再做决断。于是程星龄受命以程潜代表的身份找到余志宏，要求正式与中共沟通，余志宏立即安排了程星龄与周里见面。周里对持和平态度的程潜表示热烈欢迎，表态说中共绝不会把和平起义人员作为战犯对待，还答应将程潜的顾虑转告中共中央，一定给予明确答复。同时也对程潜提出了要求，停止对中共的镇压行动。程潜接受了中共意见，撤换了一批反动官员，释放了一批政治犯，还允许言论自由，并资助了中共地下党800大洋。

不久，中共中央正式宣告：一切战犯，不论何人，只要以和平方法解决国内问题者，取消战犯罪名，给以宽大待遇。1949年3月，章士钊又向程潜转达了毛泽东的口信，只要程潜走和平道路，不仅既往不咎，还会给予礼遇。这些都对程潜下决心和平起义具有决定性的影响。

随着程潜起义倾向日益明显，蒋介石也觉察到了，他加紧了对程潜的控制。白崇禧更感不安，开始了撤换程潜的谋划。此时中共又出手了，通过桂系的高级智囊、湖南醴陵人刘斐将程潜的学生和老乡、时任华中"剿总"副总司令的陈明仁调来湖南，理由是控制和取代程潜。其实这是一步险棋，因为陈明仁确实有"辉煌"的反共军功，在东北战场的四平战役中，重创过林彪的部队，是国民党将军中少有的胜过林彪的战将，很受蒋介石和白崇禧赏识。要是他果真坚持反共立场，程潜的和平起义很可能夭折。也正因如此，蒋介石和白崇禧都接受了这个建议。

1949年2月底，陈明仁率领第一兵团两个军调防长沙。陈明仁见到了自己的老师程潜，拿出了蒋介石密令自己监视程潜的手令。程潜并不惊讶于蒋介石的阴谋，却摸不透陈明仁的底，他沉静地说："你要捕就捕，要杀就杀吧。"陈明仁苦笑说："我要是想抓你就不会告诉你了。我不会给蒋介石当枪使，我想听颂公的意见。"

陈明仁这个举动表明，中共对他做足了功课。原来，性格孤傲的陈明仁很看不起蒋介石的政客做派，并不买蒋介石的账。在抗日战争中，他就因为蒋介石指责他的部下军容不整顶撞过蒋介石，后在东北战场的四平战役中打败了林彪，反而遭到陈诚告状，被蒋介石撤职，二人的隔阂因此更深。尽管蒋介石很赏识陈明仁的军事才华，但对他是利用居多，陈明仁自然不愿给蒋介石当枪使。况且陈明仁很重乡情，对程潜非常敬重。中共正是了解陈明仁的心性和历史，才想方设法把他调来长沙，以加强程潜的力量。为此，中共还设法动员陈明仁最信赖的幕僚和挚友李君九从台湾赶到长沙来辅佐陈明仁，同时动员陈明仁的老师李明灏也来做工作（李君九和李明灏也都是此前被中共策反过来的）。中共地下党对湖南和平起义的策划极其周密。粗略估算，以不同身份、不同方式直接参与对程潜和陈明仁劝说的有数十人之多，为和平起义展开工作的人更不计其数。在策反程潜和陈明仁的同时，中共湖南地下党组织还策反了在湖南的国民党国防部保密局中将特务张严佛、宪兵第十团团长姜和瀛、交通部警察第一总队少将张先正等人。策反过来的国民党武装力量，不含程潜和陈明仁控制的武装部队，已达3万余人，这为程潜和陈明仁的和平起义创造了良好的策应条件。此外，中共还在长沙等地发动了数千人至上万人不等的争取和平的游行集会，诸多社会团体和社会名流也发出了和平呼吁。

和平，成为三湘四水的最强音。

大势所趋，民心所向。在中共湖南地下党猛烈的统战攻势下，程潜和陈明仁终于达成共识——走和平道路。1949年7月，程潜以备忘录形式向中共方面表达了伺机起义的态度和相关诉求，但陈明仁却以怕泄密为由没有签字。与此同时，退守湖南的白崇禧也动手撤换了程潜，并把他调离了长沙。白崇禧没有怀疑陈明仁，他起用陈明仁取代了程潜。但白崇禧的施压，还是导致程潜和陈明仁出现了迟疑。中共方面加大工作力度，敦促兵权在握的陈明仁下定最后决心。作为第二手准备，百万解放军亦排山倒海般地逼近湘北。陈明仁在长沙城内外加强工事，宣称要和中共血战到底，把长沙城变成第二个四平街。后来的结局表明，这是陈明仁在使障眼法，欺骗白崇禧。但在当时的情况下，谁也不能断定，长沙城不会战火纷飞，沦为一片废墟。

白崇禧见陈明仁积极备战，便放心地离开了长沙，还任命陈明仁为湖南省政府主席兼湖南省绥靖总司令。陈明仁完全掌控了长沙的军务和政务。他立即召集部属宣布，"我是湖南人，祖宗坟墓所在，不会光凭个人的意气，使长沙五十万人民遭受浩劫"，"总要使长沙市不能听到枪声"。他还说："我只是暂时代理主席，一切都将遵循颂公的指示及老百姓的需要去做。"[25]

此时，陈明仁的和平姿态才真正明朗化。可他还是顾虑到起义后是否能受到宽大处理，又派程星龄、李君九和中共湖南省工委负责人欧阳方再去平江解放军驻地，邀请解放军代表来长沙面谈。于是，李明灏作为解放军代表秘密来到长沙，程潜也从邵阳秘密赶到长沙，双方对起义事项进行了最后的确认。特别值得关注的是，程潜和陈明仁的起义条件有三：第一，拥护共产党的政策，但不参加共产党；第二，反对蒋介石，但不背叛孙中山先生的国民党；第三，对特务虽不能指挥，但可以控制。基于这三点，程潜和陈明仁坚持，对于起义部队，仍要以"中国国民党人民解放军"的名义出现，对于起义后的湖南当局，仍要称"中国国民党湖南人民临时政府"。这些条件是其他国民党部队起义中所没有的情况。显然，这是程潜和陈明仁虚荣心作祟，不愿承认自己是投降将军。从文化根源上说，这也是湖湘文化的表现——湖南人都有死不认输的性格。令人感到有些意外的是，中共方面接受了这样的起义条件。此时，林彪的百万大军已经三面夹击长沙，只要毛泽东一个电报，便会如洪流滚滚，摧枯拉朽般席卷湖湘，陈明仁的部队根本不可能抵挡得住。也许，是毛泽东不想再看到他的故乡又遭战火烽烟吧？

后来的历史是这样的：

1949年8月4日，长沙各大报纸都以头版头条刊登了程潜、陈明仁领衔，唐星、李默庵、姜和瀛等37位国民党将领联名签署的起义通电。次日晚，长沙人萧劲光率领的中国人民解放军第四野战军第十二兵团某部，从长沙城小吴门浩浩荡荡地开进城区，受到了数十万民众的夹道欢迎。

湖南宣告和平解放。

湖南和平解放只是象征性的说法。

严格地说，湖南只是长沙和平解放了。长沙和平起义之前，湘北、湘东、湘西基本上为解放军所控制，长沙城三面被围。长沙和平起义之后，湘南在白崇禧的控制下与解放军展开了激战，即著名的衡宝战役。国共双方投入兵力号称70万，历时34天，解放军歼敌近5万人，基本解放了湘南和湘西。因此，长沙和平起义的意义主要是政治影响。第一，长沙和平起义是由湖南军政当局首脑发动，代表着湖南，具有重大的政治象征意义。第二，长沙50万市民免遭战火，这不仅是对人民生命财产的保护，还意味着在"文夕大火"中遭受磨难、在四次长沙会战中饱受日寇摧残的长沙人民，唯独中共用心地呵护了他们。第三，长沙和平解放向世人昭告，战争是为了和平，革命是为了人民，只有充分敬畏生命的革命和战争才具有存在的合法性。

其中第三点值得展开一说。

如果仅从革命尊严看，或者仅从夺取政权的政治诉求看，长沙是否和平解放，意义并不大。当时的军事局面是，中共百万雄师已经跨过长江，国民党政府已偏安于广州苟延残喘，蒋介石已经在台湾选择最后的藏身官邸，中共军事大棋已进入收官阶段。此时此刻，长沙是战而取之还是和而取之，胜利者都是中共。正因为如此，必胜者依然不放弃任何一个和平机会则更显示出其对人民和生命的敬畏。

在长沙和平起义中，国共双方当事者都面对同一个灵魂考问：该如何敬畏人民和生命？大势所趋，出于对人民和生命的敬畏，程潜和陈明仁选择了放下武器。而放下武器的实质就是投降，他们都是性格刚烈的湖南人，难以承受投降者身份的羞辱，所以提出要打着国民党的旗号起义，无非是要一个虚荣的脸面而已。但这个虚荣又多少亵渎了革命尊严，想想看，陈明仁的部队是以国民党人民解放军的名义放下武器，等于说是作为失败者的国民党维护了和平，解放了人民，这不是为国民党张目么？这的确考验胜利者的襟怀，如果遵循革命教科书，出于对革命纯洁性的维护，计较颜面得失，很难设想会接受这样的条件，至少那些追求"百分之百布尔什维克化"的革命者们是断难接受的。然而毛泽东却大度接受了，还给程潜、陈明仁回电称："所提设立由颂云先生领导的中国国民党湖南人民临时军政委员会，及子良将军的中国国民党人民解放军司令部两项临时机构，并临时的省政府主席，及临时人民解放军司令官，均属必要，可即施行。……凡对解放军进军及革命工作有利的事，均可商量办理。"[26] 说到底，就是毛泽东懂得，战争不是为了耀武扬威，而是为了持久和平。革命是为了人民，而不是人民为了革命。人民的生存实惠高于革命教条的完美，对于人民生命的敬畏高于革命的尊严。总之，在江山之上还有更神圣的东西，只有懂得这个道理才是伟大的政治家而不是政客。

湖南人有着刚烈的文化性格。程潜和陈明仁毅然放弃了维护个人尊严的血战，选择了起义来呵护家乡，是值得敬重的。在湖湘文化长期滋养下，湖南人大都性情刚烈倔强，故有"湖南骡子"的外号，特立独行，死不言败。中国革命历史上，湖南血流成河，和文化背景大有关系。要是以政治划线，不难发现，湖南是共产党人和国民党人的云集之地。以醴陵为例，在现代革命中，醴陵涌现了大批著名的共产党人和革命者，如李立三、左权、蔡申熙、朱克靖、宋时轮、耿飚、张子意、杨得志、郭鹏、黎澍、杨东莼等，牺牲的共产党人达4000余人，而加入国民党阵营的醴陵人也相当壮观，其中国民党将军就有上百人（有说300人）。这就不能简单地归结为政治原因，而要归结为推崇豪杰人格的湖湘文化的滋养。所以，要是基于个人脸面尊严，湖南战事是很难避免的，但最后出现了和平解放局面，究其文化根源就是湖湘儿女对乡土的挚爱。

不妨说一个细节，李明灏在劝说陈明仁起义后，立即给中共高层拍了电报说，陈明仁"个性刚强，对脸面问题非常注重"，决定起义，很不容易，"首长最好与陈明仁速来电慰勉，并电毛主席在电报上予以鼓励"。毛泽东接到电报后，立即和朱德联名电复程潜和陈明仁，对程潜和陈明仁坚持要以国民党的旗号起义表示赞同，不仅认为"均属必要，可即施行"，还强调"不应为空洞名义，应行使必要之职权。除我军已接受之地方外，其余地方，应由临时军政委员会指挥"。电文中，毛泽东还大赞程潜和陈明仁："此次两先生毅然脱离伪政府，参加人民解放事业，大义昭著，薄海同钦，南望湘云，谨致祝贺。"[27] 针对陈明仁曾在东北两败林彪，忌惮林彪率百万大军南下湖南报一箭之仇的心态，毛泽东还特意托章士钊带口信给陈明仁说，那是各为其主，各划各的船，都想划赢，理所当然。林彪没划赢，那是陈明仁比林彪更会打仗。只要站过来，我们还要重用他。

1955年授衔，作为国民党中将的陈明仁被授予中国人民解放军上将，并以非共产党员的身份担任中国人民解放军第55军军长的正职，这种礼遇在诸多国民党起义将领中是罕见的（类似礼遇仅有董其武、陶峙岳）。对于程潜，毛泽东更是礼遇有加，开国大典时，程潜是登上天安门城楼的贵宾；在毛泽东生日家宴上，程潜也是仅有的几位私人嘉宾之一；毛泽东和程潜游颐和园时，亲自打桨划船。诸此种种，没有共产党人虚怀者的胸怀和发自内心的情谊，是不可想象的。

○ 引文注释

[1] [2] [3] [4] [6] [7] [8] [10] 中共湖南省委党史研究院著：《中国共产党湖南历史·第一卷（1921—1949）》（上册），中共党史出版社 2021 年版，第 94—95、112、168、200、236、300、300—301、312 页。

[5] 中国人民解放军政治学院党史教研室：《中共党史参考资料》第四册，第 445 页。

[9] 谭宝军主编：《永兴文史第二十二集：湘南起义在永兴》，永兴县政协学习文教卫体委，永兴县文史研究会 2017 年版，第 241 页。

[11] 参照湖南党史专家夏远生的分类，区划名做了更新。

[12] 马秀琴编著：《100 位为新中国成立作出突出贡献的英雄模范人物·贺英》吉林文史出版社 2011 年版，第 118—119 页。

[13]《湘鄂川黔根据地革命文化史料汇编》编辑小组编：《湘鄂川黔根据地革命文化史料汇编》，第 294 页。

[14] 田海燕、高鲁合编：《红军歌谣》，山西人民出版社 1979 年版，第 267 页。

[15] 罗开富：《红军长征追踪》（上部），经济日报出版社 2001 年版，第 40 页。

[16] 陈云：《随军西行见闻录》，红旗出版社 1985 年版，第 7—8 页。

[17] [22] [25] [26] [27] 中共湖南省委党史研究院：《中国共产党湖南历史·第一卷（1921—1949）》（下册），中共党史出版社 2021 年版，第 533、635、727、731—732、732 页。

[18] 周秋光、莫志斌编：《湖南教育史》第二卷，岳麓书社 2008 年版，第 975 页。

[19] 田申：《我的父亲田汉》，辽宁人民出版社 2011 年版，第 109 页。

[20]《抗战档案》编委会编：《抗战档案》中卷，中央文献出版社 2005 年版，第 419 页。

[21] 湖南省档案馆、中国第二历史档案馆编：《抗日战争湖南战场史料》第二卷，湖南人民出版社 2012 年版，第 67 页。

[23] 湖南省文史馆组编：《湖湘文史丛谈》第 1 集，湖南大学出版社 2008 年版，第 83 页。

[24] 周五一：《湖南地下党的卓越领导人周里》，《湘潮》2019 年第 10 期。

第七章

芙蓉国里遍英杰

湖南是中国共产党和中国革命的重要策源地,走出了以毛泽东为主要代表的一大批无产阶级革命家,成就了"十步之内,必有芳草"的璀璨荣光。

他们既推动了中国革命,也成就了自身。"湖南为什么这样红",壮观多彩的革命英杰群体提供了重要解答。

中共决策层中的湖南人

统计数据显示，1921年至1945年，担任过中央政治局委员以上职务（或相当职务）的湘籍人物除毛泽东外，还有刘少奇、任弼时、蔡和森、李立三、李维汉、邓中夏、罗亦农、李达、罗章龙、彭述之等人。

先谈谈蔡和森、邓中夏、罗亦农。

蔡和森（1895—1931），湖南双峰人，毛泽东挚友。早在法国勤工俭学时就主张创建共产党，实行建立无产阶级专政的革命，这在很大程度上影响了毛泽东。中共成立后，他历任中共二大到六大中央委员，且从中共二大起一直是中共核心领导成员，主管中共理论宣传，参与制定中共的政治纲领。他的代表性的理论著述有《社会进化史》《中国共产党史的发展》等，是中共早期的优秀理论家。他1925年参与领导五卅运动，同年赴苏联，为中共驻共产国际代表。1927年回国后，在八七会议上支持毛泽东提出的土地革命、武装斗争的主张，并和李维汉一起提议毛泽东进入政治局，还对陈独秀等人的右倾错误从理论上展开了系统批判，在党内路线斗争中大方向是正确的。他在处理顺直省委改组问题上产生过偏差，其中有很复杂的原因，蔡和森为此受到党内处分，后作为中共驻共产国际代表团团员，被派往苏联。1931年3月，蔡和森回国任两广省委书记。3个月后被捕。1931年8月4日，蔡和森在广州英勇就义，时年36岁。

蔡和森在党内一直有比较稳定的核心领导地位，与共产国际也保持着比较密切的联系并受到信赖。但他和王明等不同，他不是教条主义者，也不搞宗派，且能根据实际，直言不讳地批评共产国际轻视中共、重视国民党，认为这是严重的政治失误。加之他理论水平很高，与毛泽东私交极好，能够与毛泽东很好地沟通，要是他一直留在中央，负责共产国际与毛泽东之间的沟通，中国革命也许不会走那么多弯路。当然，这仅仅是一种理想化的推测，历史是在无穷变化中演进的，必然性存在于无数的偶然性之中，包括蔡和森的不幸牺牲。因而，我们最终只能平静地接受给定的历史命运。

邓中夏（1894—1933），湖南宜章人，中共创始人之一，五四运动著名学生领袖。早在五四运动前就经同学蔡和森介绍与毛泽东相识，五四运动期间和毛泽东有了更密切的交往。中共二大，他被选为中央委员，此后主要领导工人运动，是中国工运的杰出领袖之一。他是中共早期的优秀理论家，其《中国职工运动简史（1919—1926）》等著述是很有理论价值的历史文献。中共五大当选为中央委员，八七会议当选为临时政治局候补委员，中共六大为中央候补委员。他比较实事求是，1929年秋去苏联开会时，王明在莫斯科中山大学诬告俞秀松等组织反党集团，邓中夏被中共中央派去协助瞿秋白进行调查，澄清了此事，也得罪了王明。王明便对瞿秋白和邓中夏进行报复，致使中共中央不得不改组中共代表团，将邓中夏等召回国。邓中夏回国后赴湘鄂西革命根据地展开武装斗争，执行李立三的"左"倾错误路线，冒险攻打中心城市。但在具体实施中，他接受了贺龙等人的正确意见，尊重实际，降低了军事冒险的损失，并使红军有所壮大。洪湖根据地丢失后，他及时反思，直言不讳地批评李立三的错误，并且勇敢承担了自己的责任。

随着李立三的"左"倾错误路线被制止，更"左"的王明路线统治了中央，邓中夏又遭到王明"左"倾错误的打击报复，回到中央接受审查，生活上几乎陷入绝境。他默默承受，依然对革命忠心耿耿，并拒绝再执行"左"的决策。被捕后,国民党当局利用他在党内受到不公正的待遇来挑拨策反。他坦然说:"这是我们党内的事,你有什么权力过问?一个患深度杨梅大疮的人,有什么资格嘲笑偶尔患伤风感冒的人?"1933年9月21日,邓中夏戴着镣铐,高喊"打倒国民党"的口号走向了雨花台,时年39岁。

罗亦农(1902—1928),湖南湘潭人,原名罗善扬,可能崇拜湘潭罗氏家族中著名的山长罗典,取字慎斋。他是中共创始时期的党员,莫斯科东方大学的高才生,与瞿秋白、彭述之被誉为中共"留苏三领袖"。在苏联期间,他介绍了刘少奇入党。1925年回国后,参与领导了省港大罢工和上海工人三次武装起义。中共五大时被选为中央委员,八七会议上被选为中央临时政治局委员。1927年11月,与周恩来、李维汉组成中央组织局,出任主任。1928年4月15日,被叛徒何家兴夫妇出卖而被捕。4月21日,在上海英勇牺牲,年仅26岁。

临刑前,罗亦农给妻子留下遗书:"永别了,灵其有知将永远拥抱你,望你学我之所学,以慰我。"此时,他与妻子李哲时结婚仅四个月。罗亦农就义四天后,中国共产党中央特别行动科的陈赓带领红队,冒着风险,闯进叛徒何家兴、贺稚华夫妇的租界住所,将何家兴击毙、贺稚华击伤。罗亦农的牺牲给中共带来了很大损失。罗亦农在对中国革命的认识上,也与毛泽东有相近之处,例如制止了冒险的武汉大暴动,还因此受到党内"左"倾路线处分。

这三位湘籍革命领袖,都是英年殉道。这样的殉道者,在国民党阵营中几乎没有。为什么共产党人能够做到并且无怨无悔?这就是信仰的正义性和感召力,也是共产党人对信仰的忠诚度,包括党的思想建设和组织建设成效,这是一个很值得研究的课题。如果中共的信仰缺乏感召力,如果共产党人缺乏为信仰而献身的精神,如果党建不能有效地凝聚党心，很难想象当初弱小的中共会取得最后胜利。比较之下，宁愿舍弃国民党许诺的高官厚禄而为信仰勇敢献身，这也是中共胜利与国民党失败的重要原因所在。

再说李达、李立三、罗章龙和彭述之。

李达（1890—1966），湖南零陵人。中共创始人之一，曾代理中共中央局书记。但他很快就和张国焘与陈独秀发生了分歧。原因主要有两点：第一，李达比较沉迷于马克思主义理论研究，被张国焘斥责为"研究派"，使他产生了"同志敌国"之感。第二，不满意陈独秀的家长制作风，并对中央集中制的组织原则不能适应。客观地说，这和李达的书生气和自尊心较强，以及对中国革命的实践性认识不足有相当关系。所以1922年11月，他就应毛泽东之邀来湖南自修大学任校长，实际脱离了中央领导岗位。1923年，他又和陈独秀就国共合作、共产党员以个人名义加入国民党一事发生激烈冲突，他认为中共可以和国民党建立党外合作关系，但共产党员加入国民党有损党的纯洁性，在政治上也有投降之嫌，还指责陈独秀对共产国际妥协，有损气节。李达的意见正触到陈独秀痛处，陈独秀也是在共产国际的压力下被迫做出决定。于是陈独秀勃然大怒，对李达砸了茶杯，斥责李达对党的实际活动不积极参加，反而干涉党的决策，扬言要开除李达。李达也发了"湖南骡子"脾气，说："开除就开除！我也不把你这个草莽英雄当领袖！"此后，李达脱离了中共。"一根筋"的李达还在报纸上公开刊登了"脱党声明"。不用说，这对中共的社会形象是有损害的，也给他以后的人生造成了很多困扰和磨难。

李达脱离中共后，走的是一条"脱党不叛党，离党不离道"的人生路。他在自传中写道，从离开党组织那一刻起，"我就致力于马克思主义的研究，抱着至死不变的决心，不离开马克思主义，在个人的活动方面，决不做反党反人民的事情，决不参加任何别的党派组织，也决不为反动派的威胁、利诱和打击所屈服"[1]。李达做到了。赵恒惕拉拢过他，汪精卫拉拢过他，蒋介石政府也拉拢过他，还有邓演达也拉他加入"第三党"，都被他拒绝了。他以学者身份走完了后半生，写出了《现代社会学》《社会学大纲》《社会进化史》《货币学概论》等马克思主义理论研究的杰作，也成为公认的百科全书式的杰出马克思主义理论家。还值得一说的是，李达和毛泽东一直保持着深厚友谊。毛泽东认为，李达当年脱党有些意气用事，是人生的一次失误也是人生的遗憾，但是李达一直保持了革命气节，特别是他对马克思主义理论研究的贡献，是值得充分肯定的。1949年12月，由刘少奇介绍，毛泽东和李维汉等人做历史证明人，党中央批准李达重新加入中国共产党。

李立三（1899—1967），湖南醴陵人。他的履历，在中共历史上的地位包括"左"倾错误，前文已有介绍，在此不赘述。这里主要介绍一下他后半生在经历的磨难中对错误的反思以及对信仰的坚守。

李立三思想激进，恃才自傲，冒犯了共产国际，被共产国际撤销了中央领导职务，1930年10月去苏联接受共产国际的审查。他在一系列会议上检讨自己的错误，包括自己对共产国际的冒犯态度，然后以研究生身份被安排在列宁学院学习。没想到这时王明作为中共驻共产国际的负责人来到苏联，又掀起了对李立三的批判。研究者普遍认为，这种批判带有明显的打击报复性质。1935年，李立三被安排到共产国际的出版社工作并同苏联姑娘李莎结婚。该年康生也来到苏联，倡议利用共产国际七大，将王明推上中共中央总书记高位。此时国内的党中央和红军正在长征途中，中共与共产国际失去了联系，康生企图以在苏联的中共代表团倡议的手段实现其企图。这显然是不合法的,李立三断然拒绝签名,又遭到了王明和康生的打击报复。于是王明等人一方面拒绝李立三回国参加抗战,另一方面向苏联内务部递交了材料,声称李立三是托派人物,非常危险。1938年,李立三被共产国际开除党籍,遭到苏联内务部逮捕,在狱中受到严刑逼供,但他坚决否认托派的指控。当狱中其他受到打击迫害的狱友发泄对共产党的不满时,李立三严厉制止说,这是某些人的错误,不能代表共产党。1939年,周恩来来到苏联养伤,得知了李立三的情况后与苏联当局交涉,李立三才被释放。但因为党籍未恢复,他又流落苏联6年,在此期间的磨难不必细说,是妻子李莎的爱情支撑陪伴他度过了那段坎坷岁月。李立三流落苏联整整15年。

1945年,中共七大召开,李立三当选为中央委员。远在莫斯科的他得知消息后,热泪盈眶,觉得自己的信仰坚守得到了应有的回报,15年来受到的委屈烟消云散。不久后,李立三回到了祖国,全力投入他终身殉献的革命事业。恢复工作后,他毫不掩饰自己犯过的错误,在大会上公开讲述自己得到的深刻教训以警示全党,获得了大家广泛尊重。有趣的是,他的牛脾气虽然收敛了很多,但还是时有流露。伍修权回忆,李立三在东北参加国共军调工作时,有一次去拜访国民党将领廖耀湘。这是一个礼节性场合,而且两人是同乡,本应气氛融洽。但当廖耀湘说起国民党坚持抗战、如何为国为民时,"李立三很不客气地马上加以反驳,并说只有中国共产党才是真正为人民服务、求民族解放的,两人争得面红耳赤。在我劝说后,这对同学才停止了争论。充分反映了李立三的某些性格特征,也显示出他忠于党和人民事业的一片赤子之心"[2]。回顾李立三的一生,有人说,他犯了3个月错误,受了30年磨难。这个说法就李立三个人命运看不无道理,但换个角度看更富启迪：李立三虽然受到了许多不公正的待遇，却始终未变革命初心。

罗章龙（1896—1995），湖南浏阳人。早年毛泽东以"二十八画生"征友，罗章龙就是应征者之一，两人一见如故，毛泽东称之为"管鲍之交"。毛泽东组建新民学会，罗章龙又是第一批核心成员。后来罗章龙准备赴日本留学，毛泽东赠诗相送，诗中有"君行吾为发浩歌，鲲鹏击浪从兹始"句，足见两人志大谊深。再后来罗章龙留日未果，考入北京大学，参加了五四运动，继而加入中共，为中共创始党员，投入工人运动，成为著名工运领袖。中共三大上，罗章龙当选为中央委员、中央局委员，又与毛泽东一道在上海国民党机关从事国共合作有关工作。大革命失败后，两人同回湖南主持秋收起义，之后，毛泽东上了井冈山，罗章龙去上海重组被破坏的工运领导班子。这是罗章龙和毛泽东之间的一段战友佳话。

罗章龙还是中共四大、五大、六大中央委员或候补委员，中华全国总工会委员长、党团书记。在李立三主持中央工作时期，他和同为湖南人的何孟雄等人反对李立三的"左"倾错误，三位湖南老乡在党内爆发了激烈冲突，罗章龙受到李立三的打压，随后又在中共六届四中全会上和米夫、王明等人爆发了更激烈的冲突。罗章龙认为，米夫推王明上台不仅严重违反选举程序，还有出卖革命同志、借国民党之刀除掉何孟雄等人的卑劣行径。于是，罗章龙又受到米夫等人的打压。他采取了另组中央的方式来抵制王明等人上台，结果受到开除党籍的严肃处分："反对罗章龙派别，是继反对陈独秀派别以后又一次党内斗争的巨浪。共产国际肯定了采取这一组织措施的必要性。罗章龙等人反对左'倾'冒险主义错误，出发点是正确的，但由于掺杂了权力分配的私心，不惜违背当时执行的制度和原则，进行分裂活动，走上了错误的道路，当然没有前途，这也是一个历史的教训。"[3]

罗章龙结束职业革命家生涯，淡出政治圈，改名罗仲言，进入高校开始了学者生涯，成了卓有建树的经济学家。新中国成立之后，罗章龙依然隐姓埋名在高校教书，很少有人知道，一级教授罗仲言就是党史上的风云人物罗章龙。毛泽东很关心这位故友，多次嘱咐有关部门负责人好好照顾罗章龙，让他安度晚年。毛泽东还主动托杨尚昆将自己的文集送给罗章龙。罗章龙非常感动，写下了一首感怀诗《寄远》："汝我忘年交，结交争上游。同心著金石，攻错赋同仇。湘北齐征战，春申赠吴钩。群星半陨落，一半卧沧州。""文革"后，他调北京任中国革命博物馆顾问、全国政协委员。此后，他集中精力撰写回忆录，留下了大量珍贵史料。1995年，罗章龙去世，享年99岁。

彭述之（1895—1983），湖南邵阳人。中共早期党员，1921年入莫斯科东方大学学习，与瞿秋白、罗亦农并称为"留苏三领袖"，可见其才华横溢。1924年回国后，他主编中共中央机关报《向导》和理论杂志《新青年》。1925年在中共四大上当选为中央执行委员、中央局委员，此后任中宣部主任。在湘籍革命核心领导人群体中，他和陈独秀关系最密切。毛泽东的《湖南农民运动考察报告》就是彭述之拒绝在《向导》上发表，他还指责毛泽东破坏国共合作。大革命失败后，他和陈独秀都受到处分，却更加紧密地联合在一起，在党内建立托派组织，和中共六大以后组成的新中央对抗，结果一起被开除党籍。此后，彭述之和陈独秀一起成立了"中国共产党左派反对派"，再后来彭述之走向了"第四国际"，完全背离了中共。但是也要看到，彭述之对国民党也持对抗态度并受到国民党迫害。他对中共的背离，与向忠发、顾顺章贪生怕死出卖党以及张国焘的叛党求荣行为是有区别的。可以说，彭述之在道德气节上是有底线的。彭述之一直坚持托派立场，在政治舞台上四处受敌，非常孤立，后来流亡海外，1983年客死于美国。

以上几位湘籍领导人的人生道路有个共同点，他们都富有才华和主见，但由于思想认识方面的原因，走了人生弯路。

最后说说刘少奇、任弼时和李维汉。

刘少奇（1898—1969），湖南宁乡人。1921年入读莫斯科东方大学，与任弼时是同学，同年加入共产党，在政治出身上都可算"国际派"。自1922年回国后至1927年主要从事工人运动，成为中共著名的工运领袖，他参与领导最具体且最成功的工运案例是安源工人运动。这又涉及李立三和毛泽东，当时，毛泽东是刘少奇和李立三的上级，安源工运可谓三人联手的杰作，也奠定了三人的早年友情。1927年中共五大，刘少奇当选为中央委员，大革命失败后，转向中共秘密工作。1931年1月，中共六届四中全会，他当选为中央政治局候补委员。这一届中共领导人调整，是在共产国际代表米夫的霸道主持下完成的，主要目的是把王明推上台，刘少奇当选多少和他留苏背景有关。有学者说，从事工运和地下工作培养了刘少奇实事求是的精神，他对王明那一套"左"倾行径并不以为然并多有抵制，因此也和毛泽东有类似遭遇，受到严厉批判，包括撤职处分。但王明等人的"左"倾错误导致白区地下党全面损失经历了一个过程，故刘少奇和王明"左"倾错误的斗争也有一个发展过程，加之工运和白区工作与土地革命时期的中国主流革命形态有一定距离，直到长征期间，刘少奇在党内影响并不大。

刘少奇对王明"左"倾错误的公然抨击最早见于1936年他发表

的《肃清立三路线的残余——关门主义冒险主义》《肃清空谈的领导作风》等文章，还有1937年二三月间写给张闻天的4封长信。1937年五六月间，他又在延安的白区工作会议上全面地阐述了自己的观点，认为中共八七会议以后，包括中共六届四中全会以来长期存在一种"错误的恶劣的传统"。如此尖锐地提出这个带根本性质的问题，在党的全国会议上还是第一次。虽然刘少奇的矛头是指向李立三，但实际上主要是冲着六届四中全会以后的王明"左"倾错误而来。学者金冲及认为，这是"日后延安整风的重要先导"。

刘少奇的发言在白区工作会议上引起了异常激烈的争辩。一些在白区工作的同志感觉被刘少奇全面否定，尤其是和王明"左"倾路线有过关联的人如博古、张闻天等更感不安，他们承认过去是犯了错误，可不愿承认是一贯的政治路线错误。而毛泽东静静地聆听了刘少奇发言后却表态说："少奇的报告是基本上正确的，错的只在报告中个别问题上。少奇对这个问题有丰富的经验，他一生在实际工作中领导群众斗争和处理党内关系，都是基本上正确的，在华北领导也是一样，他一生很少失败，今天党内干部中像他这样有经验的人是不多的。他懂得实际工作的辩证法。"[4] 显然，毛泽东对刘少奇的发言有着强烈共鸣，所以才会这么力挺刘少奇。不难想见，刘少奇也因此受到毛泽东高度重视。有学者认为，毛泽东应该是在遵义会议时就开始重视刘少奇了。因为刘少奇在遵义会议上不仅同意毛泽东回到中央领导岗位，还提出要全面检讨六届四中全会以来的中央路线问题，只是被毛泽东故意转移了话题。毛泽东后来说，遵义会议不能提政治路线问题，否则就不能分化他们这个宗派。[5]

刘少奇长征后立即被派往华北进行地下党的恢复工作，更对王明路线的危害感同身受，他提出要全面清算王明"左"倾政治路线也是从实际出发，有的放矢的。再往后说，抗日民族统一战线建立后，他在华北建立了晋察冀边区临时行政委员会，还在山西组织新军，又遭到王明指责，称刘少奇刺激了阎锡山，破坏了统一战线，等等，足见刘少奇提出要清算王明的路线错误不是翻旧账，而是具有现实意义。其现实意义就在于，无论是"左"还是右，都是教条主义的表现，不清算就会有损革命。

还要注意的是，刘少奇也是个富有主见、特立独行、颇有开拓精神的人。最典型的例子就是1936年他在华北恢复地下党时做的一件事。当时，华北地下党遭到严重破坏，迫切需要一批有地下工作经验的优秀干部去打开局面。刘少奇得知北平草岚子监狱里关押着一大批共产党人，他们都是在"左"倾路线下，因为冒险行动暴露了身份被捕的，在狱中他们组织了党组织，坚持斗争，表现非常优秀。刘少奇便决心营救这批同志，他在柯庆施的建议下，向中央打了报告，请求中央同意这批人以自首方式争取国民党当局释放。这是一个非常大胆的决策，教条主义地看，自首就意味着叛变，但为了迅速恢复华北地下党，必须变通处理。他的报告得到党中央批准，以中央指令的方式传给了监狱地下党组织。在押的党员根本不相信党会有这样的决定，三次拒绝执行，声称要"扛着红旗出狱"。刘少奇又下了更严厉的命令，声称不服从就以党纪处分。于是，薄一波、安子文、杨献珍等61位共产党人以登报自首的方式走出了监狱。他们出狱后立即走上了新的工作岗位，迅速打开了华北地下党的新局面。这件事虽在中共党史上一直有争议，但却展现了刘少奇"不唯上、不唯书、只唯实"，坚持实事求是、富有开拓精神的行为风范。这一点上，他与毛泽东是非常相似的。

史料显示，从白区工作会议后，刘少奇和毛泽东的关系日益密切。

1938年，中共扩大的六届六中全会，他站在毛泽东一边，对王明的右倾主张展开了批评，主张在统一战线中应该坚持中共的独立自主性，并起草了《关于中央委员会工作规则与纪律的决定》等文件，在纪律上约束了王明与中央分庭抗礼的行径。后来又在开辟华中抗日根据地、组建新四军、处理皖南事变中发挥了重大作用。在党的建设上，他发表了《论共产党员的修养》《论党内斗争》等重要著述，这些理论著述成为延安整风的重要文件，体现了刘少奇深厚的理论造诣。1942年，在延安整风期间，毛泽东电召刘少奇速回延安，参加书记处的工作。1943年，中共成立了由毛泽东、刘少奇、任弼时组成的中央书记处。在1945年的中共七大上，刘少奇又作了党章修改的报告，从九大方面系统地总结了毛泽东思想，确立了毛泽东思想在中共历史上的指导地位，中共七大选举了毛泽东、朱德、刘少奇、周恩来、任弼时为中央书记处书记。该集体是中共历史上最团结最强盛的一代领导集体，邓小平尊敬地称之为中共第一代领导集体，这是把中共在毛泽东思想旗帜下团结统一作为标准立论的。此后的20年，刘少奇一直是中共第二把手，与毛泽东密切合作。

任弼时（1904—1950），湖南汨罗人。1921年入莫斯科东方大学，次年加入中共，受到系统的苏联版马列教育。1924年，任弼时回国主持了共青团中央工作。1927年中共五大，23岁的他当选为中央委员，八七会议当选为中央临时政治局委员，此后进入中央机关。六届四中全会他当选为中央政治局委员，并代理过苏区中央局书记。在瞿秋白、李立三和王明三次"左"倾错误期间，他在许多具体问题上能够实事求是，保护了一些同志，许多受到错误打击的同志对他颇有好感。在中共"国际派"群体中，刘少奇是和"山沟马列主义"群体比较亲近的一位。

1934年8月，中央红军长征前夕，他受命和萧克、王震率领红六军团先遣突围西征，开辟新的根据地，这是他作为最高政治领导独当一面的开始。他率领红六军团成功突围，与贺龙的红二军团胜利会师，随后果断地制止了夏曦的严重错误，并发动群众，打土豪、分田地，开辟了湘鄂川黔革命根据地，使红军壮大到两万余人，其间多次打破数十倍敌军"围剿"，牵制了敌军数十万人，大大减轻了中央红军的压力，也在斗争中积累了独立开拓局面的实际经验，他以实实在在的业绩奠定了在党内的地位。更重要的是，在浴血斗争中他也进一步感受到毛泽东革命路线的正确性，理解了实事求是在中国革命发展中起到的至关重要的作用。

1935年10月，蒋介石调集130个团"围剿"湘鄂川黔革命根据地，已经和红四方面军取得联系的红二、六军团决定战略大转移，开始了万里长征。历经8个月浴血搏杀，任弼时与贺龙率领的部队与红四方面军胜利会师于甘孜，改编为红二方面军，成为红军三大主力之一。此时张国焘又是欺骗又是引诱，想说服任弼时和自己联手与中央对抗。但任弼时从朱德、刘伯承的介绍中得知张国焘与中央分裂的内幕，巧妙而坚定地抵制了张国焘，并劝说张国焘回心转意，终于促成了红四方面军回归中央，实现了三大主力红军在甘肃会宁的大会师。这是任弼时对中国革命的一次非常关键的贡献。

1936年10月，任弼时到达延安。不久，发生了西安事变，任弼时又和朱德、彭德怀一道，指挥红军与张学良、杨虎城部队配合，严阵以待，防止南京政府进攻西北，促进了西安事变和平解决。之后作为八路军的政治部主任，参加了东渡黄河的抗战。1938年3月，他赴苏联担任中共驻共产国际代表，向共产国际翔实地介绍了以毛泽东为首的中共中央对于抗日民族统一战线的主张，使共产国际对王明的态度发生转变，这又是对中国革命道路的一次重要维护。这也表明，此时的任弼时已经自觉地站在了毛泽东的思想旗帜下。

1940年，任弼时回到延安，立即参加了书记处工作，被任命为中共中央秘书长并主管中央组织部，成为中共的"大管家"。中共七大之后，任弼时被选为中共五大书记之一。中共在毛泽东思想的旗帜下实现了思想统一、组织统一、行动统一，任弼时的历史功勋是独树一帜的。

李维汉（1896—1984），湖南长沙人。他是毛泽东第一师范的同学和密友之一，新民学会的重要成员，赴法勤工俭学归来后，1923年1月转为中共党员。中共四大他当选为中央执行委员，中共五大当选为中央政治局委员，八七会议进入中央临时政治局，直至六届四中全会，都是中央核心领导成员之一。1931年又去莫斯科学习，1933年回国赴江西苏区任中央组织部部长。遵义会议后，他又拥护毛泽东在中央的领导地位，长征到陕北后担任中央组织部部长、中宣部副部长等要职。1948年后任中共中央统战部部长，直至1964年，对中国革命尤其是在统战、民族、宗教等领域做出了突出贡献。

李维汉经历了中共的历次路线斗争，中共连续三次"左"倾错误，他都负有责任，可是他在70岁以前，基本上都在重要领导岗位上工作，没有大的人生起落，这在中共领导成员中是少见的。归结原因可以发现，他"唯上是从"而不"唯人是从"，或者叫"跟线不跟人"。只要是中央指示，他就无条件拥护和积极推行。按他的解释，他非常愿意为革命工作，只要不剥夺他为革命工作的机会，即使违心地认错也能接受。1964年，党内对李维汉的所谓"修正主义""投降主义"错误展开了批判。李维汉并不服气，但他还是违心地认了错。他这样说，"当时我觉得自己已是快七十岁的人了，如果硬顶着不检查，被开除党籍，再为党做工作的机会就没有了。自己作了三天思想斗争，才下决心上这个纲"，"我在党内几十年，对党是很有感情的，总想留在党里边为党做些工作"。[6]李维汉的心路历程与毛泽东是很不一样的。毛泽东非常在意革命道路的正确性，敢于和错误路线进行不懈斗争，李维汉的斗争性显然无法与毛泽东比，他更能委曲求全，以求多为革命做些工作。也正因为如此，他一生中为革命的贡献是主要的。当然，要是苛刻追问，又会出现质疑：幸亏李维汉长征后跟对了毛泽东的正确路线，否则跟着王明路线，对革命可能就带来更多损害了。对这样的质疑，恐怕应该怀抱一种因人而异的理解。我们不能指望所有的人都是毛泽东吧？李维汉在自我反思中，特别强调他的理论水平和政治敏锐性都不够。还有一点，他可能没有深刻意识到，他不是一个特立独行、特别能担当的人，或者说他是一个跟随性比较大的人。根据普遍性观察可知，忠心有余，胆魄不够，往往是大多数革命者的常态。理解了这一点，我们对李维汉应该会多一些宽容，对革命者也会少一些概念化的教条理解。如果看了李维汉晚年写的《回忆与研究》，看到他认真地解剖自己、认真地总结中国革命的教训，我们更会对他抱持尊敬。

从刘少奇、任弼时、李维汉的人生看，他们走完了从发动革命到革命成功的全过程。就个人而言可谓圆满，就革命贡献而言，可谓巨大。

革命将帅群体

以下是湖南开国红色将帅名录：

元帅（全国十大元帅中湘籍占3人）：

彭德怀（湘潭人）、贺龙（桑植人）、罗荣桓［衡山（今衡东）人］。

大将（全国十位大将中湘籍占6人）：

粟裕（会同人）、黄克诚（永兴人）、陈赓（湘乡人）、谭政（湘乡人）、萧劲光（长沙人）、许光达（长沙人）。

上将（全国57位上将中湘籍占19人）：

王震（浏阳人）、邓华［郴县（今郴州）人］、甘泗淇（宁乡人）、朱良才（汝城人）、苏振华（平江人）、李涛（汝城人）、李志民（浏阳人）、李聚奎［安化（今涟源）人］、杨勇（浏阳人）、杨得志（醴陵人）、宋任穷（浏阳人）、宋时轮（醴陵人）、陈明仁（醴陵人）、钟期光（平江人）、唐亮（浏阳人）、陶峙岳（宁乡人）、萧克（嘉禾人）、傅秋涛（平江人）、彭绍辉（湘潭人）。

中将（全国177名中将中湘籍占45人）：

方强、方正平、甘渭汉、刘志坚、吴信泉、邱创成、张震、张令彬、欧阳文、钟赤兵、赖毅（以上为平江人），孔石泉、汤平、张藩、张翼翔、饶子健（以上为浏阳人），刘转连、刘培善、刘道生、周仁杰、谭家述（以上为茶陵人），何德全、唐延杰、谭希林（以上为长沙人），晏福生、郭鹏（以上为醴陵人），王紫峰、谭冠三（以上为耒阳人），刘金轩、周玉成（以上为祁阳人），欧阳毅、肖新槐（以上为宜章人），刘先胜、杨梅生（以上为湘潭人），李寿轩、姚喆（以上为邵阳人），丁秋生（湘乡人）、文年生（岳阳人）、向仲华（溆浦人）、张经武［郫县（今炎陵）人］、陈正湘（新化人）、唐天际（安仁人）、曹里怀（资兴人）、彭明治（常宁人）、廖汉生（桑植人）。

少将（全国1360名少将中湘籍占129人）：

王赤军、方正、方国安、方国南、孔峭帆、叶楚屏、吕展、李元、李基、李光辉、李桂林、李彬山、李梓斌、杨尚高、吴自立、何辉、何能彬、何维忠、余非、余光文、张书祥、张正光、张平凯、张闯初、林胜国、罗湘涛、郑贵卿、钟伟、钟明彪、秦化龙、徐德操、唐明、黄连秋、黄胜明、喻缦云、谢忠良、谢福林、裴周玉（以上为平江人），邓东哲、龙开富、龙书金、刘月生、李改、李俭珠、李振声、陈浩、陈外欧、陈志彬、周则盛、段苏权、段焕竞、袁福生、曾敬凡、谭天哲、谭文邦、谭善和、颜吉连、颜金生（以上为茶陵人），石敬平、刘子奇、江文、汤池、苏鲁、苏鳌、李贞、李信、李辉高、杨世明、邱蔚、何志远、张和、罗若遐、黄霖、黄曹龙、曾涤、熊晃、黎东汉、戴文彬（以上为浏阳人），刘显宜、郑效峰、资凤、熊梦飞（以上为耒阳人），刘鹏、罗华生、唐子安、熊飞（以上为湘潭人），刘克、肖友明、贺东生、颜德明（以上为攸县人），方之中、朱绍清、张树芝（以上为华容人），吴咏湘、周九银、梁金华（以上为湘阴人），王云霖、王永浚（以上为衡阳人），石新安、唐健如（以上为邵阳人），匡斌、姜齐贤［以上为湘乡（今娄底市）人］，刘文学、幸元林（以上为醴陵人），杜屏、刘西尧、吴彪（以上为长沙人），李元明、郑国（以上为石门人），王其梅（桃源人）、邓克明（安化人）、白天（隆回人）、朱绍田（桑植人）、肖远久（祁阳人）、范子瑜［大庸（今张家界市永定区）人］、罗云（新邵人）、袁也烈（洞口人）、袁意奋（慈利人）、夏伯勋（澧县人）、唐铎（益阳人）、黄忠诚（麻阳人）、曹玉清（新晃人)、彭飞(永顺人)、曾育生(溆浦人)、蔡爱卿(岳阳人)、廖海光[酃县(今炎陵)人]、潘世征(宁乡人)、潘振武(常德人)、魏镇(邵东人)。

从籍贯看,湘籍元帅人数排名为全国第二,大将、上将、中将人数排名都是全国第一。这既体现了湖南人的军事才华,也体现了湖南人参与革命的程度以及对革命突出而独特的贡献。要述说湖南将帅的故事那是一部浩瀚大书,本书只能简略介绍三位湘籍开国元帅。

说起彭德怀,自然就会想起一首诗:

山高路远坑深,
大军纵横驰奔。
谁敢横刀立马?
唯我彭大将军![7]

该诗写于中央红军长征进入陕北苏区前的最后一战,那是1935年10月。

彭德怀遵照毛泽东指示,一定要把尾随而来的东北军骑兵打退,"决不能带入根据地"——他成功地完成了任务。毛泽东在望远镜中目睹这位湘潭老乡驰骋沙场的英姿,怦然心动,写下了一生中唯一的一首六言诗。中共所有将帅中,只有三位湘籍将帅被毛泽东写进诗词中,彭德怀便是其一。

在毛泽东眼里,军事上的中流砥柱还是彭德怀。在长征中,正是彭德怀的红三军团一路拱卫着中央机关行动。遵义会议时,彭德怀不仅坚决拥护毛泽东回到中央掌兵，还率领部队在遵义城外阻击敌军整整三天，保证会议圆满结束。在张国焘企图军事解决中央机关的危急关头，又是彭德怀率红三军团在巴西断后，保护中央机关顺利摆脱险境。诸此种种，毛泽东赠诗讴歌彭大将军也就毫不奇怪了。

正如朱德对中国革命的贡献不仅在军功，更在于他是团结稳定军队的"压舱石"。在中国革命的军事斗争中，彭德怀的贡献也不能简单地用歼敌多少来考量。彭德怀一生中的立场选择往往关涉战略大局，关涉历史走向，尤其是他与毛泽东的合作关系，对中国革命而言更是如虎添翼，这就是彭德怀在中共红色将帅中的独特地位。

1928年11月，彭德怀率领他在平江起义创建的红五军主力在井冈山与红四军会师，大大壮大了井冈山革命根据地。1929年8月，他在平江起义时的搭档、湖南陆军讲武堂的同窗、黄埔军校三期高级班毕业的黄公略率部与彭德怀的红五军主力会合，任红五军副军长。1930年，红六军成立，黄公略任红六军（后红三军）军长。从此，红军就有了"朱毛"红军与"彭黄"红军之说，足见彭德怀在红军发展史上具有标志性的地位。对于黄公略，毛泽东称之为"飞将军"，有词《渔家傲·反第二次大"围剿"》为证：

白云山头云欲立，白云山下呼声急，枯木朽株齐努力。枪林逼，飞将军自重霄入。

七百里驱十五日，赣水苍茫闽山碧，横扫千军如卷席。有人泣，为营步步嗟何及！

毛泽东还有一首词《蝶恋花·从汀州向长沙》，也提及了黄公略：

六月天兵征腐恶，万丈长缨要把鲲鹏缚。赣水那边红一角，偏师借重黄公略。

百万工农齐踊跃，席卷江西直捣湘和鄂。国际悲歌歌一曲，狂飙为我从天落。

这首写于1930年7月的词，也涉及彭德怀。

当时，彭德怀率红三军团以不足万人兵力，攻克了三万敌兵固守的长沙，创造了以少胜多、以弱胜强、攻克省会大城市的军事奇迹。这是彭德怀军事指挥才华的突出显现，但同时也为李立三的"左"倾冒险错误主张提供了有力的实例支撑。李立三惊喜若狂，尽管彭德怀十天后在敌军的反扑下主动撤离长沙，他依然指令毛泽东和彭德怀联手再攻长沙，还抬出彭德怀来敲打毛泽东犯了消极对抗中央的严重错误。加之许多军事干部也主张再攻长沙，给毛泽东造成不小的压力。此时他和彭德怀联手，兵力接近四万，与守城的何键兵力大致相当，比彭德怀攻打长沙时大大加强。在李立三等人的坚持下，毛泽东不无侥幸地决定再攻长沙。再攻长沙打得十分惨烈，红军在付出了惨重代价后失败撤退。这首《蝶恋花》就是毛泽东撤离长沙后写就的，"赣水那边红一角，偏师借重黄公略"的深意就是：还是要依托根据地展开革命呀。顺带说一句，再打长沙时，黄公略因红六军与红四军、十二军编为红一军团，成了毛泽东倚重的猛将。

更进一步理解，毛泽东的词中还有"国际悲歌歌一曲"之句，隐隐透露出他很懊悔长沙一战的挫败。资料显示，黄公略在离开彭德怀时曾深情地对彭德怀说，跟你搭档我学了许多东西，终身不忘。你的勇猛和胆魄以及军事才华鲜有人及，是能打硬仗支撑大局的统帅，但你性情过于耿直，甚至有些简单粗暴，希望能够改进。从黄公略的诤言中我们似乎还可以感觉到，他在委婉地提醒战友，要在政治路线上多根弦。若干年后，彭德怀反思长沙之战如是说："当时只知道服从中央领导，而不知道为什么要服从……直到三中全会以前，自己还迷惑在'立三路线'之中，迷惑在红军所取得的胜利之中，在三中全会精神传达到部队以后，我才知道'立三路线'……是一条军事冒险的路线。"[8]

彭德怀耿直忠勇，是红军中一位能打硬仗、能开拓大局的帅才。当时推行"左"倾错误路线的中央作出错误决策，但凡毛泽东不同意，往往就派彭德怀去执行，比如打赣州等决策。这就给毛泽东造成了比较被动的局面。这也说明彭德怀忠直有余、政治敏感性不够。加之他也是一个倔强的"湖南骡子"，处事不够冷静，因此他和毛泽东之间发生了一些误会，客观上对革命造成了本可避免的损失，更让彭德怀本人的命运增添了许多坎坷，这是很令人遗憾的。但正因为彭德怀耿直忠勇，光明磊落，对毛泽东始终信赖和尊敬，对于他能理解的毛泽东的正确决策力挺维护；在更多的大是大非问题上，他不计个人得失，实事求是，敢于担当，为革命做出了重大贡献。

比如红军打下吉安后，军中依然有很高的呼声要求进攻南昌等大城市。这时，国民党10万大军发动了对中央苏区的第一次大"围剿"。毛泽东想把军队带回赣江以东的中央苏区展开反"围剿"，一批红三军团的少壮军官却拒绝过江，提出要打回湘鄂赣苏区去。望着群情激愤的红三军团官兵，彭德怀思索良久，坚定地吐出了一句话："过江！有什么意见过江再说，但谁也不准说分家！"毛泽东长长地松了一口气，紧紧地握住了彭德怀的手。党史学家一致认为，要是红军这次分家，很难想象第一次反"围剿"能够胜利。

再说个故事。就在第一次反"围剿"期间，苏区爆发了富田事变。

起因是在有关苏区潜伏了许多国民党"AB团"的流言下，苏区开始清查"AB团"，从地方一直波及军队。红一方面军前委派出的"肃反"负责人李韶九以逼供手段制造了大量冤案，激起了红二十军兵变。兵变部队在激愤之下喊出了"拥护朱、彭、黄，打倒毛泽东"的口号，想挑拨彭德怀、朱德、黄公略也参加兵变。彭德怀看见苏区到处张贴这样的标语，眉头紧锁。胸怀大局的彭德怀明白，事态这样发展下去就是红军内部的大火拼和大分裂，结局就是断送红色苏区。他毫不迟疑地与朱德、黄公略联名发表宣言，坚定地站在毛泽东一边，反对兵变。哪知道失去理智的兵变部队还给彭德怀送来一份声称是缴获的毛泽东亲笔密信。彭德怀一看，果然是毛泽东笔迹，内容是要"肃反"人员审问出朱德、彭德怀、黄公略、滕代远是"AB团"的口供，好对他们下手。彭德怀大为震惊，不明真相的部下更被激怒，此时，火爆脾气的彭德怀反而冷静下来。一年来和毛泽东的相处，使他相信毛泽东是一位信仰坚定的共产党人，不是气量狭窄的阴谋家。他更相信毛泽东的智慧，不会在大敌当前时做出铲除异己的昏庸决策。彭德怀反复端详密信，终于发现了破绽。原来毛泽东写信落款都用汉字标明日期，从不会写阿拉伯数字，而这封密信的时间落款却用的是阿拉伯数字。彭德怀眉头立即舒展开来，马上将此信转交给了毛泽东，更坚定地表态要镇压兵变，一场可能波及整个红军队伍的大火拼就此平息。后来查明，密信果然是兵变部队领导人丛允中伪造的。

彭德怀虽然脾气有些火爆，但为人坦荡，在大是大非面前，从不计较个人利害得失，总是实事求是地做出是非判断。因此在革命的许多关键时刻，他都能站稳立场，为革命做出突出和独特的贡献。比如在长征中拒绝张国焘的拉拢，坚定地保卫了党中央；在解放战争中，他带领两万多部队，与胡宗南二十余万军队周旋于陕北，又一次成功地保卫了党中央；在抗美援朝战争中，他带领中国人民志愿军入朝，把强大的美军打回到三八线；等等。每一次，彭德怀都是临危受命，责任极为重大，每一件事都充满艰难险阻。可见，他建立的功勋政治意义远远大于军事意义，这是我们认识和评价彭德怀的一个很重要的考察角度。

正因为彭德怀的军事功勋和政治有着比一般将帅更密切的关联，他的人生之路也就与政治风波有着更复杂的纠缠。例如抗日战争时期他发动了百团大战，在延安整风时因此受到批判，说他没有请示毛泽东就擅自发动这么大规模的军事行动，违背了毛泽东主张八路军要坚持游击战为主的战略方针，暴露了八路军的实力，使八路军受到很大损失，等等，因此被看成是经验宗派的典型。1959年彭德怀在庐山会议上对"大跃进"等问题坦率发言，引起轩然大波，被打成反党集团的头目，百团大战的问题再次被翻出来，成为他闹独立王国、心怀篡党夺权野心的证明。从此，彭德怀黯然结束了自己的政治生涯，直到中共十一届三中全会之后才获得平反。

回顾彭德怀大起大落的一生，充满传奇，充满辉煌，充满坎坷，也充满启迪，总归是一本浩瀚大书，本书的述说只是挂一漏万，彭德怀的人生遭际是多种因素铸就的，也可以从多种视角总结。其中一个视角就是湖湘人的文化性格，即担当天下的精神、实事求是的精神、顽强斗争的精神。包括彭德怀和毛泽东不乏误会的恩恩怨怨，多少也和他们比较倔强的湖湘文化性格有关。

1927年8月1日凌晨，南昌起义爆发。

这是中共独立领导武装斗争的开始，担任起义总指挥的是北伐名将贺龙。南昌起义后一个月，部队转战到瑞金，贺龙在斧头镰刀的党旗下宣誓，成了一名正式的中国共产党员。

贺龙是湘西桑植县洪家关人，湘西民风的彪悍闻名于世，贺家更有豪杰血统。远祖贺崇先为李自成义军部下，明末兵败落籍山林闭塞的洪家关，后加入清军，贺氏一族又成为"军家"之后。曾祖父贺廷宰是位热心公益的秀才，这又给贺家注入了书香气和急公好义的家风。堂曾祖贺廷壁是习武之人，晚清时响应太平天国起义，成为当地农民起义领袖，被清兵镇压后斩首。其妻刘氏跪在刑场，用衣襟兜住丈夫被砍下的头颅，捧回家乡洪家关安葬，民间便有了"贺廷壁造反，刘氏兜头"的悲壮故事。贺龙祖父贺良仕是武举人，一身好武艺悉心传给了孙子贺龙，贺龙父亲贺士道不仅有家传的武艺，还有裁缝手艺，在乡里颇有名望，后来也跟着儿子闹革命，壮烈捐躯。贺龙的大姐贺英，跟着丈夫的马帮奔波江湖，成为远近知名的女侠。贺龙便是跟着姐姐，成为一位少年骡子客。他最初的考虑是，种田人一世贫苦，也许骡子客走贩经商，是穷人的一条活路。

但不久他就意识到，骡子客也不是改变穷人命运的活路。

这是江湖给少年贺龙的第一次启蒙。原来贺龙一身武艺，豪侠仗义，经常为穷苦人打抱不平，于是受到哥老会首领关注，说哥老会就是为穷人讨公道的组织，拉贺龙加入了哥老会，贺龙还当了小头目，这年贺龙17岁。不久，哥老会和孙中山的中华革命党联系上了，贺龙又跟着加入了中华革命党。

1916年3月16日，贺龙和好友韦进斋各带一把菜刀，领着20多位乡邻好友手持火枪、马刀、柴刀、梭镖等简陋武器，劫了芭茅溪的盐税局，刀劈了税警队长，缴获了12支枪，又打开盐仓分给穷人。他随后打下了桑植县城，加入了湘西护国军，当了营长。这便是贺龙两把菜刀起家闹革命的故事。但贺龙没想到，几个月后，袁世凯下台不久即一命呜呼，上司突然下令缴了护国军的枪，还缉拿所谓要犯，局面一片混乱。贺龙带着3个部下2支枪逃回家乡洪家关，他一片迷茫，怎么同是革命党却互相倾轧？难道我的路走错了吗？

贺龙就在一片茫然中，屡换山头，几次入狱，出生入死，跌跌撞撞地在江湖好汉和革命军人暧昧不清的道路上走到了1920年。此时他已经是湘西靖国军的团长了，兵驻桃源。部队里来了两位日本留学生，一位是陈图南，一位是花汉儒。贺龙很敬重读书人，待如上宾。交往中他听说了一个新词——共产党。说是苏俄爆发了十月革命，共产党领导穷人坐了天下，要实行社会主义。如此如此，这般这般。贺龙眼睛一亮，怦然心动地问："中国有共产党么？"两人含糊其辞地告诉他，可能有共产党的小组在活动，不过还没有成气候。贺龙后来说："当时我听陈图南讲的克鲁泡特金的那一套无政府主义，无论在理论上、政权上、国家军队上，都没有什么根据。而谈社会主义的，条条有理，有根据，对我的思想是一个很大的启发。""他们讲的党，对我很有帮助。这时候，共产党在我脑子里印象非常深了。自从我知道了共产党，我就注意找共产党了。"

不觉到了1924年，贺龙带兵驻贵州铜仁。

这时国共合作正在"蜜月"期，贺龙很高兴，觉得自己作为孙中山部属和共产党是一家人了。但他不明白，共产党为什么还要保持独立性。有人告诉他，共产党要搞的共产主义，和三民主义还是不一样。贺龙又琢磨，这"共产"到底该怎么"共"呢？正好他的秘书长严仁珊的亲戚周逸群在黄埔军校读书，从广州寄来信件和许多书刊，有很多关于共产党的介绍。只读过三年私塾的贺龙便饶有兴趣地阅读起来，遇有困惑，就请严仁珊替他讲解。虽然没有解开共产党如何"共产"之谜，但还是觉得共产党对穷人更关心，这一点很对贺龙心思。也就是从这时起，贺龙记住了周逸群，他期盼有机会一定要向他当面请教。

两年后，北伐开始，贺龙已经是北伐军的中将师长，北伐名将的声誉也在军中传开，他终于和周逸群相遇了。原来周逸群是中共派到贺龙部队加强政治宣传工作的。两人一见如故，贺龙和周逸群谈起在铜仁就读过他寄来的书刊信函，说是神交已久。两人彻夜交谈，贺龙越听越兴奋，脱口而出："我加入你们共产党吧！"这下把周逸群难住了。一是其中共身份没完全公开，二是中共有规定，不能在国民党高层发展党员。周逸群只好敷衍说："将来总有机会吧！"这又给贺龙很大触动，他觉得自己是堂堂中将，共产党都婉言谢绝，可见共产党门槛很高，不像国民党那样什么货色都收，更加对共产党产生了敬意。不久，北伐军前敌总指挥唐生智拉拢贺龙，要贺龙担任国民党某机构书记。贺龙感慨万千，老子并没有正式加入过国民党，就封我为书记，这不是笑话吗？可见国民党是一个鱼龙混杂的大杂烩，跟这样的党没有大出息。

话说到了1927年，国民党右派发动政变，对共产党人展开了血腥屠杀，中共决定联合还坚持革命的国民党"左"派人士在南昌发动武装起义。周恩来找到20军军长贺龙，开门见山地说出了意图。贺龙先是坚定回答："我听共产党的！"接着又迟疑地补了一句："可是，你们信得过我吗？"周恩来拍拍贺龙的肩膀说："我现在就代表党给你第一道命令，请你出任起义的总指挥！"贺龙眼睛潮润了，当即立正给周恩来行了一个庄严的军礼："贺龙坚决服从命令！"

此后，贺龙的人生轨迹可用三个字概括：跟着党。

南昌起义失败后，贺龙回到家乡湘西，决心东山再起。他在大姐贺英的鼎力支持下，召集旧部故交，很快又在湘西打开了新局面，其间又几番起落，历经险阻，终于开辟了以洪湖为中心的湘鄂西革命根据地。湘鄂西苏区范围延伸到湖南、湖北边界区域50余县，纵横千里，红军和地方武装达3万余人，赤卫队和少先队有30余万人，是当时中共开创的三大苏区之一。

湘鄂西苏区从小到大又至丧失，前后有6年。根据地丧失的最主要原因当然是敌强我弱，但"左"倾错误路线对根据地造成的损害也是巨大的。在李立三"左"倾错误指挥下，根据地实际领导人邓中夏主张攻打中心城市，使红军遭受了不必要的损失。但邓中夏为人比较正派，也能听得进意见，并不一意孤行，他的领导造成的损害并不严重，某种程度还促进红军有所壮大。接任他的夏曦则大不一样，推行的是更"左"的路线，战略上坚持攻打大城市，要实现"一省或数省的首先胜利"，战术上坚持硬拼血拼，不能退缩丧失革命气节。他不仅思想上是教条主义，组织上还是宗派主义，对于持不同意见或执行中央指令不积极的同志，立即安上反党或者"AB团""改组派""托派""内奸""特务"等罪名，依仗湘鄂西中央分局书记的职权，残酷斗争，无情打击。在苏区红军将士和国民党浴血奋战的同时，他按照中央指示和自己主观臆断，发动了四次"肃反"，这也是湘鄂西苏区沦陷的不可忽略的原因之一。

夏曦"肃反"不仅冤杀了大批红军官兵，还杀害了许多开创苏区的优秀高级领导人，如段德昌、万涛、柳直荀、陈协平、王炳南等。夏曦居然还宣布"湘鄂西苏区到现在还没有真正共产党的地方组织"，"党政干部十分之九是改组派"，进而解散了党组织，停止了一切党的活动。对于夏曦"肃反"，贺龙是不赞成的，他尽力保护了很多同志。但他也没有坚决制止。后来贺龙解释道："那时，我是个新党员，只懂得遵守党的纪律和服从组织决定。'肃反'的中期和后期与夏曦确也有过多次尖锐的斗争，但最后总是认为按党的纪律只能服从他。"[9]贺龙是一个天不怕地不怕的猛虎大将，能对一个白面书生如此委曲求全，并非夏曦有何德何能，只因为贺龙心中有对党的忠诚。

再往下说贺龙的湘鄂川黔革命根据地岁月。

1934年10月，任弼时、萧克等率领的红六军团与贺龙的红三军会师，夏曦的"左"倾错误得以制止，贺龙与任弼时、萧克、王震等精诚合作，又开创了湘鄂川黔革命根据地。包括四省边界区域20余县，面积2.5万平方公里，人口200余万，红军人马又重新壮大到2万余人。对于湘鄂川黔苏区的革命斗争故事，我们另文再表。且说一年后，贺龙和任弼时等又率领着部队开始了长征，与张国焘率领的红四方面军会师。两军会合后，贺龙的部队改编成红二方面军。野心勃勃的张国焘想拉贺龙、任弼时率领的红二方面军另立中央，自然对贺龙百般拉拢。这对贺龙是严峻考验。但是贺龙从跟随张国焘一起行动的朱德和刘伯承处得知了有关内情，不仅没有被张国焘拉过去，反而和张国焘斗起了心计，居然把张国焘一个军的人马拉过来了。朱德这样说："贺老总对付张国焘很有办法，不争不吵，向他要人要枪要子弹，硬是要过来一个军。尽管人数并不多。张国焘对弼时、贺龙都有些害怕呢！一起北上会合中央，贺老总是有大功的！"[10] 还有一个细节，当时张国焘召集两支部队开会，准备上台发言时，贺龙半开玩笑地对他悄声说："国焘呀，只讲团结，莫讲分裂呀。不然，小心老子打你的黑枪！"

历史的结局众所周知，红军避免了分裂，三大主力红军都奔向了延安。这是党指挥枪原则的一大胜利，也是贺龙向党赤诚之心的证明。听说贺龙从湘西出发时带了1.7万兵马，来到延安时还有1.1万多人，毛泽东非常惊讶，专门请贺龙去谈经验。毛泽东得知贺龙在长征途中三次巧妙摆脱敌军"追剿"的谋略，感觉贺龙的指挥思路和自己是一个路子，但成效比自己还大，便赞不绝口地说："二、六军团在乌蒙山打转转，不要说敌人，连我们也被你们转晕了头，硬是转出来了嘛！二、六军团讨了个巧，就没有吃亏。你们一万人，走过来还是一万人，没有蚀本，是个了不起的奇迹，是一个大考验，要总结，要大家学。"

此后，贺龙投入了抗日战争，又是八路军的三大主力之一120师的师长，军功赫赫。1942年，他奉命调往延安，担任陕甘宁晋绥联防军司令，成为保卫延安的主帅。在1945年的中共七大上，他被选为中央委员。解放战争，他又和彭德怀搭档共同保卫延安。保卫延安的兵力并不多，仅有两万多兵马，但是有两位湖南大将军坐镇，也是少有的布局，可见毛泽东对二位大将军的信赖。不过贺龙的任务是主持根据地建设，负责财经工作。他的部下全都交给了彭德怀指挥，对于一个带兵大将，这是一个很大的考验。彭德怀向毛泽东提出这个要求时，还心怀忐忑，怕贺龙不乐意，这可是贺龙出生入死、几起几落从湘西带出来的子弟兵呀！贺龙却豪爽地说："我的兵，全是党的，包括我贺龙！党要怎么用就怎么用！"再后来，贺龙又率部配合刘邓的第二野战军，解放了大西南，为新中国的成立再立新功。

贺龙的故事说不尽，但概括起来也并不复杂，从寻找党到跟党走，是他人生一条清晰的轨迹。

在十大元帅中，罗荣桓有"政治元帅"之说。

罗荣桓参加革命的第一个职务就是连党代表，此后一直在部队中担任政工职位。从秋收起义到三湾改编、水口建党、湖口挽澜、古田会议，他一步步认识毛泽东，也一步步领会毛泽东的政治建军思想。他明白，就物化因素而言，国民党军队占有绝对优势，弱小的红军要想击败国民党，只有在精神因素上下功夫，走政治建军之路，用思想信仰、道德境界、斗争意志、组织纪律、鼓动宣传、发动群众等手段来打造军队，才可能抵御强敌的摧毁并发展壮大。有了这样的认知，罗荣桓在政治路线上也就成为坚定的毛泽东的支持者，在政治工作岗位上全力贯彻落实毛泽东的政治建军思想。

政治工作是润物细无声的浸润之功，政治工作者不像军事战将可以一战成名。罗荣桓在古田会议之前，作为基层部队的党代表，一直默默无闻。在古田会议上，他作为基层党务干部的代表被选入前委。毛泽东看了有关介绍材料后，不无遗憾地说："这个同志，是个人才，我们发现晚了。"会后，毛泽东让罗荣桓担任红四军第二纵队政委。第二纵队是由国民党起义部队编成的，旧军队习气很浓，打骂士兵、虐待俘虏、抽大烟、赌博嫖娼，甚至抢劫民财的事时有发生。罗荣桓上任后立即展开了严肃整顿，几个月工夫，第二纵队的面貌发生了显著变化。红四军军委代理书记熊寿祺在给中央的报告中如是评价："二纵队过去没有很好的上级干部，军事政治都无中心，因此战斗力差于一、三纵队。最近上级干部已另换人，二纵队又复兴起来了。"[11]

毛泽东看到罗荣桓的工作成绩，又升任罗荣桓为红四军政委，和林彪搭档。林彪是个恃才自傲的人，说党代表是"卖狗皮膏药"的，在罗荣桓之前，他一直都和政工干部搞不好关系。罗荣桓去后，把思想教育、军训后勤、宣传教育、发动群众等工作安排得井井有条，部队团结统一，斗志旺盛，可以专心指挥作战的林彪因此对罗荣桓很满意。原来担心罗荣桓会受林彪挤兑的同志都感到十分意外。毛泽东高兴地说："谁说林彪难缠？罗荣桓在四军，不是和林彪团结得很好吗？"从此，罗荣桓和林彪开始了数十年的密切合作，"林罗"称谓也写进了中共的军事史。

政治委员制度，是贯彻党指挥枪原则的重要举措，但政委如何与军事主官保持默契是很大的学问，搞不好就会产生矛盾，反而会削弱部队战斗力。林彪又以孤傲著称，能和林彪密切合作，是要有高超政治水平的。罗荣桓的经验就是"大事不迁就，小事不纠缠"。他知道林彪最大优点在军事指挥，便充分信赖，基本不予干涉；林彪不喜欢也不擅长烦琐的事务性工作，罗荣桓就全面承担起来，这就构成了优势互补。林彪性格孤傲，不善于人际交往，特别听不得反对意见，还常常出口伤人，罗荣桓也不计较。于是，两人合作也就保持了融洽。罗荣桓和林彪在战争年代最大一次分歧发生在辽沈战役中。林彪一度想改变原定计划，放弃打锦州，先打长春，毛泽东电令林彪执行原计划，而林彪不想执行，罗荣桓这才提出了异议，敦促林彪执行毛泽东的意图，林彪也接受了罗荣桓的建议，最后取得了辽沈战役大捷。可见，罗荣桓行使政委职权极有分寸，而且把烦琐的事务工作一肩承担，给林彪施展军事才华提供了很大空间，这既是高超政治水平的体现，也是人格胸怀的体现。因此，孤傲的林彪虽然对人比较冷漠，对罗荣桓却是另眼相看。罗荣桓去世，林彪撰写了一生中唯一的一副挽联："六亿人意气风发，日月重光，万里长征，方期任重道远；数十年风雨同舟，肝胆相照，一朝永诀，痛失挚友知心。"

  这又涉及罗荣桓做政治工作的一个特点，他是以人格魅力为支撑的。毛泽东说："荣桓同志是个老实人，可又有很强的原则性，能顾全大局，一向对己严，待人宽。做政治工作就需要这样的干部。"[12]毛泽东道出了政治工作一个很重要的支撑点，那就是政治工作者要有良好的道德品质，以身作则，才能把政治工作落到实处。罗荣桓为人正派，深入官兵，严于律己，宽以待人，工作细致，在红军中有口皆碑，被毛泽东称为"党内圣人"，可以"一生共事"。对于罗荣桓，毛泽东不吝赞美之词，在中共的将帅中，罗荣桓是受毛泽东表扬最多的。

就政治路线而言，罗荣桓可谓毛泽东忠实的追随者。毛泽东受到排挤之时，他在会议上坦荡提出，希望毛泽东来领导红军，为此也受到"左"倾错误路线的打击。宁都会议后，毛泽东离开了红军领导岗位，罗荣桓也被批判后调离了一军团，老战友谢唯俊和江华来看望罗荣桓，愤愤不平地发起了牢骚，言辞颇为尖锐，罗荣桓没有附和，反而提醒："你们这样说不怕坐牢吗？""这些话在这里讲就算完了，你们千万不要乱讲。我们有意见归意见，工作还是要尽量做好。"他去看望毛泽东，也不发牢骚。他明白，要是发牢骚，不仅会影响毛泽东心情，还会给毛泽东带来更大麻烦。遵义会议后，毛泽东回到了领导岗位，罗荣桓激动地流下了眼泪，但和人谈起此事，对于毛泽东的评价也只一句赞美之词："毛主席真英明！"其同事回忆，罗荣桓一生中对毛泽东非常尊敬，但基本上没有煽情的赞美话语。有记者还注意到，罗荣桓一生中没有一张和毛泽东的单独合影。1959年，林彪担任了国防部长，不久在部队掀起了政治挂帅、大学毛泽东著作的热潮，印发了《毛主席语录》下发全军，乃至全党、全国，还提出了毛泽东思想是马列主义的顶峰论等。按理这正是政治部主任罗荣桓大显身手创造政绩的良机，但他不仅没有响应还反对林彪提出的"活学活用""立竿见影"之说，认为这是对毛泽东思想的庸俗化。诸此种种都说明，罗荣桓对毛泽东的敬重建构在信仰忠诚的基石之上，既显示其人格风范，亦显示其政治品位。

罗荣桓对"左"倾错误的抵制都在良知规范之中，亦不乏政治智慧。有这样一个故事，在苏区打"AB团"的时候，保卫局特派员要将部队的两位政工干部处死。罗荣桓知道这两位同志遭到了冤枉，要是直接顶撞特派员肯定无济于事，便拿出了"左"倾分子不敢冒犯的政治教条，声称这两位同志一个是雇农出身、一个是中农出身，要是杀掉，就是违反党的阶级政策，上级追究下来，只怕也会犯错误受到处理。这一招果然奏效，特派员只好无奈地释放了二人。类似这样的事，罗荣桓做了许多，包括14岁的红小鬼萧华都是在罗荣桓保护下躲过了劫难。资料显示，罗荣桓在苏区"肃反"运动中保护了近百人性命，包括抗日战争时期的山东整风，当时延安传来了康生《抢救失足者》的小册子，也要清洗一批人。罗荣桓扣下不下发，给中央打报告说，山东是敌后，情况特殊，不能全按延安做法整风，这一做法得到中央批准，又避免了反奸斗争扩大化。细细回味，罗荣桓是个严守党纪的人，能做到如此，实在难能可贵。

在"左"倾错误猖獗时期，罗荣桓也受到打击，被贬去担任扩红突击队长。扩红是有指标的，要是完不成任务，有可能被上纲上线，遭到更严重处理。没想到罗荣桓善于做政治工作的本事发挥了作用，他的扩红工作做得有声有色。在扩红中，他不仅纠正了强迫命令等错误做法，还超额完成任务，3个月内在自己负责的地区扩红8000人，获得了一枚银质奖章，成为扩红模范。更富有意味的是，他还将自己负责的扩红经验总结成文，上报后其经验还在全苏区推广。在第五次反"围剿"期间，中央苏区扩红达8万人，其中就有罗荣桓扩红经验的功劳。这也显示，政治工作在壮大红军中发挥了重大作用。

革命战争年代，罗荣桓最大的勋业是率领115师奔赴山东，和山东地方党组织一起开辟了抗日根据地。在此期间，他任中共中央山东分局书记、山东军区司令员兼政委。毛泽东这样评价："山东只换上一个罗荣桓，全局的棋就下活了。山东的棋下活了，全国的棋也就活了。"毛泽东评价如此高，并非因为罗荣桓在山东歼敌之战功，主要是扩大了根据地，壮大了中共的武装力量。其要诀有三：第一，以统一战线为武器，团结一切可以团结的力量，减少摩擦，壮大自己；第二，发动群众，建立民主政权，扩大根据地，壮大自己；第三，坚持游击战，打击敌人，避免硬拼，避免无谓牺牲，壮大自己。这正是毛泽东的基本抗日战略，罗荣桓心领神会，开辟了最大的敌后抗日根据地山东抗日根据地。

再说说罗荣桓在山东根据地发明的"翻边战术"。所谓"翻边战术"，简单地说，就是面对敌人"围剿"，不是退却避战，而是果断地从缝隙中直插敌后，在敌后空虚地带展开袭扰。"翻边战术"的另一个解读就是"敌进我进"，这是对毛泽东"敌进我退"战法的一个创新，其实质还是保持有生力量，这也是把毛泽东军事原则琢磨透了的一大成果。要总结罗荣桓的军事思想，不妨这么说，就是把毛泽东军事思想吃透，结合实际创造性地运用。要达到这种境界，无疑要懂政治，这是政治建军的又一个生动表现。总之，山东根据地的成就，与其说是军事成就，不如说是政治成就，缺乏政治境界，是很难想象的。

以政治眼光透视中国革命的大格局和大脉络，第一要务还不是消灭敌人，而是壮大自己，只有首先壮大了自己才能成功地消灭敌人。罗荣桓透彻地领悟了这个道理，立下了创建山东根据地的奇勋。抗战胜利时，山东全境几乎一片红，并为东北根据地的创立奠定了坚实基础，东北人民解放军的创立就是以山东根据地的兵员输送为基础，之后中共夺取全国政权的全面反攻就是从东北启动。毛泽东说，"山东的棋下活了，全国的棋也就活了"，深意也就在此。

理解了这些道理，就理解了罗荣桓，也就理解了毛泽东对于罗荣桓的去世为什么那么痛心疾首：

记得当年草上飞，红军队里每相违。
长征不是难堪日，战锦方为大问题。

斥鷃每闻欺大鸟，昆鸡长笑老鹰非。

君今不幸离人世，国有疑难可问谁？[13]

革命女杰群体

我失骄杨君失柳，杨柳轻飏直上重霄九。问讯吴刚何所有，吴刚捧出桂花酒。

寂寞嫦娥舒广袖，万里长空且为忠魂舞。忽报人间曾伏虎，泪飞顿作倾盆雨。[14]

这是毛泽东凭吊妻子杨开慧的一首词。

1930年10月，毛泽东率数万大军攻打长沙受挫撤离，惊魂未定的何键命部下在长沙城全力搜捕毛泽东夫人杨开慧，终于得手。何键惊喜若狂，杨开慧不仅是毛泽东的堂客，还是1921年底入党的中共资深党员，若能令其屈服，政治意义不言而喻。哪知，面对严刑拷打，杨开慧坚贞不屈。于是，何键放弃了要杨开慧吐露党内机密的要求，以毛泽东另有新欢离间杨开慧，提出只要登报声明与毛泽东脱离夫妻关系，就可释放。没想到杨开慧依然严词拒绝。何键恼羞成怒，终于下达了死刑令。11月14日，杨开慧于长沙识字岭慷慨就义，刑前留下遗言："牺牲我小，成功我大。""我死不足惜，惟愿润之革命早日成功！"此时，毛泽东正在指挥红军反国民党军第一次大"围剿"。于军中得知噩耗，他致信杨家："开慧之死，百身莫赎！"27年后，他又写下吊唁亡妻的凄美词篇《蝶恋花·答李淑一》。

杨开慧可谓湖南妇女革命群体的优秀代表，毛泽东这首词也可理解为对所有湘籍乃至全体中华革命女英烈的深情缅怀。恩格斯站在人类解放的高度指出:"妇女解放的程度是衡量普遍解放的天然尺度。"[15]因此,回答"湖南为什么这样红",湖南革命女杰群体是不可或缺的阐述内容。

遗憾的是,统计数据缺乏,难以量化地确定其规模。有学者统计,为新中国成立而献身的有名有姓的湘籍女烈士约5000人。该数字肯定还大有遗漏。据湖南茶陵地方党史专家尹烈承提供的数据,仅湖南茶陵一县在大革命时期牺牲的革命妇女就达500人以上,而大革命时期仅5年左右,茶陵当时人口约25万。以此推算,当时3000万人口的湖南,革命红火地区达数十县,几十年革命斗争牺牲的妇女过万数毫不夸张,至于参加革命的妇女人数就更不计其数了。

湖南革命女杰群体不仅规模壮观,其特点也令人震撼。第一,旧民主主义革命和新民主主义革命的湘籍妇女英杰前仆后继,构成了密切传承关系。第二,湘籍革命女杰在中国妇女解放史上不乏领军人物,形成了中国妇女解放的领袖群体。第三,湘籍革命群体呈地区性和家族性涌现,形成了女杰之乡或女杰家族现象。第四,革命伉俪尤其革命领袖伉俪现象非常普遍。

总之,湖南革命女杰群体是中国革命一道亮丽的风景线。

谈及湘籍革命女杰源头,必谈"潇湘三女杰"。

所谓"潇湘三女杰",即秋瑾、唐群英、葛健豪。此三女的婆家都在湖南双峰县荷叶镇,亦即湘军主帅曾国藩故里。不知是巧合还是必然,她们都和曾家有姻亲关系。秋瑾的丈夫王廷钧是曾国藩的表侄,唐群英的丈夫曾传纲是曾国藩的堂弟,葛健豪的堂叔葛信藩是曾国藩二弟曾国潢的女婿。这三女子嫁到荷叶之后便密切相交,或促膝谈心,或饮酒赋诗,姐妹之情浓浓,并先后走向革命,享誉湖湘,故人称"潇湘三女杰"。三人论年龄,葛健豪最大,唐群英其次,秋瑾最小;可论革命先后以及名气,秋瑾为首,唐群英其次,葛健豪其三。秋瑾的事迹可谓家喻户晓,在此不赘述,我们重点说说唐群英和葛健豪。

唐群英(1871—1937),湖南衡阳人,将门之女,其父唐星照为晚清提督。唐群英自幼在私塾读书,能文善诗,且跟父习武,文武双全,性格豪放,深得父爱,其私自放足,更显叛逆之态。嫁到夫家后,与秋瑾比邻,又识葛健豪,交为姐妹。1904年,秋瑾留日,邀唐群英亦往。唐群英立即追随赴日,在日本加入华兴会,成为唯一的女会员,深得黄兴赏识。后华兴会与同盟会合并,唐群英又成为同盟会第一位女会员,孙中山称之为"中华妇女第一人"。她比相继加入同盟会的女杰何香凝大3岁,比秋瑾大6岁,被尊称唐大姐。1906年,她又和湖南籍女同盟会员王昌国组织留日女学生会,鼓吹女权,是中国女权运动的先驱。反清革命中,她更是活跃异常,回国后三次组织起义,失败后毫不气馁。1911年,她组织了400名女子组成北伐队,参加江浙联军反清搏杀,派8名女队员潜入南京,杀死守卫城门的清兵。她手持双枪,亲率女子队杀入城,城中清军大乱,联军攻克南京城。唐群英名震一时,被授予二等嘉禾勋章,她是第一批被授勋的民国开国功臣。1912年,民国制定约法,法律条文中没有"男女平权"规定,她勃然大怒,又组织中华民国女子参政同盟会,要求约法写入男女平权的条文。商议中,双方发生冲突,唐群英砸碎参议院门窗,大闹会场,制造了轰动全国的"大闹参议院事件"。后唐群英又多次申明女权主张,对约法起草者宋教仁非常不满,还因此扇了宋教仁的耳光,体现了非常激烈的个性。后在孙中山的劝说下暂时妥协,全力反对袁世凯。后被袁世凯悬赏一万元抓捕，逃亡避难，其人生经历可谓动魄惊心。

1924年，主政湖南的赵恒惕推行立宪自治，唐群英与王昌国、葛健豪倡导恢复了湖南女界联合会，积极参政，终于将"男女平权"的条文写入省宪法，王昌国也成为中国第一位女性省议员。唐群英还是女学先驱，先后在北京、长沙、衡山等地创办了中央女学校、长沙女子法政学校等近十所女学，同时她还创办了《女子白话旬报》《女权日报》等报刊，对于唤醒妇女解放意识，提高妇女文化素质功不可没。随着共产党走上历史舞台，唐群英发动的妇女解放运动又与中共接轨。1926年，中共领导下的早期岳北农民运动，还有波及全省的湖南农民运动，都有唐群英发动的进步女性参与，许多人还参加了共产党。唐群英在旧民主主义框架内发动兴起的妇女解放运动，给中共领导的新民主主义的妇女解放运动奠定了良好的基础。诸此种种革命贡献，光耀史册。

葛健豪（1865—1943），湖南双峰人。亦为将门之女，其父葛葆吾是曾国藩湘军的参将，后为按察使，与曾国藩有姻亲关系。葛健豪幼年在家馆读书，能诗善文。16岁嫁当地大户少爷蔡蓉峰，与嫁到双峰的秋瑾、唐群英相识，交为姐妹，相互影响，都有走出湖湘做一番大事之志，这在当时女性中是十分另类的。但由于生儿育女等家事纠缠，她没能像秋瑾和唐群英那样早早冲出夫家，留学东洋，投入革命。直到1914年，丈夫要把小女儿蔡畅出嫁，蔡畅坚决不从，年近半百的葛健豪带着女儿蔡庆熙、蔡畅和4岁的外孙女，一家三代来到长沙（一说是去湘乡），一是帮助蔡畅逃婚，二是在省城求学。请注意，不仅是女儿们求学，年近半百的葛健豪也报名要进入女子教员养成所读书。学校大感意外，不接受她的报名。葛健豪居然告状到县衙，申述求学志向。县官被感动，破格让葛健豪免试入读。葛健豪求学的行为一时间在湖湘教育界传为佳话。

1915年，葛健豪结业，获得了办学资格，立即返乡创办湘乡第二女校，自任校长，招生百余人。葛健豪在学校不仅传授知识和时事，还宣传妇女解放的思想，15岁小女儿蔡畅则成为母亲助手。一年后因为经费被停发，学校停办，葛健豪再次带着小女儿蔡畅回到长沙。此时儿子蔡和森入读第一师范，与毛泽东相识，组建了新民学会，蔡畅入读周南女校，也加入了新民学会。葛健豪在长沙租住的民居刘家台子就是新民学会成立的会所，后来又成为新民学会的活动场所，葛健豪自然成为新民学会会员们共同敬重的"葛伯母"。葛健豪也在和新民学会一帮新青年的相处中接受了新文化熏陶。1919年，儿子蔡和森和女儿蔡畅要去法国勤工俭学，葛健豪不仅借款500元鼎力支持，还决定和儿女一起去法国勤工俭学。这又是轰动湖湘的大新闻。就这样，小脚妇人葛健豪成为赴法勤工俭学群体中年龄最大的女性，时年54岁。

葛健豪在法国留学四年，就读蒙达尼女子中学，学习的勤奋刻苦自不必说，且说在法期间，她眼界大开，接受了共产主义的思想洗礼，还参加了留法学生的许多革命活动。更值得一说的是，在法国期间，她的儿子蔡和森和向警予结婚，女儿和李富春结婚，儿子、媳妇、女儿、女婿都是中共建党的党员，而且都是中共早期领导干部。这样的革命家庭可谓独一无二，作为家长，称她为中国第一革命家庭之母毫不夸张。

1924年，葛健豪回国，积极投身妇女解放运动，与唐群英、王昌国一起恢复了湖南女界联合会，促使男女平权的条文写入省宪法。她还在长沙办起了女子平民学校，为共产党培养妇女人才，该校成为中共活动的基地之一。大革命失败后，她又跟着儿女们辗转于武汉、上海等地，全力配合儿女们的革命活动。此时葛健豪已经年过60岁，其儿媳向警予、二儿子蔡麓仙先后牺牲，她依然坚强地支持着儿女继续革命。儿子蔡和森和女儿蔡畅不忍母亲再担风险,把母亲送回老家。此后葛健豪在老家跟长女蔡庆熙,带着孙子蔡博、外孙女李特特过着清贫生活。儿子蔡和森牺牲的消息她不知道,还叫女儿蔡庆熙写信转告母亲的嘱托:母亲恐怕看不到革命成功了,但革命一定会胜利!1943年,葛健豪病故于家乡,享年78岁。毛泽东提笔撰写了挽联:"老妇人,新妇道;儿英烈,女英雄。"葛健豪不是中共党员,但她是当之无愧的革命女杰,并且成为中共革命女杰群体的先驱和榜样。

上述"潇湘三女杰",从另一个角度说,也是中国妇女解放运动的领袖或说领军人物,总归是中国妇女的杰出代表。正如《百年红色湘女》一书说,在潇湘革命女杰群体中,"诞生了中国共产党、新中国历史上的众多第一":

> 如第一位女党员——缪伯英;第一位女中央委员——向警予;第一任妇联主席——蔡畅;第一位女中央组织部副部长——帅孟奇;第一位女将军——李贞。走出了一批中国革命的女革命家刘英、朱仲丽、曾志等。产生了一批妇女解放运动的重要领导人曾宪植、章蕴、曹孟君等。献出了生命的一批革命烈士杨开慧、何宝珍、毛泽建、贺英、杨展等。造就了红军名将胡筠,红色特工黄慕兰,革命作家丁玲、杨沫等各种领军人物……因为有了她们,湖南也成为当之无愧的"中华女杰之乡"。[16]

上述举例并不全面,但足以令人震撼了。在此补充一个信息:1995年,在北京召开的联合国第四次世界妇女大会上,秋瑾、宋庆龄、何香凝、唐群英、向警予、蔡畅、邓颖超、帅孟奇8位中国女性被公认为"中华百年八大女杰"。这8人中,有4人是湘籍女性,即唐群英、向警予、蔡畅、帅孟奇，占比为50%。还有秋瑾是湖南媳妇，18岁来湖南，在湖南生儿育女，也被认为是湘女。这样算湘女的比例就更大了。在整个中华女杰群体中，湖南的革命女杰群体形成了星光灿烂、引领风骚的风景。

湖南革命女杰还有群体性密集涌现的特点。

2007年，全国妇联将湖南双峰县命名为"中华女杰之乡"，这是全国第一个被命名为"中华女杰之乡"的县。支撑这项殊荣的，首先是中华百年女杰中双峰就占了一半，即秋瑾、唐群英、向警予、蔡畅。此外，还有葛健豪（蔡和森、蔡麓仙、蔡畅之母，向警予的婆婆，李富春的岳母）、曾宪植（曾国荃玄孙女，叶剑英元帅夫人，中华全国妇联副主席），再往下数则有王灿芝（秋瑾之女，中国第一位女飞行员）、刘昂（葛健豪外孙女，周恩来秘书，农机部副部长）、李特特（葛健豪外孙女，农业机械专家）、曾昭燏（曾国潢曾孙女，南京博物院院长、著名考古学家）、曾宪楷（曾宪植胞姐，知名历史学家）、曾宝菡（曾国藩曾孙女，著名骨科专家）等近20位革命或文化名流。追溯其文化渊源，又要和双峰是曾国藩故乡、湘军摇篮相联系，或者说与经世致用的湖湘文化相联系。如果再细分，又可分为葛健豪家族女杰和曾宪植家族女杰两个群体。可见女杰家族化的涌现与女杰地区化的涌现密切关联，在相当程度上是女杰地区化涌现的基础。

从现象看，湖南女杰涌现的主要地区是文化比较发达的湘东、湘中地区，如双峰就属于湘中地区。此外湘东的株洲地区，也是革命女杰密集涌现的地区。株洲地方党史专家陈丽霞说道：

我在调查中，翻阅了大量历史报刊和档案，走访了许多历史老人，尽管得来的材料作为信史还有待进一步认定，但也使我相信，株洲是个革命女杰集群涌现的地区，参加过革命斗争的妇女过万，为革命牺牲的妇女包括被敌人杀害的妇女有千数以上。

陈丽霞根据自己的调查，完成了《傲雪红梅——株洲革命女杰传略》，为40位有较多史料记载的株洲女杰立传。名单如下：

张汉英——中国女权运动的先驱；秋瑾——辛亥女杰、民主斗士；王昌国——中国第一个女省议员；杨戊秀——湘赣边区红军兵工厂运输队长；周袁氏——一个没有名字的女地下交通员；张挹兰——与李大钊一同殉难的女烈士；汪起凤——株洲共产党地下武装女指挥官；刘斌——株洲第一支"娘子军"队长；缪伯英——中共第一个女共产党员；周亚水——井冈山上的红杜鹃；陈叔同——第一个"工农兵政府"的妇女部长；谭道瑛——株洲妇女运动的先驱；陈少珍——一位革命的老妈妈；王茶秀——湘赣边区的"阿庆嫂"；邹年冬——不屈的共产党人；谭子嫂——茶陵农村妇女革命的带头人；赵云霄——莫斯科回来的布尔什维克；李祗欣——醴陵第一个女共产党员；袁爽秋——湖南农运特派员；聂槐妆——井冈山根据地的"红嫂"；文曼魂——南昌起义中的黄埔女兵；易湘苏——王震评价她一生"忠于党、忠于人民"；刘观秀——矢志不渝的女共产党员；何淑娟——状元洲畔的"刘胡兰"；周晓春——多才多艺的苏维埃妇女部长；游剑云——机智勇敢的女地下党员；谭璟瑛——接受斯大林检阅的黄埔女战士；曾亚秋——誓将热血洒井冈；尹珍连——一片丹心为革命；吴月娥——誓死保卫井冈山革命根据地的女红军战士；吴文斐——慷慨就义的梅城女英烈；郭建——宋美龄身边的中共党员；肖三妹——她的墓碑上刻着"革命到底,坚贞不屈";潘太清——亲历皖南事变的新四军卫生队长;张秋英——湘东少年女英雄;陈罗英——株洲唯一走完二万五千里长征的女红军;李发姑——中共七大代表;邹亚春——毛泽东邀请她参加国庆大典;周道——延安抗大女战士;谭木兰——传奇的少年女红军。

诚然,目前学界对于湖南女杰的研究还不够精细深入,对于女杰密集性涌现的原因还在探讨中。我们还注意到,在文化比较闭塞的湘西地区也有相当壮观的革命女杰群体涌现,即贺龙家族的女人们,很值得一说。

贺龙的大姐贺英,是闻名湘西的女侠。她是少年贺龙的引路人,在当地掌握了一支具有杀富济贫性质的地方武装,对贺龙干革命的支持非常大,贺龙的骨干队伍和相当一批军需装备都是贺英提供的。贺英后来也带着武装加入了革命,多次要求入党,但中共考虑贺英在党外更能够发挥动员社会力量的作用,劝其留在党外为党工作。贺龙除了大姐贺英,还有二姐贺戊妹、妹妹贺满姑都加入了革命游击队,可谓贺家三女杰。1928年9月,小妹贺满姑在战斗中被俘,面对酷刑,宁死不屈,一直高喊革命口号直至生命最后一息。1933年5月,贺英和妹妹贺戊妹的游击队又遭敌军围剿。贺英手持双枪掩护队伍和乡亲们撤退,中弹牺牲,后被敌人悬挂城楼示众,死得极为壮烈。在这次战斗中,贺戊妹也和大姐一起顽强抵抗,中弹壮烈牺牲。贺氏三女杰的故事,至今在民间传颂不绝。贺家除了贺龙嫡亲姐妹3位女烈士外,还有9位女亲人惨遭敌人杀害。且有76位贺氏家族革命战士的配偶,号称76位烈女寡妇,一直没有改嫁,以贺家媳妇的身份终其一生,度过了几十年含辛茹苦的人生岁月,其中还有多位遗孀自杀殉节。这种带着浓厚传统节妇观念的痴心坚守和革命情结融为一体,令人肃然起敬,要是写一部《贺龙家的女人》,定是撼天动地的传世大书。

非常普遍,湘籍革命英杰中大多数夫妇都是革命伉俪。

这不难理解,那个年代,思想受到严重束缚的妇女能够觉悟起来干革命,与丈夫的影响分不开,比如杨开慧和毛泽东的结合就是这种情况。还有一种情况是,在革命斗争中男女相识,或经组织介绍结为夫妇。由于湖南的革命领袖和中共高级领导人物众多,湖南的革命伉俪中也就出现了诸多中共高级领导人伉俪现象。尽管其中有牺牲和个别离异,但他们作为夫妻并肩走过一段革命路,是不能令人忘怀的。有道是湘女多情,这种情不仅是男女之情,还包括革命之情。以下不完全统计:

杨开慧—毛泽东、何宝珍—刘少奇、陈琮英—任弼时、向警予—蔡和森、蔡畅—李富春、伍若兰—朱德、刘坤模—彭德怀、蹇先任—贺龙、曾宪植—叶剑英、刘英—张闻天、朱仲丽—王稼祥、缪伯英—何孟雄、朱仲芷—萧劲光、曾志—陶铸、蹇先佛—萧克、李贞—甘泗淇、李昭—胡耀邦。

湖南革命英杰群体中还有诸多烈士夫妻,其中,陈昌甫、田波扬等12对烈士夫妻的事迹广为世人传颂。

陈昌甫、田波扬夫妇。夫妻俩均为浏阳人,1921年结婚。丈夫田波扬1923年入党,在丈夫影响下,陈昌甫1926年入党,协助丈夫主要从事学运工作。马日事变后,夫妇双双被捕,经历七天七夜严刑拷打,拒绝自首,宁死不屈,双双就义。牺牲时,田波扬仅23岁,陈昌甫仅22岁且怀有身孕。

缪伯英、何孟雄夫妇。缪伯英为长沙人，早年以优异成绩考入北京女子高等师范学校，在李大钊影响下走上革命。1921年入党，是中共第一位女党员。1924年任湖南省妇女运动委员会主任。1927年8月，与丈夫一起去上海从事地下工作，曾任中共沪东区委妇委主任。1929年积劳成疾病故。丈夫何孟雄，炎陵人，1919年考入北大，也在李大钊影响下投入革命，是中共创始党员，工人运动领袖，曾任中共湖北省委组织部长。1927年赴上海，为江苏、上海等地区的地下党负责人，是中共的高级领导干部，在党内曾因反对李立三和王明的"左"倾错误受到打击。1931年因叛徒出卖被捕，壮烈牺牲，年仅33岁。

向警予、蔡和森夫妇。这对革命夫妇可谓家喻户晓，他们都是中共创始党员，还是中共的高级领导人。毛泽东还认为向警予是中共的女创始人。值得补充的是，1926年，这对夫妇因为私人感情不和分手，但并没有淡漠他们之间的革命友谊。1928年，向警予被叛徒出卖被捕，蔡和森得知消息后，心急如焚，托友人多方营救。向警予被捕后坚贞不屈，英勇就义，年仅33岁。蔡和森悲痛地写下《向警予同志传》，表达了对向警予的深深怀念："伟大的警予，英勇的警予，你没有死，你永远没有死！你不是和森个人的爱人，你是中国无产阶级永远的爱人！"

王月贞、蒭去病夫妇。夫妇均为常德人，王月贞1923年入党，从事青年和农运工作，丈夫蒭去病从事工人运动，1926年入党。大革命失败后，夫妻转入地下工作，被叛徒出卖被捕，双双就义。临刑前，王月贞给襁褓中的孩子喂了最后一次奶。就义时，王月贞23岁，蒭去病32岁。

傅凤君、颜昌颐夫妇。傅凤君是安化人，出身名门世家，外公是陶澍的第五代孙。丈夫颜昌颐是安乡人，1922年入党，后去莫斯科东方大学学习,回国后参加南昌起义,起义失败后赴上海从事秘密工作,任中央军委委员等职,1929年与彭湃等人一起被捕,英勇就义。傅凤君跟随丈夫走上革命道路,担任湖南省妇女运动委员会负责人。大革命失败后被捕,拒绝写自首书,从容就义。走向刑场时,她经过陶府家门,"没有顾盼一下,头只向前望,面色柔和平淡"。

毛泽建、陈芬夫妇。毛泽建是湘潭人,毛泽东的堂妹,曾就读于衡阳省立第三女子师范,1923年入党,任湖南学联女生部长等职。陈芬,耒阳人,衡阳省立第三师范毕业,1923年入党,曾任中共湘南特委委员等职。毛泽建在湘南从事革命工作,与陈芬结婚,任游击队长等职,一对红色夫妻名震湘南。1928年3月,毛泽建被捕,一个月后,陈芬亦被捕,夫妻俩都坚贞不屈,先后就义。毛泽建和陈芬同龄,陈芬1928年牺牲,时年23岁,毛泽建在狱中被关押一年,牺牲时24岁。

李华英、吴钦民夫妇。夫妻均为平江人,李华英师范毕业,思想进步,1926年入党,参加革命,1928年结婚。丈夫吴钦民1924年入党,曾任平江上东乡特委书记,李华英为上东乡特委宣传委员。大革命失败后,夫妻俩发动群众进行武装斗争。由于叛徒出卖,被敌人包围。突围中,吴钦民牺牲,时年27岁。李华英跳崖奇迹生还,后担任中共湘鄂赣省委妇女部长,因积劳成疾,1932年病故,时年27岁。

胡筠、张警吾夫妇。夫妻俩均为平江人。胡筠出身士绅之家,自幼读书习武,文武双全。1927年投考黄埔军校武汉分校,为中国第一代女军官,与游曦、赵一曼、胡兰畦并称黄埔四大女杰。北伐时为叶挺独立团政治处宣传员,1925年入党。土地革命时期出任平江工农革命军司令员,为红军第一位女司令,闻名遐迩。1929年与张警吾结婚。张警吾1925年入党,为中共赣北特委书记。不幸的是,夫妻均在中共党内"肃反"中,于1934年双双遭遇错杀,胡筠时年36岁,丈夫时年33岁。后夫妻被平反，追认为革命烈士。

冯杏娥、明安娄夫妇。冯杏娥是平江人，童养媳出身，后投身革命，于1927年入党，担任过赤卫队长，主持过湘鄂赣省委妇女部工作，并与明安娄结婚。明安娄是阳新人，1929年入党，曾任红16师政委、湘鄂赣野战军政委、新四军军部留守处处长等职。不幸于1937年底，去改编红军游击队时遭到误杀，时年28岁。冯杏娥也于1939年平江惨案中被国民党顽固派逮捕，1940年3月被杀害，时年37岁。

赵云霄、陈觉夫妇。赵云霄是河北人，湖南媳妇。她是富家小姐出身，在保定第二女子师范就读期间投身革命，于1925年入党，后赴莫斯科中山大学学习，与陈觉由相识到相爱，喜结良缘。陈觉为醴陵人，1925年入党也赴莫斯科中山大学学习。回国后夫妻俩在湖南从事革命，遭到当局逮捕，夫妻俩坚定拒绝了敌人的劝降，选择了为革命就义。由于赵云霄被捕时怀有身孕，被推迟到生育后执行死刑。临刑前，夫妻俩都留下感天动地的遗书，陈觉在遗书中对爱妻这样说："云！谁无父母，谁无儿女……我们正是为了救助全中国人民的父母和妻儿，所以牺牲了自己的一切。我们虽然是死了，但我们的遗志自有未死的同志来完成。"赵云霄在遗书这样对一个半月的女儿说："小宝宝，我很明白地告诉你，你的父母是共产党员，且到俄国读过书……希望你长大时好好读书，且要知道你的父母是怎样死的。"1929年3月26日，赵云霄给孩子喂了最后一次奶，从容地走向了刑场。赵云霄牺牲时年仅23岁，她的丈夫牺牲时年仅25岁。

王兰英、张昆弟夫妇。王兰英也是湖南媳妇，祖籍广东。1925年入党，在山东从事妇女运动，与张昆弟结婚。张昆弟是毛泽东的同学、密友，参与组织新民学会，1922年入党，后从事工人运动，1926年任中共山东地方委员会书记。后夫妇俩赴苏联参加中共六大，回国后同赴湘鄂西苏区工作。不幸的是,在苏区"肃反"中,张昆弟惨遭错杀,时年38岁。王兰英调去广东,任中共广东省委秘书长。后因叛徒出卖被捕,在狱中惨遭酷刑,壮烈牺牲,时年25岁。

左绍英、王璞夫妇。左绍英是重庆人,亦为湖南媳妇。1939年入党,从事工运工作,1942年与时任中共重庆市委书记的王璞结婚。王璞是湖南韶山人,1937年入党,任中共韶山支部书记,后在中共南方局工作,曾任华蓥山游击队政委等职。1948年,组织华蓥山武装起义时遭到敌人"围剿",壮烈牺牲,头颅被国民党割下悬挂于城楼示众,时年31岁。左绍英也因叛徒出卖被捕,被囚禁在渣滓洞监狱。在狱中,她生下女儿,女儿被难友们称为"监狱之花"。1949年11月27日,左绍英在敌人大屠杀下遇难,时年30岁,孩子一同遇难。

湘籍革命女杰群体的故事,如滔滔湘江水长流,向世人述说着多情湘女的豪杰之情。有这等豪杰湘女,湖南怎么能不红?

革命文化名流群体

湘籍革命英杰群体中还有一个阵容十分可观的文化名流群体:

哲学家:李达、杨东莼、杨荣国

经济学家:罗章龙、卓炯、尹世杰、黄松龄

历史学家:吕振羽、翦伯赞、黎澍、周谷城、刘大年、谭丕谟

文学家:成仿吾、彭慧、叶紫、丁玲、蒋牧良、康濯、杨沫、张天翼、周立波、柯蓝、彭加煌、彭柏山、朱子奇、李六如、廖沫沙、谢冰莹

戏剧家:田汉、欧阳予倩

美术家：周令钊、魏猛克

音乐家：贺绿汀、吕骥

文艺理论家：周扬、蔡仪、张庚

翻译家：萧三

以上名单未必周全，从分类看许多人都是跨界的多面手，从文化领域的覆盖面看相当全面，从阵容的知名度看都是现代中国社会科学和文艺领域的著名文化大家，其著述或创作都堪称经典传世之作。这亦说明，湖南革命英杰群体对革命文化建设有着体系性的贡献，或者说，是一种革命意识形态的建构。该群体有四个鲜明特点：第一，他们都具有革命人与文化人的双重身份。第二，其著述和创作自觉地坚守了马克思主义世界观。第三，其著述和作品体现了关注现实生活尤其是革命生活的现实主义精神。第四，其著述和创作具有相当学术高度或艺术高度，堪称经典之作。以下简述之。

湖南革命文化名流群体都具有革命战士和文化人的双重身份，其中多人为中共创始时期的党员、资深的革命家。如李达和罗章龙均为中共创始人，中共早期的领袖人物。李达代表著述《现代社会学》《社会学大纲》《社会进化史》《法理学大纲》《经济学大纲》《货币学概论》等，罗章龙译著《康德传》、著述《中国国民经济史》《国民经济计划原理》《经济史学原理》等，都被称为中国马克思主义理论著述的经典作品。

以下再对其他人作一简介。

李六如，平江人，辛亥革命时就投入革命，1921年经毛泽东、何叔衡介绍加入中共，后参加北伐，为师党代表。大革命失败后，在周恩来领导下从事地下党工作，1930年后进入中央苏区，曾任苏维埃政府银行行长，在延安时期曾任中央财政经济部副部长，新中国成立后曾任最高人民检察署副检察长等职，是中共的高级领导人。其小说《六十年的变迁》对中国革命史的展现具有经典意义。

成仿吾，新化人。早年留学日本，与郭沫若、郁达夫相识。五四运动期间，与郭沫若、郁达夫共同创建革命文艺团体"创造社"。大革命时期，任教于广东大学，兼任黄埔军校兵器处代处长。1928年在法国加入中共，回国后加入左联活动，入苏区任中央党校负责人之一。1934年参加长征，到陕北后曾任陕北公学校长等职。新中国成立后创办了中国人民大学，任校长。是著名的翻译家和作家，代表作有译著《哥达纲领批判》《社会主义从空想到科学的发展》《反杜林论》《德国诗选》，著述有《成仿吾文集》等。

萧三，湘乡人。毛泽东的同学兼密友，早年一起创办新民学会。赴法勤工俭学期间，与周恩来、赵世炎组织"旅欧中国少年共产党"，1922年入党。一直从事左翼文化活动和国际交流，是著名的诗人、翻译家和社会活动家，代表作有《萧三诗选》《湘笛集》《和平之路》等。

杨东莼，醴陵人。早年就读于北京大学，参加过五四运动，1923年入党，从事过工运和革命宣传活动，后全力投入教育学术活动，任多所大学教授或校长，是著名的马克思主义学人和教育家。代表作有译著《费尔巴哈论》《古代社会》《狄慈根哲学著作选集》，著作《中国学术史讲话》《中国文化史大纲》等，是马克思主义话语体系的经典著述。

黄松龄，华容人。中央法政专门学校毕业，后赴日本留学。1925年入党，大革命失败后，任中共江西省委秘书长兼省委宣传部部长。经济学家，中国科学院哲学社会科学学部委员，曾任中共中央直属高级党校经济学教研室顾问。专门从事社会主义经济理论问题，特别是农业经济的研究，著有《黄松龄社会主义经济问题遗稿》《读马克思恩格斯论农业和农民问题》等。

贺渌汀，邵东人。上海音乐专科学校毕业，1926年入党。早年参加湖南农民运动和广州起义，左联文艺家，积极投入抗日救亡宣传活动，延安鲁艺教员。新中国成立后为上海音乐学院院长、中国音协副主席等，著名革命音乐家。代表作有《游击队歌》《新中国的青年》《牧童短笛》《胜利进行曲》《四季歌》等。

彭慧（女），长沙人。就读于北京师范大学，1926年入党，后赴苏联莫斯科中山大学学习，回国后从事地下党工作，同时投入左联文艺运动和妇女运动，是现代著名女作家。代表作有《不尽长江滚滚来》《还家》《哥萨克》（译著）等。

张天翼，湘乡人。就读北京大学，1927年入党。左联著名作家。代表作有《华威先生》《大林和小林》《张天翼小说选集》等。

叶紫，益阳人。军校毕业，一家6位亲人投入革命，5人被杀。1930年入党，积极投身革命，是左联著名作家。代表作有《丰收》《火》等。

廖沫沙，长沙人。左联作家，1930年入党，积极投身抗战文化活动，主编多种刊物，以杂文写作闻名。新中国成立后曾任中共北京市委宣传部副部长等职。代表作有《鹿马传》等。

丁玲（女），临澧人。上海大学毕业，1932年入党。左联作家，赴延安后任边区文协副主席等职，现代著名作家。代表作有《莎菲女士的日记》《太阳照在桑干河上》等。

田汉，长沙人。早年留学日本，创造社组织者之一，左联发起人之一，1932年入党。是著名的政治文化活动家，新中国成立后任文化部艺术局局长。著名戏剧作家，代表作有《义勇军进行曲》（歌词）、

《名优之死》《回春之曲》《关汉卿》《谢瑶环》等。

周扬，益阳人。早年留学日本，回国后投身左翼文艺运动，为负责人。1932年入党，赴延安后曾任鲁艺副院长、延安大学校长，新中国成立后曾任中宣部副部长，是中共主管文艺部门的重要领导人，著名文艺理论家。译著有《安娜·卡列尼娜》《十五年来的苏联文学》《现实主义试论》《生活与美学》等。

周立波，益阳人。大革命时期投入革命，左联作家，1935年入党。抗战期间为战地记者，任教于延安鲁艺，主编《解放日报》等，新中国成立后曾任湖南省文联主席等职。现代著名作家，代表作有《暴风骤雨》《山乡巨变》等。

张庚，长沙人，早年就读上海劳动大学，1931年参加左联活动，1934年入党，1938年到延安后任鲁艺戏剧系主任，组织创作了《白毛女》。新中国成立后任全国戏剧工作者协会副主席等职。著名的戏剧理论家，代表作有《中国戏曲通史》《戏剧概论》《戏剧艺术论》等。

吕骥，湘潭人。就读于上海音专，左联作家，1935年入党，后赴延安筹建鲁艺，为副院长，兼音乐系主任和院教务主任，新中国成立后为中国音协主席。著名音乐家，代表作有《抗日军政大学校歌》《凤凰涅槃》《祖国颂》等。

彭柏山，茶陵人。曾在上海读大学，1931年加入左联，发表了反映苏区生活的小说《崖边》。1935年被捕，在狱中入党，获释后参加了新四军。新中国成立后担任中共上海市委宣传部部长。现代著名作家，代表作有《战争与人民》《任务》等。

吕振羽，邵阳人。湖南大学毕业，参加北伐战争和抗日救亡运动，1936年入党，到延安后在中央马列主义研究院任职，新中国成立后任东北人民大学校长、中国科学院哲学社会科学部委员等。著名史学家，代表作有《史前期中国社会研究》《殷周时代的中国社会》《中国政治思想史》《简明中国通史》等。

黎澍，醴陵人。就读北平大学，1936年入党，投身抗战运动，任多家报刊编辑，新中国成立后任中宣部出版处处长等职，《历史研究》主编。著名历史学家，代表作有《辛亥革命前后的中国政治》《马克思主义与中国革命》等。

杨沫，湘阴人。1936年入党，投身抗日和地下党工作，同时从事文艺创作和编辑工作。新中国成立后任北京市文联主席等职。著名作家，代表作有《青春之歌》《东方欲晓》等。

翦伯赞，桃源人。早年留美，回国后参加革命，1937年入党。从事抗日文化活动和地下党工作，编辑刊物并在大学教学，新中国成立后任中国科学院哲学社会科学部委员等职。著名历史学家，代表作有《中国史纲》《秦汉史》《历史哲学教程》等。

谭丕谟，零陵人。早年就读北京师范大学，参加三一八学生运动，后全力投入抗日救亡活动，很有影响力。1937年入党，后执教湖南大学。著名历史学家，代表作有《中国文学史纲》《宋元明思想史纲》等。

康濯，湘阴人。早年投入进步学生运动，1938年投奔延安就读鲁艺，同年入党，后从事革命文化活动、主编报刊等，担任多种团体负责人职位，新中国成立后曾任湖南省文联主席。现代著名作家，代表作有《我的两家房东》《水滴石穿》《东方红》等。

柯蓝，长沙人。1937年参加八路军，1938年入党，长期从事新闻文化工作。现代著名作家，代表作有《红旗呼啦啦飘》《洋铁桶的故事》《早霞短笛》等。

刘大年，华容人。湖南国学专修学校毕业后赴延安就读抗日军政大学，1938年入党，从事革命斗争。新中国成立后任中国科学院近代史研究所所长，著名历史学教授，代表作有《中国史稿》《中国近代史稿》等。

蒋牧良，涟源人。早年就读雅礼大学，后投军参加北伐，又参加左联活动。1938年入党，积极从事抗日统战活动，并担任多家报刊编辑，战地记者。现代著名作家，代表作有《高定祥》《铁流在西线》《旱》等。

朱子奇，汝城人。1936年加入左联，从事抗日文化宣传，1938年入抗大学习，同年入党。现代著名诗人，代表作有《春鸟集》等。

杨荣国，长沙人。早年毕业于上海群治大学，1938年加入共产党，在大学教书研读马列，融入史学研究。新中国成立后曾任湖南大学文学院院长兼历史系主任，后为中山大学教授、历史系主任等。作为著名史学家，其史学观崇法批儒，别具一格。代表作有《简明中国哲学史》《中国十七世纪思想史》《谭嗣同思想研究》等。

卓炯，慈利人。早年就读中山大学，1939年入党，在大学教书的同时从事抗日宣传活动和地下党斗争。新中国成立后任广东社科院副院长，著名经济学教授。代表作有《政治经济学新探》《价值规律论》等，是社会主义商品经济思想的先驱探索者。

蔡仪，攸县人。早年考入北京大学。1926年加入共青团，留学日本，回国后参加抗日救亡活动，1945年入党，从事革命工作，新中国成立后在大学任教。著名美学家，代表作有《新美学》《新艺术论》《中国新文学史讲话》等。

尹世杰，洞口人。就读于湖南大学，毕业后留校任教并参加地下党活动，1948年入党，后在武汉大学、湘潭大学等高校教书。著名经济学家，代表作有《社会主义消费经济学》等，是消费经济学的创始人。

欧阳予倩，浏阳人。早年留学日本，开始戏剧创作和演出生涯，回国后为左联作家，从事戏剧、电影创作，思想进步，宣传抗战救亡，改革戏剧，新中国成立后为中央戏剧学院院长，并于1955年入党。现代著名电影戏剧艺术家，代表作有电影《天涯歌女》《新桃花扇》《清明时节》以及历史剧《忠王李秀成》等。

周谷城，益阳人。早年就读北京高等师范学校，接受五四运动洗礼，1921年和毛泽东相识，结为好友，参加湖南农民运动，后入复旦大学任教，加入民主运动，为中共的亲密朋友。著名历史学家，代表作有《世界通史》《中国政治史》《中国通史》等。

周令钊，平江人。长沙华中美专毕业，抗战期间在国民政府军事委员会政治部三厅工作，投入抗战宣传，1949年入党，新中国成立后为中央美院教授。著名画家，代表作有国徽设计、开国将帅勋章设计、历史油画《五四运动》、壁画《世界人民大团结》等。

魏猛克，长沙人。毕业于上海美专，左联艺术家，积极投入抗战宣传，任大众报社社长，新中国成立后为湖南省文联主席。著名画家，代表作有连环画《打渔杀家》、《阿Q正传》插图等。

彭加煌，湘阴人。杨昌济的外甥，1931年加入左联。现代著名作家，代表作有小说集《喜讯》等。

谢冰莹（女），新化人。考入黄埔军校武汉分校，为中国第一位女兵作家。后入北平女师大就读，又留学日本，因反日曾受日本特务抓捕，严刑拷打，坚贞不屈；抗战期间为战地记者；1948年赴台湾任大学教授。现代著名女作家，代表作有《中学生小说》《青年王国才》等。

以上湘籍文化人除两三人外，其他都是中共党员。在政治上，他们绝大多数自觉地信仰和维护马克思主义并从事革命实践活动，亲历革命烽火洗礼,其著述和创作可谓是从革命血管流出来的血,与一般学者及文艺家隔岸观火的书斋表达大不一样。

就其在现代学界和文坛地位而言,也是出类拔萃的,体现了湘籍革命文化群体的雄厚实力。再细分,该群体包含学者和文艺家,代表理性思维和形象思维两种路径,其著述或作品也有不同的文化效果。

就学人群体而言,这些湘籍革命哲学家、经济学家和史学家都是遵循马克思主义的基本理论展开相关学术研究,并且具有权威地位,显示了马克思主义对哲学、经济学和史学研究的主导性,对于革命文化建设做出了突出的理论贡献。可以说,这是中共自觉进行革命意识形态建构的文化战略举措。正如毛泽东所说:"凡是要推翻一个政权,总要先造成舆论,总要先做意识形态方面的工作。革命的阶级是这样,反革命的阶级也是这样。"[17]此外,这批学人和著述的问世也显示了现代湘籍学者的理性思维成就,较之湘籍学术先贤有长足长进,改善了此前湖湘文化在学理建设方面比较薄弱的窘境。遗憾的是,当下学界对这些湘籍革命学人就个人研究而言都有关注,但是群体研究十分薄弱。学界似乎没有意识到湖湘籍贯、革命履历对他们学术产生的影响,也没有强烈意识到这些湘籍革命学人对于革命意识形态的建构之功,同时也是湖湘文化的现代学理硕果和学术开拓。

就湘籍文艺家群体而言,他们的作品大都是革命文艺的经典之作,如田汉作词的《义勇军进行曲》,不仅在抗日战争中响彻神州大地,而且成为中华人民共和国的国歌。贺渌汀的《游击队歌》、吕骥的《抗日军政大学校歌》等作品,至今依然广为传唱。周令钊的国徽设计,被称为国家形象的塑造之作。丁玲的《太阳照在桑干河上》、周立波的《暴风骤雨》、杨沫的《青春之歌》,还有新中国成立后投入文学写作的军旅作家萧克的《浴血罗霄》、马忆湘的《朝阳花》、贺捷生的《父亲的雪山　母亲的草地》，革命家李六如的《六十年的变迁》等作品，作为革命文学的小说经典和革命话语叙事，至今还未见有大超越的作品问世。还值得一说的是蔡仪的革命美学体系建构，就其学理的自洽性而言，坚实严密，体现了革命美学的学理高度和深度。说到此，又涉及革命美学的话题，这可能是更令人关注的。湘籍革命文艺家的创作以实绩的形态，呈现了革命美学的基本理路。

对于革命美学，学界有两种不同的认知。一派认为，革命美学是一切文艺创作必须共同遵循的创作指导思想和艺术规范；一派则认为，革命美学及其指导下产生的作品，根本背离了艺术规律，因而是艺术精品创作和传世艺术的桎梏。理性看待，这两派意见都有偏颇和局限。必须承认，艺术是人类全部生活和生命情怀的形象化呈现，革命情怀只是人类全部生活和生命情怀的一部分。因此，革命情怀不可能覆盖和取代全部人类生活和生命情怀，作为指导革命情怀表现的革命美学要成为一切文艺创作的圣经无疑是有局限性的。但又必须承认，革命情怀毕竟也是人类生活和生命历程中的一部分，其突出的献身精神和奋斗精神具有很高的美学价值，在特定的历史语境中，甚至是引导历史前进的主流情怀。因此，就不能轻视文艺对革命情怀的呈现，革命美学也就具有存在的必然性和正当性并具有指导性，革命美学作为艺术美学的一个重要流派是毋庸置疑的。

基于以上认知，就不难发现，毛泽东的《在延安文艺座谈会上的讲话》，实际是对革命美学的纲领性阐释。其要点有四：第一，文艺为政治服务，为革命的根本需要服务，亦即文艺的性质和功能要阶级化和革命化。如毛泽东在《新民主主义论》中说："革命文化，对于人民大众，是革命的有力武器。革命文化，在革命前，是革命的思想准备；在革命中，是革命总战线中的一条必要和重要的战线。"第二，对于革命的表现，态度要以歌颂为主。又如毛泽东在《在延安文艺座谈会上的讲话》中说："你是无产阶级文艺家，你就不歌颂资产阶级而歌颂无产阶级和劳动人民。"第三，在创作方法上，以革命现实主义为主。即深入现实生活，感悟生活寻找素材，经历思想升华，表现现实生活尤其是革命的现实生活。第四，艺术形式包括话语表达方面要大众化，为广大人民群众喜闻乐见。对照湘籍革命文艺家的作品和他们的创作来谈，可以发现，《在延安文艺座谈会上的讲话》是他们创作的基本指导思想，他们带着强烈的革命使命一路走来，以其讴歌革命的创作成果，在中国文学艺术史上，构建了一片独具风采的红色文艺风景。

革命人永远是年轻

战火纷飞的革命年代，中国共产党人青春焕发，朝气蓬勃。即便是革命老人，也是如此。他们对革命的热忱，让人忘却了岁月的流逝，只有"革命人永远是年轻"的感慨。比如"苏区五老"。

在以青年为主体的中共党内，革命老人群体别具一格。他们年龄大，革命资历深，在党内也担任要职，而且德高望重，不仅在中共党内广受尊敬，在党外也广受社会尊敬，从而成为中共感召力的标志。特别值得关注的是，"苏区五老"中竟然有4位是湖南革命老人，占比为80%。

"苏区五老"的称谓来自董必武为长征写的一组回忆文章，其中一篇叫《出发之前》。在文中，董必武如是记载："在中央根据地，因叔衡、特立、觉哉、伯渠和我五人年龄稍大，诸同志都呼我们为'五老'。"这就是"苏区五老"的由来。说起这些革命老人的故事，又是一条长长的河。本书只能极为简略地介绍一下4位湘籍革命老人。

何叔衡（1876—1935），宁乡人。他是五老中最年长者，和五老中的董必武都是中共一大代表，中共创始人之一。前文对他的早期事迹有介绍，在此主要介绍他大革命以后的事迹。1928年，他赴苏联出席中共六大，在路上写下了这样一首诗："身上征衣杂酒痕，远游无处不消魂。此生合是忘家客，风雨登轮出国门。"六大散会后，他又继续留在莫斯科中山大学学马列，和徐特立、吴玉章、董必武、林伯渠编在特别班。此时他已年过半百，学俄语十分吃力，但他还是以顽强的毅力完成了学习。林伯渠回忆，在苏联学习的日子里，我们都是以叔衡为标杆的。1930年，何叔衡回国，次年进入了中央苏区，参加了苏维埃政府的建设，任内务部代部长、临时最高法庭主席等职。但不久又被"左"倾错误路线认为右倾，撤掉了职务。1934年10月，红军长征，他被留在苏区坚持根据地斗争，与毛泽东依依惜别，也与其他四位老战友董必武、林伯渠、谢觉哉、徐特立分手。此时他已年近六旬，上级决定将他和瞿秋白等人转到闽西。转移途中，他们在福建上杭的山林里遭遇敌人，突围时牺牲。据当时带队的邓子恢回忆，年迈的何叔衡体力不济，奔跑困难，不想拖累战友，多次要求："开枪打死我吧！"邓子恢便要警卫员架着何叔衡跑，可是跑到一悬崖边，何叔衡突然挣脱警卫员，奋力跳下了悬崖，实现了生前的一句诺言："我要为苏维埃流尽最后一滴血。"

徐特立（1877—1968），长沙人。他比何叔衡仅小一岁，早年是小学教员。1911年参加辛亥革命，后创办或任教于多所学校，成为湖湘名师。在其任教湖南一师时，毛泽东是其学生，称他是自己最为敬佩的两位老师之一。1919年又赴法国勤工俭学。回国后，他在毛泽东建议下投入湖南农民运动，担任了工农部长。1927年5月，他在国民党右派血腥镇压中共的危急关头，毅然加入共产党，随后参加了南昌起义，任师政治部主任。南昌起义失败后，他赴苏联参加中共六大，并留在莫斯科中山大学学习，与何叔衡成为同学。1930年回国后，在中央苏区担任中华苏维埃共和国临时政府的教育部代部长。1934年10月，57岁的徐特立参加长征，是长征队伍中最老的战士。在长征中，他扛着红缨枪，拄着拐杖，坚持步行。上级给他配备了一匹马，他却总是让给伤病员。有人统计说，长征两万里，徐老骑马顶多两千里，于是就传开了这样的说法："徐老徐老真是好，不骑马儿跟马跑。"

抗日战争时期，他以八路军高参身份回湘主持八路军办事处工作，利用他在湖南的社会声望展开国共合作，共同抗日。他在讲演中风趣地说："各位兄弟，我是共产党，过去国民党和共产党不和，我就跑了，现在又和好了，我就回来了。""我们两党决定联合起来，共同杀日本侵略军！"徐特立在湘三年，与国民党方面的湖南省政府主席张治中合作，开创了比较和谐的抗战局面。徐特立也积累了丰富的统战经验，成为中共统战专家。但徐特立最主要的兴趣和成就还是教育。1940年，他回延安后，任延安自然科学院院长，成为中共阵营里享有盛誉的革命教育家。他是中共七大、八大的中央委员，新中国成立后，曾任中宣部副部长等职。不久，他主动请辞实际职位，把大部分精力投入关心下一代成长的公益性事业中，关注教育又成为他晚年生活的主旋律。1937年2月1日是徐特立60岁生日，毛泽东在给徐特立的祝寿信中有这样深情的评价：

你是我二十年前的先生,你现在仍然是我的先生,你将来必定还是我的先生。当革命失败的时候,许多共产党员离开了共产党,有些甚至跑到敌人那边去了,你却在一九二七年秋天加入共产党……你比许多青年壮年党员还要积极,还要不怕困难,还要虚心学习新的东西。什么"老",什么"身体精神不行",什么"困难障碍",在你面前都降服了……所有这些方面我都是佩服你的,愿意继续地学习你的,也愿意全党同志学习你。[18]

请注意,毛泽东没有一句涉及徐特立的功劳,他敬佩的是徐特立的人品,这也是徐特立赢得世人崇敬的根本原因。

谢觉哉(1884—1971),宁乡人。他与何叔衡是老乡密友,同是前清秀才。1920年在省城主编《湖南通俗报》,次年进入湖南省立第一师范学校小学部任教,和毛泽东成为同事,后加入新民学会。1923年,他加入国民党。1925年,又经何叔衡介绍加入共产党。1933年,他来到中央苏区,在苏维埃政府工作,成为毛泽东的秘书。上任没多久,他给毛泽东起草一个会议通告,被毛泽东修改得面目全非。谢觉哉很伤自尊,认真一看,不觉暗暗佩服,原来自己的文章走的是套路,毛泽东修改后的文章简洁又具体,连与会者要自带碗筷来开会都注明。谢觉哉文风从此大变,虚浮之词一扫而空,工作上也踏踏实实。不久,他当上了政府秘书长和内务部部长,不仅成了政府大管家,还协助毛泽东制定政府的各项法规制度。后来,他成为新中国司法制度的奠基人,起步就在中央苏区。1934年10月,谢觉哉参加长征,时年50岁,是红军干部中年龄仅次于徐特立的长者,身体还比不上徐特立。遵义会议后,毛泽东考虑让他离队,转移到上海去。谢觉哉没过多申辩,只是反复说一句话:"我不管，反正你们走到哪，我就跟到哪。"毛泽东只好无奈地接受了这样一位倔强的兄长部下，而且沿途越是照顾他，他就越倔强。就这样，谢觉哉倔强地走到了陕北。

到达陕北后，谢觉哉全力投入陕北根据地的政权建设，在政府担任了一系列要职。1935年，任中央政府西北办事处内务部部长、秘书长；1937年年初，任西北办事处代理最高法院院长、审计委员会主席；1939年，任中央党校副校长；1940年，任中共陕甘宁边区中央局副书记兼政府秘书长等职；1946年，任中共中央法律问题研究委员会主任委员；1948年，任华北人民政府委员兼司法部部长。这一连串履历中，谢觉哉越来越关注中共得到天下后，该如何打破"其兴也勃焉，其亡也忽焉"的历史周期率问题。谢觉哉的儿子谢飘在接受采访时回忆："在延安，毛主席和黄炎培谈周期率，我爸爸是参加了的。关于共产党如何能够不变质，我爸爸那时和毛主席经常谈。他们认为，中国传统是个'官国'，只有共产党才能打破'官国'"，"他们当时得出结论，中国不能搞两院制，不能搞总统制，只能是中共领导下的多党民主合作，合作的基础是民主和集中的对立的统一"。[19]谢觉哉的延安岁月，还经历了整风审干运动。运动中，每个人都要交代历史问题，谢觉哉曾经加入国民党，还被俘过，却安然无事。谢飘这样解释："我觉得'整风'对象不在这些老人身上。'五老'没有自立山头。主席知道他们这些人没有野心，不专权，不抢权。延安整风主要是整山头，整教条主义。"[20]谢飘的解释从另一个方面体现了谢觉哉的厚道坦荡。他不贪权逐利，不攀附山头，是毛泽东最为尊敬的那种"老实人"。

新中国成立后，谢觉哉最重要的一个职务是最高人民法院院长。这里面又有故事。谢飘这样说："老爷子写了辞职报告：我年纪大了，该退休了，下一届人大请不要安排我了。下一届人大，主席提出：董老去当国家副主席了,法院院长的位子空出来了。毛主席就让他去当法院院长,还托人带话:你挂名算了。老爷子很认真,别的官可以挂,法院院长不能挂,这是要杀人的,将来冤死鬼会找我算账的。他当了院长之后,头发一下子就白了。那时'大跃进',最高法院只剩下五十几个人。工作组审判,法院盖章。1958年后,各地法院相继用电报上报死刑案件,我父亲坚决反对:'批案一定要调案卷,否则,何必要设立最高人民法院呢?杀人一定要慎重,一个人只有一个脑袋,杀掉就不能再安上,我们一定要对人民负责。'"[21]这些点点滴滴的故事,都在昭示什么叫做高风亮节、德高望重。

林伯渠(1886—1960),临澧人。1904年留学日本,次年参加同盟会,义无反顾地投身于辛亥革命和其后的反袁护法斗争,曾任孙中山大元帅府参议,这是其人生第一阶段——国民党元老。1921年,加入上海共产党早期组织,继续留在国民党内工作。在第一次国共合作期间,他是重要的组织者之一,出任国民党中央农民部部长,投入轰轰烈烈的农民运动中。1927年,他参加八一南昌起义,失败后赴苏联,与何叔衡、董必武、徐特立等是莫斯科中山大学同学。1932年冬,林伯渠回国进入中央苏区;1933年,出任苏维埃政府财政部部长等职,为苏区的经济建设、红军的后勤保障提供了坚实保障。长征途中,年近半百的林伯渠又担任红军的没收征发委员会主任和总供给部部长,主要任务是筹粮筹款,保障红军的物资供应。既要打土豪,缴获敌军物资,又要发动群众,支持红军,还要保证不违反政策,甚至还要把一部分物资分发给劳苦大众,可想而知林伯渠的呕心沥血,但同时也展示了林伯渠优秀的行政能力。

长征抵达陕北后不久,抗日民族统一战线建立,林伯渠的主要勋业有两大方面:一是投入统战工作成绩卓著,二是建设陕甘宁边区功不可没。就统战工作而言,他担任了八路军驻西安办事处代表,协调国共之间的关系,制止了多起国共军事摩擦事件,吸纳了大批知识青年投奔延安,营救了大批红军失散官兵,同时打开了边区和国统区的经济通道,保证了延安边区的发展壮大。就边区建设而言,他先后担任中央财政部部长、陕甘宁边区政府主席,从政治、经济、文化教育等方面全方位地推动了边区建设和壮大。特别值得一提的是在延安整风期间,康生要以边区政府名义公审和枪毙"抢救运动"中的"嫌疑分子",林伯渠向毛泽东表达了自己的意见,反映了在审干过程中因逼供造成的许多冤案。毛泽东非常重视,下达了"一个不杀,大部不抓"的批示,制止了"抢救运动"进一步恶化。在1945年的中共七大上,林伯渠当选为中央政治局委员,成为中共第一代中央领导集体成员,这是对他为中国革命所做贡献的肯定。中共诸位革命老人中,他长期在一线重要政务岗位主持工作,其行政能力、行政经验、行政资历、行政地位都是非常突出的。1949年10月1日,他作为中央人民政府的秘书长主持了开国大典。这个主持人身份,是由毛泽东亲点的。毛泽东说,林老是我们的父母官,主持开国大典,非他莫属。

林伯渠总结自己一生,特别强调他在中国革命三个关键时刻没有走错路。第一次是在辛亥革命失败后,同盟会分裂了,他在日本参加了孙中山组织领导的中华革命党;第二次是在建党之前加入了党的早期组织,成为中共创始党员;第三次是在大革命失败之后,没有动摇,继续为共产主义事业而奋斗。这个总结强调了政治方向的正确,其实更值得强调的是,大权在握的林伯渠没有以权谋私,而是执政为民,勤政爱民,鞠躬尽瘁地走完了一生。

透过历史烟云,我们述说革命老人的故事,感受最深的还不是他们的资历,他们的功勋,而是他们的人品。因此,革命老人的内涵应该作伦理学解读，就是用一生去全美一种人格。正因为如此，中共尽管明文规定不给领导干部祝寿，但是这几位革命老人的大寿诞，都享受了中共中央的祝贺，毛泽东还亲笔撰写或修改祝寿词。如果说毛泽东赞美张思德、雷锋是为普通党员树立了一种人格榜样，那么，对这些革命老人的赞美，则为中共高级领导干部树立了一种道德榜样。

透过历史烟云，我们还可以领悟到"革命人永远是年轻"的真谛，那就是坚定的革命信仰。

不是吗？

○ 引文注释

[1] 中国现代哲学史研究会、中共湖南省冷水滩市委、湖南大学、湖南省社会科学联合会、湖南省哲学学会等合编：《纪念李达诞辰一百周年——中国现代哲学与文化思潮（续集）》，湖南出版社1991年版，第35页。

[2] 李思慎、刘之昆：《李立三之谜——一个忠诚革命者的曲折人生》，人民出版社2005年版，第281页。

[3] 曾成贵：《锤头镰刀旗下——中共建党之路与共产国际》，福建人民出版社2017年版，第238页。

[4] 马京波、王翠主编：《刘少奇生平研究资料》，中央文献出版社2013年版，第133页。

[5] 王双梅：《刘少奇在长征中》，《党史文献》2017年第1期。

[6] 李维汉：《回忆与研究》下，中共党史资料出版社1986年版，第877页。

[7] 中共中央党史和文献研究院编：《毛泽东年谱》（第一册），中央文献出版社2023年版，第479页。

[8] 上海师大政教系资料室编：《彭总光辉的一生（资料汇编）》，上海师范大学政教系资料室1980年版，第283—284页。

[9] 水工：《中国元帅贺龙》，中共中央党校出版社1995年版，第157页。

[10] 刘秉荣：《贺龙全传》（三），人民出版社2006年版，第1805页。

[11] 王伟编著：《罗荣桓元帅》，四川人民出版社2009年版，第46页。

[12] 梁汉编：《共和国领袖、元帅、将军交往实录·元帅卷·罗荣桓》，四川人民出版社2001年版，第3页。

[13] 中共衡东县委宣传部编：《怀念罗荣桓同志》，湖南人民出版社1979年版，第1页。

[14] 李湘文：《毛泽东家世》增订本，人民出版社1993年版，第43页。

[15]《马克思恩格斯选集》第三卷，人民出版社1972年版，第300页。

[16] 姜欣主编：《百年红色湘女》，湖南人民出版社2021年版，第2页。

[17] 朱国圣、林枫主编：《马克思主义新闻观研究》，新华出版社2010年版，第81页。

[18] 封福江主编：《公文写作精要》，沈阳出版社2016年版，第428—429页。

[19][20][21] 2015年10月23日《南方周末》关于谢飘回忆父亲谢觉哉的专访。

尾 篇

待到山花烂漫时

如今山花烂漫,湖湘大地硝烟远去。

红色记忆仍在。化作故事流传,化作理念思昧,化作文化沉淀。

湖南为什么这样红?

以上述说似乎作了回答,又似乎依然不够显豁。

比如,革命究竟是基于应然还是必然?

前者是道德论观照,强调革命是基于人类对于世界应该如此的追求和憧憬而发生,关联着一种理想信念,一种意志追求,一种正义激情,因而革命是人类对社会进行道德立法,革命是建立在道德基石之上的社会现象。

后者是必然论观照,强调革命是基于社会演进的必然规律而发生,如同春夏秋冬四季循环,不以人的主观意志而转移。具体言之,它是人类阶级化生存的必然现象,由于社会阶级差异引发的利益冲突激化到难以调和的地步,现存的社会生产和生活秩序难以为继,必然会爆发革命使社会在血火中达到新平衡。

经院政治学家们认为,这两种革命发生学的逻辑难以相洽,其困惑有点类似鸡生蛋还是蛋生鸡之争，大概从亚里士多德开始争执，至今无解。但是我们在湖湘的红色故事中发现，二者其实复杂地纠缠在一起，如同一页纸的两面，如同一座山的横看侧观，并不存在泾渭分明的二元对立。

我们无意卷入经院化的讨论。

我们主张直接从湖湘革命的红色光谱中去寻觅灵感。

革命是红色的，它却憧憬山花烂漫，万紫千红。

这意味着革命并不诉求孤芳自赏，这意味着革命只是手段而不是目的。也许毛泽东最理解红色的向往：

风雨送春归，

飞雪迎春到。

已是悬崖百丈冰，

犹有花枝俏。

俏也不争春，

只把春来报。

待到山花烂漫时，

她在丛中笑。

就革命最高理想而言，是全社会的公平和正义，全人类的自由和平等。用马克思主义的经典命题来说，就是"全人类的解放"，更精确的说法就是《共产党宣言》中所言："每个人的自由发展是一切人的自由发展的条件。"[1]学界归结为"人的自由全面发展"学说，并认为是共产主义革命的终极价值目标和对人类的终极关怀。

但是，革命理想并非宇宙天意。

常识告诉我们，人类出现于宇宙中完全是一种偶然，浩渺无垠的宇宙并非为人类而诞生，在宇宙自然的王国里，作为自然生灵的人类无足轻重。因此，面对这种严酷的宇宙处境，人类必须自我主宰命运存在于宇宙天地间——人类意志就出场了。它引导人类向着最长远和最可能的完美未来走去，这个行进方向就叫人类理想或叫做应该如此的生活。可见，革命理想其实是人类意志的产物，这种意志以全社会的公平正义为原则，以全人类的自由幸福为目标，亦即为天地立心，为生民立命，为万世开太平，因而具有崇高的道德属性。它要求从事革命者以坚定不移的信仰和不屈不挠的奋斗来实现理想，革命者也就必然担当起无限道义，革命行为也就成为一种人类道德实践。

我们在1840年以来无数中华志士仁人前仆后继的奋斗和求索中，尤其是在湖湘革命儿女前仆后继的奋斗和求索中，真切地感受到一种高尚的革命伦理。最雄辩的证明就是，那些从湘江走向南湖的青年革命先行者或者说那些富家少爷小姐，就其私利而言，完全没有必要投入九死一生的命运险流。但他们依然义无反顾地走上红船，扬帆起航，向着杀机四伏的激流勇进，这就无关利益得失而有关哲学和人格信念。这些革命者高擎马克思主义的旗帜，其心理根源和马克思一样，有着共鸣的"普罗米修斯情结"，坚定地认同"普罗米修斯是哲学历书上最高的圣者和殉道者"，并见贤思齐成为革命的殉道者。

舍我其谁的担当精神，舍生忘死的牺牲精神，不屈不挠的斗争精神便成为革命者的鲜明人格特征。没有这样的人格支撑，革命不可想象。湖湘革命群体的壮烈表现就是生动诠释。结合马克思的人学理论更可见到，革命人格塑造也是革命目的之一。理解这一点便豁然开朗，为何中国革命进程中有着那么多道德纠结，以至于我们这样解读革命带来的社会发展：不仅仅是经济增长和物质繁荣，更是在此基础上的人的自由和完美。

革命诉求也就广义化和长远化了。

它不再局限于毛泽东在战争年代所说："革命是暴动，是一个阶级推翻另一个阶级的暴烈行动。"亦即不再仅仅局限于血火征战中的政权更迭，江山易主。按毛泽东所说，夺取全国政权"这只是万里长征走完了第一步"。于是，革命将继续行进，且不再仅仅局限于物欲的满足和增进，还朝着马克思憧憬的自由王国进发，力图实现"人的自由全面发展"，亦即它具有更丰满远大的道德愿景和人生抱负，特别强调人的脱胎换骨和道德升华。时至今日，精神文明和物质文明并行发展，所谓两手都要硬，一直是执政者秉持的革命目标。革命时代依然没有退场，只是以另一种非刀光剑影的方式在赓续。

诚然，崇高愿景的实现依然任重道远，全人类解放还面临漫漫修远的上下求索，但作为开路先锋的革命者更确切地说共产党人，必须如丹柯那样高举闪亮燃烧的心脏，先行一步地建立道德榜样，以证明愿景的现实性，以保证归宿的可能性，也在革命中涅槃自我。

1939年12月，八路军政治部和卫生部为纪念援助中国抗战而殉难的加拿大医生白求恩，要编写一部纪念册，毛泽东应约写下了《纪念白求恩》的悼念文章，全文不到800字，却以8个字精练地概括了共产党人的道德形象："毫不利己，专门利人。"简单8个字，意味着人格的极致超越，也意味着革命永远在路上。

革命，没有道德境界是万万不能的。

但是，革命只有道德境界同样是万万不能的。

同样基于人类和宇宙的基本关系——宇宙并不依赖人类而存在，

更不在意人类的理想,反之,人类却必须依托宇宙而存在。亦即人类并非全知全能的上帝,只是依托宇宙生存的生灵中能主宰自己命运的智慧生灵,且人类引以为傲的智慧并不具备蔑视宇宙自然的能量。这就决定了顺天者昌,逆天者亡,智慧人类的自由渴望以及公平、正义的完美理想,只有顺应宇宙天地的客观规律才能实现现实。

中国革命以无数血的教训警示我们,仅凭人类主观的完美理论想象,仅凭崇高的道德境界是无法实现革命理想的。"左"倾或右倾错误给革命的创伤,从思想方法看是教条主义的错误,即照搬所谓完美的理论教条,无视客观实际。王明们鉴于理论教条主张对国民党"不作任何妥协",全国抗战初期却主张"一切服从统一战线"。教条主义者认为,理论的完美比现实的革命更重要,比喻言之,就是要用革命的"脚"去适应理论的"鞋",如果现实的革命不符合理论教条,就必须砍削革命的"脚"以穿进理论的"鞋",哪怕伤筋断趾也在所不惜。

这种削足适履的荒唐之举,从心理根源看,可谓"道德洁癖"。教条主义的革命者不仅有唯上是从、唯书是从的迷思,还有着"神圣强迫症"的心疾,他们把理论教条和道德原则视为神圣不可侵犯的准则,不敢承受任何离经叛道的诟病,尤其是王明们自我标榜是"百分之百的布尔什维克",认为一切不符合完美理论和道德教条的言行都是罪恶,以"残酷斗争、无情打击"来维护革命队伍思想道德和组织成分的纯洁性,表面看是保卫革命,实际是竭力维护自己真理化身的道德形象。结果革命就被道德高调绑架,受到脱离实际的道德教条摧残。列宁一针见血地指出,这就是靠道德激情来进行革命的"左派"幼稚病,实质是小资产阶级的道德狂热。

对于革命,列宁的态度非常冷静。当一些革命"左派"任凭主观的革命愿望和激情驱动,认为只要自己追求的是正义,勇于牺牲,革命在任何时候都可以发动并很快取得胜利时,列宁却这样说:"一切革命,尤其是二十世纪俄国三次革命所证实了的革命基本规律就是:要举行革命,单是被剥削被压迫群众感到不能照旧生活下去而要求变革,还是不够的;要举行革命,还必须要剥削者也不能照旧生活和统治下去……的时候,革命才能获得胜利。"[2]

可见,应然的道德理想,必须建立在现实可能的基础之上,亦即建立在历史的必然性之上。马克思特别强调,革命是有客观必然条件的,不能仅仅凭借道德理想的美好想象而展开。他这样指出:"彻底的社会革命是同经济发展的一定历史条件联系着的,这些条件是社会革命的前提。"[3] 他更具体地辨析:"社会的物质生产力发展到一定阶段,便同它们一直在其中活动的现存生产关系或财产关系(这只是生产关系的法律用语)发生矛盾。于是这些关系便由生产力的发展形式变成生产力的桎梏。那时社会革命的时代就到来了。"[4]

马克思无疑对革命怀抱道德激情,他清贫一生殉献于共产主义事业就是雄辩证明。但其道德激情却是建立在极为理性的基石之上。晚年的马克思十分慎重地对待"卡夫丁峡谷问题"就是例证。1881年,俄国女革命家查苏利奇来信向马克思请教,按照俄国社会农村公社比较发达的现状,是否可以不通过马克思所说的革命必要条件,跨越经典资本主义制度的"卡夫丁峡谷",直接进入社会主义革命。马克思的回答非常谨慎,回信写了四稿,历时一个月,最后以第四稿作答,依然没有"是"或"否"的明确结论,只是含蓄地说,他对资本主义的分析,限于欧洲。可见,马克思认为革命不是在心灵和书本上实现,而是在实践中完成,要在具体的社会环境中,在历史必然性和可能性的前提下完成。因此他这样说:"什么东西你们认为是公道的和公平的,这与问题毫无关系。问题在于在一定的生产制度下什么东西是必要的和不可避免的。"[5]

现实的革命，是革命者的主观道德理想和客观历史必然性的结合。

如何使革命者的主观道德理想和客观历史必然性相结合？

对中国革命，就是马克思主义中国化亦即中国道路问题。那么，中国道路如何开拓？中国革命的经验就是"实事求是"四个大字。中国革命道路的创立和中国革命的成功，就是实事求是的丰硕成果。

"实事求是"是对一种思想方法的术语概括。它根植于古老的中国智慧，中国人的思维特征就是现实理性，这是实事求是的中华文化背景，尤以湖湘文化得天独厚。南宋以来的湖湘学派一直以"经世致用"为思想特色，至清代又有经世派政治群体崛起，"实事求是"成为湖湘最高学府岳麓书院的院训，这均是对湖南人思维方式的基因性铸炼。毛泽东带着这种思维传承走向革命，成为中国革命道路的开拓者也就不足为奇了。陈云强调，实事求是是需要勇气的，这种勇气就是"不唯上，不唯书，只唯实"。邓小平强调，实事求是是毛泽东思想的精髓，且明确指出，实事求是也是中共的思想路线。习近平总书记则提出，坚持实事求是，就能兴党兴国；违背实事求是，就会误党误国。

实事求是坚持从实际出发，尊重客观规律确定行动决策，也有消极和积极之分，从而构成了如何实事求是的两种不同态度。据当事人回忆，延安时期，毛泽东经常发表讲演，讲演中他经常会引用一个中国寓言故事来说明自己的观点，这个寓言就叫"愚公移山"。后来中共七大召开，毛泽东致闭幕词，还以《愚公移山》为题目，把愚公移山的故事向全党宣传。他在闭幕词中这样说：

中国古代有个寓言，叫做"愚公移山"。说的是古代有一位老人，住在华北,名叫北山愚公。他的家门南面有两座大山挡住他家的出路,一座叫做太行山,一座叫做王屋山。愚公下决心率领他的儿子们要用锄头挖去这两座大山。有个老头子名叫智叟的看了发笑,说是你们这样干未免太愚蠢了,你们父子数人要挖掉这样两座大山是完全不可能的。愚公回答说:我死了以后有我的儿子,儿子死了,又有孙子,子子孙孙是没有穷尽的。这两座山虽然很高,却是不会再增高了,挖一点就会少一点,为什么挖不平呢?愚公批驳了智叟的错误思想,毫不动摇,每天挖山不止。这件事感动了上帝,他就派了两个神仙下凡,把两座山背走了。现在也有两座压在中国人民头上的大山,一座叫做帝国主义,一座叫做封建主义。中国共产党早就下了决心,要挖掉这两座山。我们一定要坚持下去,一定要不断地工作,我们也会感动上帝的。这个上帝不是别人,就是全中国的人民大众。全国人民大众一齐起来和我们一道挖这两座山,有什么挖不平呢?[6]

毛泽东实际讲述了两种实事求是的态度。一种是智叟的态度,面对两座大山挡住了出路采取绕路走的态度;一种是愚公的态度,采取的是挖山开路的态度。不能说智叟不实事求是,但是智叟的实事求是是消极、被动、保守的,反之,愚公的态度是积极、主动、进取的,是充分发挥主观能动性的态度。回到中国革命现场,陈独秀们就是智叟的态度,他们发现中国工人阶级力量太弱,主张先发展资本主义,等到工人阶级发展壮大后再进行革命,理论上说,这也是一种实事求是,但这是一种无所作为的实事求是。毛泽东则是愚公的态度,面对同样的现实,他不是消极等待,而是主张依靠广大农民阶级,在斗争中不断提高农民阶级的素质,弥补其不足,在改变客观条件的同时展开革命。历史结局证明,毛泽东成功了。毛泽东的实事求是就是把主观能动性和客观必然性相统一的实事求是。

当然，如何恰到好处地拿捏主观能动性和客观必然性的关系，这又是大智慧。

仅凭激情理想，教条主义地发挥主观能动性，只会带来灾难。就主观意志而言，又有精英意志和大众意志，个体意志和集体意志的复杂纠缠，从而构成了最终以人民意志体现出来的历史必然性。可以说，历史必然性就蕴含在人民的意愿和行动之中，历史的可能或不可能，都最终取决于人民的态度。实事求是的高下之分就是理解和敬重人民的高下之分。

什么是历史？

马克思和恩格斯如是说：

历史什么事情也没有做，它"并不拥有任何无穷尽的丰富性"，它并"没有在任何战斗中作战"！创造这一切、拥有这一切并为这一切而斗争的，不是"历史"，而正是人，现实的、活生生的人。"历史"并不是把人当做达到自己目的的工具来利用的某种特殊的人格。历史不过是追求着自己目的的人的活动而已。[7]

那么，什么是历史规律？大致有英雄史观和人民史观两大说。英雄史观认为，历史是由伟大而又强大的英雄创造。人民史观认为，历史是由占人口绝大多数的社会财富主要创造者的人民创造。后者就是马克思主义的历史观。富有意味的是，恩格斯还别开生面地提出了著名的合力论。他说：

历史是这样创造的：最终的结果总是从许多单个的意志的相互冲突中产生出来的，而其中每一个意志，又是由于许多特殊的生活条件，才成为它所成为的那样。这样就有无数互相交错的力量，有无数个力的平行四边形，由此就产生出一个合力，即历史结果，而这个结果又可以看作一个作为整体的、不自觉地和不自主地起着作用的力量的产物。[8]

恩格斯并没有背离人民史观，只是更科学地解释了人民创造历史的内在机理。

任何社会和任何时代，人民都是社会成员的绝大多数，他们不仅是社会物质财富的主要创造者，也是社会生活的主要构成形态。离开了人民，不仅创造社会财富的社会生产不可想象，社会生活的基本场景也荡然无存，这无需论证。问题在于，人民意志能够主导历史走向吗？恩格斯用社会全体成员的意志复杂交集，最后形成了一种妥协性的合力来解释历史走向，我们不难体悟，由于人民占人口的绝大多数，就决定了人民构成了主体性的社会意志，推动社会发展走向。如果违背了大多数人即人民的根本意愿，任何社会发展走向都是不可想象的，即使强权高压或欺骗蛊惑，暂时形成了某种违背人民意愿的社会走向，也难以持久。卓越的个人英雄要么顺应人民意志和人民一起推动社会进步，要么最终在人民意志合力下被推翻。我们毫不怀疑，任何政治强人和政治集团，无论怎样强悍霸道，都不敢公然宣告，他们不代表人民，他们可以逆人民意愿而为，即使出于虚伪和欺骗，他们也要取悦人民。这是为什么？就因为他们有起码的政治理智：挑战人民，必然灭亡。

所以，我们说历史是人民创造的，历史生活就是人民的生活，历史走向就是人民的意愿走向，人民的可能或不可能，就是历史的可能或不可能，遵循历史必然性，实际就是遵循人民意愿。于是，革命者与人民也就构成了这样的关系：第一，由于人民意志就是历史的必然性体现，所以，人民需不需要，人民能不能接受，人民是否满意，就成为革命者决策的根本依据。第二，由于历史是人民创造的，所以，革命者就必须相信人民，尊重人民，依靠人民才能完成历史创造。第三，由于革命理想是解放全人类，由于革命者基于"普罗米修斯情结"投入革命，所以，革命者必须作为永远的公仆全心全意地为人民服务，兑现自己的道德承诺以实现自我涅槃。

　　基于以上认知就更能感受到，共产党和国民党之间最大差异就在于和人民的距离。弱小的中共之所以能打败强大的国民党，根本原因就在于顺应了民意，依靠了民力，赢得了民心，同时也体现了道德境界的超越。可以说，革命与人民有多近，离革命成功就有多近。因此，毛泽东坚定不移地说，"人民，只有人民，才是创造世界历史的动力"，声称人民群众是真正的铜墙铁壁，是真正的英雄，把中共的路线定义为"人民的路线"，把最大多数人口的农民当成革命的主力军，唤起工农千百万，营造人民战争的汪洋大海，建立统一战线，团结一切可以团结的人，为中华民族的解放和复兴奋斗，还振臂高呼"人民万岁"……

　　1944年9月8日，中央警卫团战士张思德的追悼会在延安枣园举行，延安各界1000多人到场，悼唁在烧炭时炭窑倒塌牺牲的中共普通党员张思德。中共领袖毛泽东神情肃穆走上临时搭建的土台子致悼词，这篇经过整理成500来字的悼词后来成为毛泽东著述的名篇，悼词的题目是《为人民服务》，在中共七大上被正式确立为中国共产党的根本宗旨，并加上了"全心全意"的状语，成为中共区别于其他政党的又一个显著标志。

这表明，中国共产党人自觉而理性地意识到，江山就是人民，人民就是江山。只有和人民生死与共地融为一体，革命才有方向，革命才能成功，革命才具神圣性，至于革命者本人，也在全心全意为人民服务的职业生涯和道德殉献中得以涅槃。按毛泽东的诗意表达就是：

待到山花烂漫时，

她在丛中笑。

引文注释

[1] 中共中央马克思恩格斯列宁斯大林著作编译局编译：《马克思恩格斯全集》第三十九卷，人民出版社1974年版，第189页。

[2] 中共中央马克思恩格斯列宁斯大林著作编译局编：《列宁选集》第四卷，人民出版社1972年版，第239页。

[3] 中共中央马克思恩格斯列宁斯大林著作编译局编译：《马克思恩格斯全集》第十八卷，人民出版社1964年版，第695页。

[4] 中共中央马克思恩格斯列宁斯大林著作编译局编：《马克思恩格斯选集》第二卷，人民出版社1972年版，第117页。

[5] 中共中央马克思恩格斯列宁斯大林著作编译局编译：《马克思恩格斯全集》第十六卷，人民出版社1964年版，第146页。

[6] 中华全国总工会干部学校马克思、列宁主义教研室编：《论群众路线》，工人出版社1955年版，第37—38页。

[7] 中共中央马克思恩格斯列宁斯大林著作编译局编译：《马克思恩格斯全集》第二卷，人民出版社1957年版，第118—119页。

[8] 中共中央马克思恩格斯列宁斯大林著作编译局编：《马克思恩格斯选集》第四卷，人民出版社1995年版，第697页。

后 记

湖南是中国共产党和中国革命的重要策源地之一，被誉为伟人故里、将帅之乡、红色热土。习近平总书记几次考察湖南，都对传承红色基因提出要求，勉励三湘儿女从党的光辉历史中汲取砥砺奋进的精神力量。重温百年党史的湖湘记忆，常常有人会问，湖南人凭什么一次又一次立时代潮头，领风气之先，成功业之盛？湖南这片土地为何能孕育如此强大的革命精神，绵延而不绝，历久而弥新？为探索"湖南为什么这样红"的基因密码，传承好湖南精神血脉中的红色基因，在建党百年之际，中共湖南省委宣传部指导策划了一系列选题，《湖南为什么这样红》即为其中之一。

2020年春，受湖南人民出版社的邀请，我有幸担任本书的作者。这是一个具有挑战性和创新性的重大项目，它不仅要求作者熟知中国革命历史和湖南革命历史，还要对湖南这片土地有着深厚的情感、对湖南革命群体有着深刻的认知，且文笔生动、思想敏锐。但这也是一个非常有意义的项目，如能完成，肯定对广大读者朋友进一步深入了解湖南厚重的革命文化是有助益的。

盛夏时节，我踏上了寻觅湖南为什么这样红的行程。我以长沙为起点，先后走访了长沙、株洲、湘潭、郴州、衡阳、岳阳、怀化、湘西、张家界等市州，参观革命历史类纪念设施遗址和爱国主义教育基地，与党史研究者座谈，取得了大量一手资料。

调研完成后，我的写作思路渐次清晰。我尝试从湖湘地理格局、历史文化、近代历史先贤人物对"湖南红"的影响讲起，通过分析在中国向何处去的历史关头，以毛泽东为代表的湖湘革命英杰群体和湖南人民对中国革命作出的贡献，展现"湖南为什么这样红"宏阔画卷。2021年夏初，我完成了初稿的写作。之后，经过多轮的专家审读、多次的修改，终于达到出版要求。

本书的创作和出版，是集聚众智众力的结果。中共湖南省委宣传部高度重视，中共湖南省委党史研究院、湖南各市州宣传部与党史研究室及相关部门大力支持，相关党史大家、专家精心指导，中南出版传媒集团旗下湖南人民出版社尽心尽力。在此，我一并表示衷心的感谢。

湖南之红，非一本书可以尽述。书中缺憾之处，亦随处可见，祈请各位方家见谅并指正。

罗　宏

2021年6月一稿

2023年10月二稿

2024年11月三稿